論点・裁判実務 serise 2

実務に学ぶ
倒産訴訟の論点

滝澤孝臣 [編著]

青林書院

はしがき

　本書は，先に青林書院から上梓していただいた「実務に学ぶ」シリーズの「民事訴訟の論点」に続く，その第2陣である。先の民事訴訟の論点を民事裁判一般の論点を実務に即して概説した総論的な1冊であるとすると，この「倒産訴訟の論点」は，民事裁判のうち，倒産手続を対象として，その裁判の論点を実務に即して概説した各論的な1冊である。さらに，民事裁判のうち，倒産手続以外の手続を対象として，その裁判の論点を実務に即して概説する各論的な数冊の上梓も予定されているので，この倒産訴訟の論点は，そのような各論的な数冊のうちの第1陣ということになる。

　先の民事訴訟の論点，そして，この倒産訴訟の論点を実務に学ぶシリーズの一貫として刊行することになった経緯は，民事訴訟の論点のはしがきでも触れさせていただいたが，青林書院の編集部から初心者に向けた実務書の刊行について相談を受けたからである。初心者に向けた実務書であるから，裁判を分かり易く概説する必要がある一方，他方では，実務書である以上，裁判を専門的に理解し得るよう概説する必要がある。しかし，この一見矛盾めいた企画も，裁判を概説するに当たって基本となるのが，要するに，実務であることに思いを致すと，少なくとも編者の主観においては解消することができた。初心者といっても，「裁判を知る」という以上，「実務を分かる」ということが不可欠であるからである。もとより裁判を知るためには，その根底にある「理論を知る」必要があるが，実務家にとって，理論は，これに依拠すれば足りるというものではなく，これを自らの考えとして克服しなければならない課題である。理論を知るためには，克服すべきハードルは高いが，克服して当然であって，実務は，これを前提としてはじめて成り立ち得るものであると考えると，初心の実務家においても，理論を知った上で，実務を分かることが裁判を知るスタートということになるはずである。

　この「倒産訴訟の論点」でも，以上のような本企画の下に，先の民事訴訟

の論点と同様に，初心の実務家に向けた実務の紹介に当たって，当該実務の根底にある理論については，執筆者各位が実務家として一般的に理解しているところを前提に記述することとし，そのため，特に参考文献として引用することもなく，専ら当該実務に関係する裁判について，それが当該実務に実際どのように関係しているのかといった視点から記述して貰うことを主眼とした。もとより，関係する裁判がない場面もあるので，必ずしも全体を貫徹するものとなっていないが，実務家の一般的な理解を知って貰うことが何よりも肝要であると考えたからである。少なくとも，記述に際しては，執筆者各位に本企画の趣旨を尊重していただき，第1に，「○○について学ぶのはどうしてか」，第2に，「○○について問題となるのはどのような点か」，第3に，「○○について実務はどう取り扱っているか」，第4に，「○○について注意しておくのはどのような点か」といったスタイルをできる限り統一させていただいた。そのようなスタイルで記述するのにうまく適している論点と，必ずしもそうでない論点とがあるが，そのスタイルを一貫することで，読者各位に実務を体得する機会になって貰えるのではないかと考えたからである。本書が多少でも読者各位が倒産訴訟の実務が分かる手掛かりとなれば，改めて理論書を紐解かれて，理論の再認識をしていただきたい。

　本書は，「実務に学ぶ」シリーズの第2陣として，倒産手続を対象として，「倒産訴訟」の「論点」を紹介するものである。倒産訴訟というと，その対象が倒産手続に関係した「訴訟」に限定されているかのようであるが，倒産手続において裁判の基盤となっているのは，訴訟手続における「判決」ではなく，非訟手続における「決定」である。倒産手続に関係する裁判の中核は，判決ではなく，決定であって，決定を訴訟というのは適切でないが，倒産手続に関係する裁判として，判決も，決定も，実務を分かるためには，並存して，その論点を理解するのが有益で，かつ，有用であると思われたため，また，実務に学ぶシリーズの1冊である以上，「○○訴訟の論点」というタイトルを冠したいという編者の思惑もあったため，「倒産訴訟の論点」と題することになった。読者各位におかれてはこの点に誤解されないようご注意をお願いしたい。

　なお，本書は，初心者向けを標榜しているが，文字通りの初心者に限定し

たものではない。否，実務に精通した熟練者についても，初心に立ち返るといった気持ちを忘れていない熟練者については，以上のような本企画ないし本書の記述は，問題の基本を確認し直す，あるいは，再認識するといった意味で，少なからずお役に立つのではないかと自負しないわけではない。それがまた，本企画の原点でもあるからである。先の民事訴訟の論点のはしがきの繰り返しとなって恐縮であるが，読者各位に，そのような視点からも，本書を利用していただけると，編者にとって，嬉しい限りである。

　先の民事訴訟の論点の刊行からこの倒産訴訟の論点の刊行まで，2年以上が経過してしまった。執筆者各位にはご無理をお願いして執筆していただいていたのに，本書の刊行が遅れてしまったのは，偏に，多忙を口実に怠惰を貪った編者の責任である。ここにお詫びとご了解を乞う次第であるが，それにもかかわらず，ここに本書を刊行することができたのは，青林書院の編集部の辛抱強い我慢の賜物である。感謝の言葉が尽きない。また，それだけに，本書を含む実務に学ぶシリーズに寄せる編集部のご理解とご支援を，本シリーズを構想し，本書を編集させていただいた者として，肝に銘じているところである。

　平成26年10月

編者　滝　澤　孝　臣

編集者・執筆者紹介

編 集 者

滝 澤　孝 臣（弁護士・日本大学法科大学院教授）

執 筆 者

滝 澤　孝 臣（上掲）
阿 保　賢 祐（宇都宮家庭裁判所大田原支部判事）
森 鍵　　一（大阪地方裁判所判事）
太 田　雅 之（秋田地方・家庭裁判所判事）
野 上　誠 一（大阪地方裁判所岸和田支部判事）
藤 井　聖 悟（名古屋高等裁判所金沢支部判事）
芹 澤　俊 明（神戸地方・家庭裁判所龍野支部判事）
新 谷　貴 昭（知的財産高等裁判所判事）
甲 良　充一郎（千葉地方裁判所判事）
蛭 川　明 彦（東京地方裁判所立川支部判事）

（執筆順，所属・肩書は本書発行時）

凡　例

1．用字・用語等
　本書の用字・用語は，原則として常用漢字，現代仮名づかいによったが，法令に基づく用法及び判例等の引用文は，原文どおりとした。

2．関係法令
　関係法令は，原則として平成26年9月末日現在のものによった。

3．法令の引用表示
　本文解説中における法令条項は，原則としてフルネームで引用した。
カッコ内における法令条項のうち主要な法令名は，後掲の「主要法令略語表」によった。

4．判例の引用表示
　本文解説中における判例を前提とした記述部分には，各項目末尾に掲載の「参照判例」を参照できるように「→【判例○】参照」と記載した。
　「参照判例」における判例の引用は，原則として次のように行った。その際に用いた略語は，後掲の「判例集等略語表」によった。
　元号は，明治は「明」，大正は「大」，昭和は「昭」，平成は「平」と略記した。
　〔例〕　昭和45年6月24日最高裁判所大法廷判決，最高裁判所民事判例集24巻6号587頁
　　　　→　最大判昭45・6・24民集24巻6号587頁
　〔例〕　平成15年5月28日東京地方裁判所判決，金融・商事判例1190号54頁
　　　　→　東京地判平15・5・28金判1190号54頁

〔主要法令略語表〕

会更	会社更生法	民再規	民事再生規則
商	商法	民執	民事執行法
信託	信託法	民執規	民事執行規則
破	破産法	民訴	民事訴訟法
破規	破産規則	民訴規	民事訴訟規則
民	民法	民訴費	民事訴訟費用等に関する法律
民再	民事再生法		

〔判例集等略語表〕

大	大審院	民録	大審院民事判決録
大連	大審院聯合部	民集	大審院及び最高裁判所民事判例集
最大	最高裁判所大法廷		
最一小	最高裁判所第一小法廷	裁判集民事	最高裁判所裁判集民事
最二小	最高裁判所第二小法廷	裁時	裁判所時報
最三小	最高裁判所第三小法廷	高民集	高等裁判所民事判例集
高	高等裁判所	東高民時報	東京高等裁判所民事判決時報
地	地方裁判所		
家	家庭裁判所	下民集	下級裁判所民事裁判例集
簡	簡易裁判所	訟月	訟務月報
支	支部	金判	金融・商事判例
判	判決	金法	旬刊金融法務事情
決	決定	判時	判例時報
		判タ	判例タイムズ

目　次

第1章　総　論

1　倒産手続裁判
〔滝澤　孝臣〕　3
- Ⅰ　倒産手続裁判について学ぶのはどうしてか……3
- Ⅱ　倒産手続裁判について問題となるのはどのような点か……6
  1. 倒産手続の開始段階　6
  2. 倒産手続の進行段階　10
  3. 倒産手続の終了段階　26
- Ⅲ　倒産手続裁判について実務はどう取り扱っているか……29
- Ⅳ　倒産手続裁判について注意しておくのはどのような点か……30
- ■参照判例■　31

2　倒産関係訴訟
〔滝澤　孝臣〕　39
- Ⅰ　倒産関係訴訟について学ぶのはどうしてか……39
- Ⅱ　倒産関係訴訟について問題となるのはどのような点か……40
  1. 破産関係訴訟　41
  2. 再生関係訴訟　45
  3. 更生関係訴訟　49
- Ⅲ　倒産関係訴訟について実務はどう取り扱っているか……54
- Ⅳ　倒産関係訴訟について注意しておくのはどのような点か……54
- ■参照判例■　55

| 3 | 不服の申立て |

〔滝澤　孝臣〕　60

　　Ⅰ　不服の申立てについて学ぶのはどうしてか……60
　　Ⅱ　不服の申立てについて問題となるのはどのような点か……62
　　　　1．不服の対象となる裁判　63
　　　　2．不服の申立ての手続　67
　　Ⅲ　不服の申立てについて実務はどう取り扱っているか……68
　　Ⅳ　不服の申立てについて注意しておくのはどのような点か……69
　■参照判例■　71

第2章　管財人関係

| 4 | 管財人の地位 |

〔阿保　賢祐〕　77

　　Ⅰ　管財人の地位について学ぶのはどうしてか……77
　　Ⅱ　管財人の地位について問題となるのはどのような点か……77
　　Ⅲ　管財人の地位について実務はどう取り扱っているか……78
　　　　1．物権変動の対抗要件との関係　78
　　　　2．第三者保護規定との関係　79
　　　　3．その他　80
　　Ⅳ　管財人の地位について注意しておくのはどのような点か……81
　■参照判例■　81

| 5 | 管財人の権限 |

〔阿保　賢祐〕　83

　　Ⅰ　管財人の権限について学ぶのはどうしてか……83
　　Ⅱ　管財人の権限について問題となるのはどのような点か……83
　　　　1．管理処分権限の範囲及び制限　83
　　　　2．当事者適格及び訴訟手続の受継　84
　　Ⅲ　管財人の権限について実務はどう取り扱っているか……84
　　　　1．管理処分権限の範囲及び制限　84

2．当事者適格及び訴訟手続の受継　*85*
Ⅳ　管財人の権限について注意しておくのはどのような点か……*87*
■参照判例■　*88*

6　管財人の職務執行

〔阿保　賢祐〕　*90*

Ⅰ　管財人の職務執行について学ぶのはどうしてか……*90*
Ⅱ　管財人の職務執行について問題となるのはどのような点か……*90*
　　1．裁判所による監督　*90*
　　2．善管注意義務違反　*91*
　　3．損害賠償義務　*91*
Ⅲ　管財人の職務執行について実務はどう取り扱っているか……*92*
　　1．実務の概況　*92*
　　2．租税関係事案　*92*
　　3．義務の衝突が生じる場面　*93*
Ⅳ　管財人の職務執行について注意しておくのは
　　どのような点か……*93*
■参照判例■　*94*

第3章　否認権関係

7　否認権の意義

〔森　鍵　一〕　*99*

Ⅰ　否認権について学ぶのはどうしてか……*99*
Ⅱ　否認権について問題となるのはどのような点か……*100*
　　1．有害性　*100*
　　2．正当性ないし不当性　*100*
　　3．破産者の行為　*100*
Ⅲ　否認権について実務はどう取り扱っているか……*101*
　　1．総説　*101*
　　2．詐害行為否認　*101*
　　3．偏頗行為否認　*102*

　　　　4．無償行為否認　*102*
　Ⅳ　否認権について注意しておくのはどのような点か……*103*
　■参照判例■　*103*

8　否認の請求
〔森　鍵　一〕　*105*

Ⅰ　否認の請求について学ぶのはどうしてか……*105*
Ⅱ　否認の請求について問題となるのはどのような点か……*105*
Ⅲ　否認の請求について実務はどう取り扱っているか……*107*
　　1．否認の請求の手続　*107*
　　2．異議の訴えの手続　*108*
　　3．否認の請求に対する認容決定ないし異議の訴えに対する認可判決の効力　*109*
Ⅳ　否認の請求について注意しておくのはどのような点か……*109*
■参照判例■　*110*

9　否認の訴え
〔森　鍵　一〕　*111*

Ⅰ　否認の訴えについて学ぶのはどうしてか……*111*
Ⅱ　否認の訴えについて問題となるのはどのような点か……*111*
Ⅲ　否認の訴えについて実務はどう取り扱っているか……*112*
　　1．否認の訴えの手続　*112*
　　2．破産手続開始決定前に債権者代位訴訟又は詐害行為取消請求訴訟が係属していた場合　*113*
Ⅳ　否認の訴えについて注意しておくのはどのような点か……*114*
■参照判例■　*115*

10　否認の抗弁
〔森　鍵　一〕　*116*

Ⅰ　否認の抗弁について学ぶのはどうしてか……*116*
Ⅱ　否認の抗弁について問題となるのはどのような点か……*116*
Ⅲ　否認の抗弁について実務はどう取り扱っているか……*118*
Ⅳ　否認の抗弁について注意しておくのはどのような点か……*119*

11　否認の効果

〔森　鍵　一〕 *120*

Ⅰ　否認の効果について学ぶのはどうしてか……*120*
Ⅱ　否認の効果について問題となるのはどのような点か……*120*
　　1．総　　説　*120*
　　2．財産の類型ごとの原状回復　*121*
Ⅲ　否認の効果について実務はどう取り扱っているか……*123*
　　1．総　　説　*123*
　　2．詐害行為否認　*123*
　　3．偏頗行為否認　*124*
Ⅳ　否認の効果について注意しておくのはどのような点か……*124*
■参照判例■　*124*

第4章　相殺権関係

12　相殺権の意義

〔太　田　雅　之〕 *127*

Ⅰ　相殺権の意義について学ぶのはどうしてか……*127*
Ⅱ　相殺権の意義について問題となるのはどのような点か……*128*
　　1．民法上の相殺の意義，機能　*128*
　　2．倒産時における相殺の機能等　*128*
　　3．倒産時における相殺権についての調整　*128*
Ⅲ　相殺権の意義について実務はどう取り扱っているか……*128*
　　1．民法上の相殺の意義，機能　*128*
　　2．倒産時における相殺の機能等　*129*
　　3．倒産時における相殺権についての調整　*130*
Ⅳ　相殺権の意義について注意しておくのはどのような点か……*131*
■参照判例■　*132*

13　相殺の要件

〔太田　雅之〕　*133*

- Ⅰ　相殺の要件について学ぶのはどうしてか……*133*
- Ⅱ　相殺の要件について問題となるのはどのような点か……*133*
    1. 民法上の相殺の要件　*133*
    2. 破産手続における相殺の要件　*133*
    3. 民事再生手続，会社更生手続における相殺の要件　*133*
    4. 倒産債権者による相殺権行使の時期・方法等　*134*
    5. 倒産債務者側からの相殺の要件　*134*
- Ⅲ　相殺の要件について実務はどう取り扱っているか……*134*
    1. 民法上の相殺の要件　*134*
    2. 破産手続における相殺の要件　*134*
    3. 民事再生手続，会社更生手続における相殺の要件　*137*
    4. 倒産債権者による相殺権行使の時期・方法等　*140*
    5. 倒産債務者側からの相殺の要件　*141*
- Ⅳ　相殺の要件について注意しておくのはどのような点か……*142*

■参照判例■　*144*

14-1　相殺の制限①　相殺禁止

〔太田　雅之〕　*145*

- Ⅰ　相殺禁止について学ぶのはどうしてか……*145*
- Ⅱ　相殺禁止について問題となるのはどのような点か……*145*
    1. 相殺禁止の概要　*145*
    2. 支払不能と支払停止　*145*
- Ⅲ　相殺禁止について実務はどう取り扱っているか　*146*
    1. 相殺禁止の概要　*146*
    2. 支払不能と支払停止　*148*
- Ⅳ　相殺禁止について注意しておくのはどのような点か……*149*

■参照判例■　*150*

14-2　相殺の制限②　受働債権に関する相殺禁止

〔太田　雅之〕　*152*

- Ⅰ　受働債権に関する相殺禁止について学ぶのはどうしてか……*152*

Ⅱ　受働債権に関する相殺禁止について問題となるのは
　　　どのような点か……*152*
　　　　1．相殺禁止　*152*
　　　　2．相殺禁止の例外　*153*
　　Ⅲ　受働債権に関する相殺禁止について実務は
　　　どう取り扱っているか……*153*
　　　　1．相殺禁止　*153*
　　　　2．相殺禁止の例外　*156*
　　Ⅳ　受働債権に関する相殺禁止について注意しておくのは
　　　どのような点か……*158*
■参照判例■　*159*

14-3　相殺の制限③　自働債権に関する相殺禁止

〔太田　雅之〕　*162*

　　Ⅰ　自働債権に関する相殺禁止について学ぶのはどうしてか……*162*
　　Ⅱ　自働債権に関する相殺禁止について問題となるのは
　　　どのような点か……*162*
　　　　1．相殺禁止　*162*
　　　　2．相殺禁止の例外　*162*
　　Ⅲ　自働債権に関する相殺禁止について実務は
　　　どう取り扱っているか……*162*
　　　　1．相殺禁止　*162*
　　　　2．相殺禁止の例外　*164*
　　Ⅳ　自働債権に関する相殺禁止について注意しておくのは
　　　どのような点か……*165*
■参照判例■　*166*

15　相殺の効果

〔太田　雅之〕　*168*

　　Ⅰ　相殺の効果について学ぶのはどうしてか……*168*
　　Ⅱ　相殺の効果について問題となるのはどのような点か……*168*
　　　　1．債務の遡及的消滅　*168*

2．相殺充当　*168*
　　　3．付遅滞の時期　*168*
　　　4．倒産手続における相殺の効果等　*169*
　Ⅲ　相殺の効果について実務はどう取り扱っているか……*169*
　　　1．債務の遡及的消滅　*169*
　　　2．相殺充当　*169*
　　　3．付遅滞の時期　*169*
　　　4．倒産手続における相殺の効果等　*170*
　Ⅳ　相殺の効果について注意しておくのはどのような点か……*171*
■参照判例■　*172*

第5章　別除権関係

16　別除権の意義

〔野上　誠一〕　*177*

　Ⅰ　別除権について学ぶのはどうしてか……*177*
　　　1．別除権とは　*177*
　　　2．別除権を巡る状況　*177*
　　　3．まとめ　*178*
　Ⅱ　別除権について問題となるのはどのような点か……*178*
　　　1．典型担保　*178*
　　　2．非典型担保　*179*
　Ⅲ　別除権について実務はどう取り扱っているか……*179*
　　　1．譲渡担保　*179*
　　　2．所有権留保　*179*
　　　3．リース　*180*
　　　4．対抗要件の要否　*180*
　Ⅳ　別除権について注意しておくのはどのような点か……*180*
■参照判例■　*181*

17　別除権の行使

〔野上　誠一〕　*183*

Ⅰ　別除権の行使について学ぶのはどうしてか……*183*
  1．別除権者からの視点　*183*
  2．破産管財人・再生債務者・債権者からの視点　*183*
  3．まとめ　*184*

Ⅱ　別除権の行使について問題となるのはどのような点か……*184*
  1．原　　則　*184*
  2．破産手続における任意売却　*184*
  3．破産法上の担保権消滅請求　*185*
  4．民事再生法上の担保権消滅請求　*185*
  5．民事再生手続における担保権実行手続の中止命令　*185*
  6．会社更生手続における取扱い　*186*

Ⅲ　別除権の行使について実務はどう取り扱っているか……*186*
  1．破産手続における任意売却　*186*
  2．破産法上の担保権消滅請求　*187*
  3．民事再生法上の担保権消滅請求　*187*
  4．民事再生手続における担保権実行手続の中止命令　*187*

Ⅳ　別除権の行使について注意しておくのはどのような点か……*188*
■参照判例■　*188*

18　別除権協定

〔野上　誠一〕　*190*

Ⅰ　別除権協定について学ぶのはどうしてか……*190*
  1．事業継続のための別除権協定　*190*
  2．任意売却のための別除権協定　*190*
  3．配当のための別除権協定　*191*
  4．まとめ　*191*

Ⅱ　別除権協定について問題となるのはどのような点か……*191*
  1．事業継続のための別除権協定の内容　*191*
  2．事業継続のための別除権協定で定められた支払債権の法的性質　*192*
  3．再生債務者が他人の所有物を使用して事業をしている

　　　　　場合の処理　*192*
　　　　4．配当のための別除権協定の不履行　*192*
　　Ⅲ　別除権協定について実務はどう取り扱っているか……*193*
　　　　1．事業継続のための別除権協定の内容　*193*
　　　　2．事業継続のための別除権協定で定められた支払債権の
　　　　　法的性質　*194*
　　　　3．再生債務者が他人の所有物を使用して事業をしている
　　　　　場合の処理　*194*
　　　　4．配当のための別除権協定の不履行　*195*
　　Ⅳ　別除権協定について注意しておくのはどのような点か……*195*
　■参照判例■　*195*

19　不足額の権利行使

〔野上　誠一〕　*197*

　　Ⅰ　不足額の権利行使について学ぶのはどうしてか……*197*
　　　　1．不足額責任主義とは　*197*
　　　　2．別除権者と他の債権者との利害の対立　*197*
　　　　3．ま と め　*198*
　　Ⅱ　不足額の権利行使について問題となるのは
　　　　どのような点か……*198*
　　　　1．別除権者による権利行使　*198*
　　　　2．不足額の確定方法　*200*
　　　　3．別除権放棄等について登記等をする必要があるか　*200*
　　　　4．不足額の算定方法　*200*
　　Ⅲ　不足額の権利行使について実務はどう取り扱っているか……*201*
　　　　1．不足額の確定方法　*201*
　　　　2．別除権放棄等について登記等をする必要があるか　*201*
　　　　3．不足額の算定方法　*201*
　　Ⅳ　不足額の権利行使について注意しておくのは
　　　　どのような点か……*202*
　■参照判例■　*202*

第6章　取戻権関係

20-1　取戻権の意義①　一般の取戻権
〔藤井　聖悟〕　205

- Ⅰ　一般の取戻権について学ぶのはどうしてか……205
- Ⅱ　一般の取戻権について問題となるのはどのような点か……206
- Ⅲ　一般の取戻権について実務はどう取り扱っているか……206
  1．総　　論　206
  2．所 有 権　207
  3．その他の物権　207
  4．債権的請求権　207
  5．受託者破産の場合の新受託者等の権利（信託関係上の権利）　207
  6．問屋破産の場合の委託者の権利　208
  7．分与義務者破産の場合の財産分与請求権　209
  8．非典型担保権　210
  9．特別目的会社等が資産証券化に伴って譲渡された資産に対して有する権利　210
- Ⅳ　一般の取戻権について注意しておくのはどのような点か……210
  ■参照判例■　211

20-2　取戻権の意義②　特別の取戻権
〔藤井　聖悟〕　214

- Ⅰ　特別の取戻権（代償的取戻権を含む。以下同じ）について学ぶのはどうしてか……214
- Ⅱ　特別の取戻権について問題となるのはどのような点か……214
  1．特別の取戻権　214
  2．代償的取戻権　215
- Ⅲ　特別の取戻権について実務はどう取り扱っているか……216
  1．特別の取戻権　216
  2．代償的取戻権　216
- Ⅳ　特別の取戻権について注意しておくのはどのような点か……217

1．特別の取戻権　*217*
　　　2．代償的取戻権　*217*

21　取戻しの要件
〔藤井　聖悟〕　*219*

　Ⅰ　取戻しの要件について学ぶのはどうしてか……*219*
　Ⅱ　取戻しの要件について問題となるのはどのような点か……*219*
　　　1．一般の取戻権　*219*
　　　2．特別の取戻権　*219*
　Ⅲ　取戻しの要件について実務はどう取り扱っているか……*220*
　　　1．一般の取戻権　*220*
　　　2．特別の取戻権　*223*
　　　3．代償的取戻権　*224*
　Ⅳ　取戻しの要件について注意しておくのはどのような点か……*226*
　　　1．一般の取戻権　*226*
　　　2．特別の取戻権　*226*
　　　3．代償的取戻権　*227*
　■参照判例■　*227*

22　取戻しの制限
〔藤井　聖悟〕　*228*

　Ⅰ　取戻しの制限について学ぶのはどうしてか……*228*
　Ⅱ　取戻しの制限について問題となるのはどのような点か……*228*
　Ⅲ　取戻しの制限について実務はどう取り扱っているか……*229*
　　　1．一般の取戻権　*229*
　　　2．特別の取戻権　*231*
　Ⅳ　取戻しの制限について注意しておくのはどのような点か……*231*
　■参照判例■　*232*

23　取戻しの効果
〔藤井　聖悟〕　*233*

　Ⅰ　取戻しの効果について学ぶのはどうしてか……*233*
　Ⅱ　取戻しの効果について問題となるのはどのような点か……*233*

　　　　1．一般の取戻権　*233*
　　　　2．特別の取戻権　*233*
　　Ⅲ　取戻しの効果について実務はどう取り扱っているか……*234*
　　　　1．一般の取戻権　*234*
　　　　2．特別の取戻権　*235*
　　　　3．代償的取戻権　*236*
　　Ⅳ　取戻しの効果について注意しておくのはどのような点か……*236*
　　■参照判例■　*237*

第7章　債権確定関係

24　債権確定の意義

〔芹澤　俊明〕　*241*

　　Ⅰ　債権確定の意義について学ぶのはどうしてか……*241*
　　Ⅱ　債権確定の意義について問題となるのはどのような点か……*241*
　　　　1．債権確定の意義・目的　*241*
　　　　2．対象となる債権　*241*
　　　　3．確定すべき事項　*242*
　　Ⅲ　債権確定の意義について実務はどう取り扱っているか……*242*
　　　　1．債権確定の意義・目的　*242*
　　　　2．対象となる債権　*242*
　　　　3．確定すべき事項　*246*
　　Ⅳ　債権確定の意義について注意しておくのは
　　　　どのような点か……*249*
　　■参照判例■　*249*

25　債権確定の手続

〔芹澤　俊明〕　*252*

　　Ⅰ　債権確定の手続について学ぶのはどうしてか……*252*
　　Ⅱ　債権確定の手続について問題となるのはどのような点か……*252*
　　　　1．債権の届出　*252*
　　　　2．債権の調査　*253*

         3．債権の確定とその効果　*253*
　　Ⅲ　債権確定の手続について実務はどう取り扱っているか……*253*
         1．債権の届出　*253*
         2．債権の調査　*256*
         3．債権の確定とその効果　*259*
　　Ⅳ　債権確定の手続について注意しておくのは
　　　　どのような点か……*260*
　　■参照判例■　*260*

26　債権確定訴訟

〔芹澤　俊明〕　*263*

　　Ⅰ　債権確定訴訟について学ぶのはどうしてか……*263*
　　Ⅱ　債権確定訴訟について問題となるのはどのような点か……*263*
         1．各手続の位置付け　*263*
         2．債権査定申立て　*264*
         3．査定異議の訴え　*264*
         4．異議等のある債権に関する訴訟の受継　*264*
         5．有名義債権に対する異議の主張　*264*
         6．議決権の額の決定　*264*
         7．再生債権の評価　*264*
　　Ⅲ　債権確定訴訟について実務はどう取り扱っているか……*265*
         1．各手続の位置付け　*265*
         2．債権査定申立て（破125条，民再105条，会更151条）　*266*
         3．査定異議の訴え（破126条，民再106条，会更152条）　*268*
         4．異議等のある債権に関する訴訟の受継（破127条，民再107条，会更156条）　*269*
         5．有名義債権に対する異議の主張（破129条，民再109条，会更158条）　*270*
         6．議決権の額の決定（民再170条・171条，会更191条・192条）　*271*
         7．再生債権の評価（民再227条・244条）　*272*
　　Ⅳ　債権確定訴訟について注意しておくのはどのような点か……*272*
　　■参照判例■　*273*

27　債権確定の効果

〔芹澤　俊明〕 *275*

Ⅰ　債権確定の効果について学ぶのはどうしてか……*275*
Ⅱ　債権確定の効果について問題となるのはどのような点か……*275*
　　1．債権確定訴訟の判決の効果　*275*
　　2．査定異議の訴えが出訴期間内に提起されず，又は却下された場合の効果　*276*
　　3．債権確定に伴うその他の効力　*276*
　　4．再生債権の評価決定の効果　*276*
Ⅲ　債権確定の効果について実務はどう取り扱っているか……*276*
　　1．債権確定訴訟の判決の効果　*276*
　　2．査定異議の訴えが出訴期間内に提起されず，又は却下された場合の効果　*277*
　　3．債権確定に伴うその他の効力　*278*
　　4．再生債権の評価決定の効果　*278*
Ⅳ　債権確定の効果について注意しておくのはどのような点か……*279*

第8章　財団関係

28　財団の保全

〔新谷　貴昭〕 *283*

Ⅰ　財団の保全について学ぶのはどうしてか……*283*
Ⅱ　財団の保全について問題となるのはどのような点か……*284*
　　1．債務者の財産に関する保全処分（破28条）　*284*
　　2．保全管理人（破91条以下）　*284*
　　3．否認権のための保全処分（破171条・172条）　*285*
　　4．役員の財産に対する保全処分（破177条）　*285*
Ⅲ　財団の保全について実務はどう取り扱っているか……*285*
　　1．債務者の財産に関する保全処分（破28条）　*286*
　　2．保全管理人（破91条以下）　*286*

3．否認権のための保全処分（破171条・172条）　*288*
　　　4．役員の財産に対する保全処分（破177条）　*289*
　Ⅳ　財団の保全について注意をしておくのはどのような点か……*290*
■参照判例■　*291*

29　財団の形成

〔新谷　貴昭〕　*292*

　Ⅰ　財団の形成について学ぶのはどうしてか……*292*
　Ⅱ　財団の形成について問題となるのはどのような点か……*293*
　　　1．破産財団に関する訴えの取扱い（破44条）　*293*
　　　2．破産手続開始後の弁済の受領（破50条参照）　*294*
　　　3．契約の継続（破53条）　*294*
　　　4．破産管財人による財団の管理（破78条・85条）　*294*
　　　5．破産財団に属する財産の引渡し（破156条）　*295*
　　　6．否認権行使による財団の増殖（破160条以下）　*295*
　　　7．法人役員の責任追及（破178条）　*296*
　Ⅲ　財団の形成について実務はどう取り扱っているか……*296*
　　　1．破産財団の占有・管理　*296*
　　　2．訴えの提起（破78条2項10号）　*297*
　　　3．権利の放棄（破78条2項12号）　*297*
　　　4．否認の請求（破174条）　*298*
　　　5．法人役員の責任追及（破178条）　*299*
　Ⅳ　財団の形成について注意しておくのはどのような点か……*300*
■参照判例■　*300*

30　財団の換価

〔新谷　貴昭〕　*302*

　Ⅰ　財団の換価について学ぶのはどうしてか……*302*
　Ⅱ　財団の換価について問題となるのはどのような点か……*303*
　Ⅲ　財団の換価について実務はどう取り扱っているか……*304*
　　　1．不動産の換価　*304*
　　　2．債権の換価　*305*
　　　3．動産の換価　*307*
　Ⅳ　財団の換価について注意をしておくのはどのような点か……*308*

■参照判例■ *309*

第9章　担保権消滅関係

31　担保権消滅の意義

〔甲良充一郎〕　*313*

Ⅰ　担保権消滅について学ぶのはどうしてか……*313*
Ⅱ　担保権消滅について問題となるのはどのような点か……*313*
　　1．はじめに　*313*
　　2．各倒産法制の目的　*313*
　　3．各倒産法制における担保権の処遇　*315*
Ⅲ　担保権消滅について実務はどう取り扱っているか……*317*
　　1．破産上の担保権消滅の意義　*317*
　　2．民事再生上の担保権消滅の意義　*319*
　　3．会社更生上の担保権消滅の意義　*320*
Ⅳ　担保権消滅について注意しておくのはどのような点か……*321*
　　1．破産における担保権消滅の注意点　*321*
　　2．民事再生における担保権消滅の注意点　*321*
　　3．会社更生における担保権消滅の注意点　*321*

■参照判例■ *322*

32　担保権消滅の手続

〔甲良充一郎〕　*323*

Ⅰ　担保権消滅の手続について学ぶのはどうしてか……*323*
Ⅱ　担保権消滅の手続について問題となるのはどのような点か……*323*
　　1．破産における担保権消滅の手続について問題となるのはどのような点か　*323*
　　2．民事再生における担保権消滅の手続について問題となるのはどのような点か　*324*
　　3．会社更生における担保権消滅の手続について問題となるのはどのような点か　*326*

Ⅲ 担保権消滅の手続について実務はどう取り扱っているか……327
　1．破産における担保権消滅の手続について実務はどう取り扱っているか　327
　2．民事再生における担保権消滅手続について実務はどう取り扱っているか　330
　3．会社更生における担保権消滅手続について実務はどう取り扱っているか　331

Ⅳ 担保権消滅の手続について注意しておくのはどのような点か……332
　1．破産における担保権消滅の手続についての注意点　332
　2．民事再生における担保権消滅の手続についての注意点　332
　3．会社更生における担保権消滅の手続についての注意点　333

■参照判例■　333

33　担保権消滅訴訟

〔甲良充一郎〕　336

Ⅰ 担保権消滅訴訟について学ぶのはどうしてか……336
Ⅱ 担保権消滅訴訟について問題となるのはどのような点か……336
　1．破産手続における担保権消滅の裁判（決定）の問題点　336
　2．民事再生手続における担保権消滅の裁判（決定）の問題点　337
　3．会社更生手続における担保権消滅の裁判（決定）の問題点　338

Ⅲ 担保権消滅訴訟について実務はどう取り扱っているか……340
　1．破産手続における担保権消滅の裁判（決定）の実務　340
　2．民事再生手続における担保権消滅の裁判（決定）の実務　340
　3．会社更生手続における担保権消滅の裁判（決定）の実務　341

Ⅳ 担保権消滅訴訟について注意しておくのはどのような点か……342
　1．破産における担保権消滅訴訟の注意点　342
　2．民事再生における担保権消滅訴訟の注意点　342
　3．会社更生における担保権消滅訴訟の注意点　343

| 34 | **担保権消滅の効果** |

〔甲良充一郎〕 *344*

- Ⅰ 担保権消滅の効果について学ぶのはどうしてか……*344*
- Ⅱ 担保権消滅の効果について問題となるのは
  どのような点か……*344*
  - 1．破産手続における担保権消滅の効果についての問題点 *344*
  - 2．民事再生手続における担保権消滅の効果についての問題点 *345*
  - 3．会社更生手続における担保権消滅の効果についての問題点 *346*
- Ⅲ 担保権消滅の効果について実務はどう取り扱っているか……*349*
  - 1．破産手続における担保権消滅の効果の実務 *349*
  - 2．民事再生手続における担保権消滅の効果の実務 *349*
  - 3．会社更生手続における担保権消滅の効果の実務 *349*
- Ⅳ 担保権消滅の効果について注意しておくのは
  どのような点か……*350*
  - 1．破産における担保権消滅の効果につき注意しておく必要があるのは，どのような点 *350*
  - 2．民事再生における担保権消滅の効果につき注意しておく必要があるのは，どのような点 *350*
  - 3．会社更生における担保権消滅の効果につき注意しておく必要があるのは，どのような点 *350*

第10章　配当手続関係

| 35 | **配当手続の意義** |

〔蛭川　明彦〕 *355*

- Ⅰ 配当手続について学ぶのはどうしてか……*355*
- Ⅱ 配当手続について問題となるのはどのような点か……*355*
- Ⅲ 配当手続について実務はどう取り扱っているか……*357*
  - 1．中間配当 *357*
  - 2．追加配当 *357*
  - 3．最後配当 *358*

4．簡易配当　*358*
　　　5．同意配当　*359*
　Ⅳ　配当手続について注意しておくのは
　　どのような点か……*359*
■参照判例■　*360*

36　配当異議訴訟
〔蛭川　明彦〕　*361*

　Ⅰ　配当異議訴訟について学ぶのはどうしてか……*361*
　Ⅱ　配当異議訴訟について問題となるのはどのような点か……*361*
　　　1．異議申立権者　*361*
　　　2．異議申立ての内容　*362*
　　　3．異議の手続　*362*
　Ⅲ　配当異議訴訟について実務はどう取り扱っているか……*362*
　　　1．異議申立権者　*362*
　　　2．異議申立ての内容　*362*
　　　3．異議の手続　*363*
　Ⅳ　配当異議訴訟について注意しておくのはどのような点か……*364*
■参照判例■　*365*

37　配当異議の効果
〔蛭川　明彦〕　*366*

　Ⅰ　配当異議の効果について学ぶのはどうしてか……*366*
　Ⅱ　配当異議の効果について問題となるのはどのような点か……*366*
　Ⅲ　配当異議の効果について実務はどう取り扱っているか……*367*
　　　1．最後配当について　*367*
　　　2．簡易配当について　*368*
　　　3．中間配当について　*369*
　Ⅳ　配当異議の効果について注意しておくのは
　　どのような点か……*370*

38　不当利得訴訟

〔蛭川　明彦〕　*371*

Ⅰ　不当利得訴訟について学ぶのはどうしてか……*371*
Ⅱ　不当利得訴訟について問題となるのはどのような点か……*371*
Ⅲ　不当利得訴訟について実務はどう取り扱っているか……*372*
　　1．配当表に従って配当が実施された場合　*372*
　　2．配当表と異なる配当が実施された場合　*373*
Ⅳ　不当利得訴訟について注意しておくのはどのような点か……*373*
■参照判例■　*374*

判例索引……*375*

第1章 総論

1 ●倒産手続裁判
2 ●倒産関係訴訟
3 ●不服の申立て

1 倒産手続裁判

I 倒産手続裁判について学ぶのはどうしてか

　倒産手続は，破産法所定の破産手続，民事再生法所定の再生手続，会社更生法所定の更生手続のいずれについても，倒産手続の開始から，倒産手続の進行を経て，倒産手続の終了まで，倒産手続を管轄する裁判所，すなわち，破産裁判所，再生裁判所，更生裁判所の裁判によって組成されている。その一部が裁判所書記官の処分に委ねられている場合もあるが，そのような倒産手続を組成する裁判について学ぶのは，倒産手続の本質を知るためにも，さらに，倒産手続の申立てをした当事者，あるいは，その申立ての相手方となった当事者が倒産手続に適切に対応するためにも不可欠である。

　以上の倒産手続を組成する裁判，すなわち，倒産手続裁判は，破産手続においても（破8条），再生手続においても（民再8条），更生手続においても（会更8条），いずれも口頭弁論を経ないですることができる裁判，すなわち，「決定」である。訴訟手続における判決のように口頭弁論を経て裁判所の判断が示される場合とは異なり，口頭弁論は任意的で，審尋によって当事者ないし関係者の主張・立証が採用あるいは排斥されて裁判所の判断が示されることになる。

　それは，倒産手続には，同手続から派生する裁判，本章の項目 **2** で概説する「倒産関係訴訟」もあって，その裁判は当事者ないし関係者の権利・義務を確定する裁判であるため，訴訟事件として，判決によって裁判所の判断が示されることになる。これに対し，倒産手続裁判にあっては，その裁判によって当事者ないし関係者の権利・義務の確定を直接の目的とするものではなく，非訟事件として，決定によって裁判所の判断が示されることになるが，それは，また，倒産手続の迅速かつ適正な処理に効果的であると解されてい

るためである。このように倒産手続裁判が，口頭弁論を経た判決ではなく，口頭弁論を経る必要がない決定で行われるとしても，裁判の公開を規定した憲法82条に違反しないというのが最大決昭45・6・24（→【判例①】参照）である。

　破産手続についてであるが，同決定は，破産手続の裁判の本質について詳細に説示している。いわく「破産裁判所がする破産宣告決定およびその抗告裁判所がする抗告棄却決定が……固有の司法権の作用に属する裁判に該当するかどうかについて考察するに，これらの裁判は，いずれもそのような裁判には該当しないものと解するのが相当であ」って，「破産手続は，狭義の民事訴訟手続のように，裁判所が相対立する特定の債権者と債務者との間において当事者の主張する実体的権利義務の存否を確定することを目的とする手続ではなく，特定の債務者が経済的に破綻したためその全弁済能力をもってしても総債権者に対する債務を完済することができなくなつた場合に，その債務者の有する全財産を強制的に管理，換価して総債権者に公平な配分をすることを目的とする手続であるところ，破産裁判所がする破産宣告決定は右に述べたような目的を有する一連の破産手続の開始を宣告する裁判であるにとどまり，また，その抗告裁判所がする抗告棄却決定は右のような破産宣告決定に対する不服の申立を排斥する裁判であるにすぎない」ところ，「それらは，いずれも，裁判所が当事者の意思いかんにかかわらず終局的に事実を確定し当事者の主張する実体的権利義務の存否を確定することを目的とする純然たる訴訟事件についての裁判とはいえないからである」と判示し，さらに，「破産裁判所およびその抗告裁判所は，右のような各決定をする前提として，破産の申立をした債権者およびその他の債権者と債務者との間の債権債務の存否についても判断するものであるけれども，その裁判によっては右当事者間の債権債務の存否は終局的に確定するものではな」く，「破産裁判所およびその抗告裁判所が右債権債務の存否についてする判断は，破産手続外においてはもちろん，その後の破産手続内においてすら，何ら特別の効力を有するものではなく，債権者が破産手続において破産債権者としての地位を取得し，その地位にもとづく権利を行使するためには，その者が自ら破産の申立をした債権者であると否とを問わず，破産宣告後の所定の期間内にそ

の債権の届出をしたうえ，債権調査期日において破産債権確定の手続を経ることを要し，その際所定の異議のあつた債権については，破産手続外で行なわれる純然たる訴訟事件としての債権確定訴訟をも経由しなければならない」が，「他方，破産宣告決定を受けた債務者も，特定の届出債権の存否を争おうとする場合には，債権調査期日において自らその債権に異議を述べることにより，後日破産手続外で行なわれる純然たる訴訟事件としての別途訴訟においてその債権の存否を争う機会を留保することができるのである」から，「破産裁判所がする破産宣告決定およびその抗告裁判所がする抗告棄却決定はいずれも固有の司法権の作用に属する裁判に該当しないことは明らかであり，したがつてまた，これらの裁判は，憲法82条の規定にいう裁判には該当しないものというべきである」と付言した上で，「破産宣告決定があると，その決定を受けた債務者はその所有する破産財団所属の全財産の管理処分の権限を喪失するとともに，居住の制限，引致，監守等の一身上の拘束をも受けることになり，また，債権者も右決定を受けた債務者に対し直接的個別的に権利を行使することができず，それを行使するためには，前述したように，その債権の届出をして破産手続に参加することを余儀なくされるのであるが，これは，破産法が破産手続の目的を達成するために定めた効果にすぎないのであつて，特定の債権者と債務者との間の実体的権利義務の存否には何ら影響を及ぼすものではな」く，「破産宣告決定があると，その決定を受けた債務者は，破産法以外の私法および公法上の諸資格，例えば，後見人，保佐人，公証人，弁護士等になる資格を失ない，その後復権の要件が成就しないかぎり，これらの資格を回復することができなくなるけれども，これは，単に破産法以外の法令が破産宣告決定の存在を要件として定めた別個の効果にすぎず，破産宣告決定自体の効果ではないから，破産法以外の法令上そのような効果が発生するからといつて，破産宣告決定およびこれに対する抗告棄却決定自体の性質に影響を及ぼすものではない」ので，「本件破産宣告決定および原決定は，それらが所論のように口頭弁論を経ないでなされたものであるとしても，何ら憲法82条に違反するものではないというべきであり，その違憲をいう論旨は採用することができない」と結論付けている。

　同決定は，破産手続について判示したものであるが，その理は，再生手続

(その前身である和議法所定の和議手続)，更生手続についても異なるものではないと解される。→【判例②③】参照

倒産手続裁判について，決定で裁判所の判断が示されることに問題はない。

Ⅱ 倒産手続裁判について問題となるのはどのような点か

倒産手続裁判について実務的に学ぶ場合に問題となるのは，倒産手続の段階に応じた裁判の実際を把握しておくことである。その裁判は，第1に，倒産手続の開始段階，第2に，倒産手続の進行段階，第3に，倒産手続の終了段階における裁判からなるが，これを分類すると，以下のとおりとなる。

1．倒産手続の開始段階

倒産手続の開始段階における裁判は，倒産手続を開始する旨の決定と，反対に，同手続開始の申立てを棄却する決定とからなる。

(1) 破産手続

破産手続は，同手続の開始決定によって開始される（破15条1項）。その申立ては，債権者の申立てのほか，債務者の申立て，いわゆる「自己破産」の申立てもある（破18条1項）。自己破産の申立ては，個人破産の場合に多くみられるが，法人破産の場合にもみられないわけではない。反対に，債権者の申立ても，法人破産の場合に多くみられるが，個人破産の場合にもみられないわけではない。

破産手続の開始段階における裁判は，破産手続開始決定と，破産手続開始の申立てを却下する決定が専らということになる。

破産手続が開始されるためには，破産原因が存在しなくてはならない。破産原因は，支払不能（破15条1項）のほか，法人の場合（ただし，存立中の合名会社及び合資会社を除く）には債務超過（破16条）が含まれるが，債務者が支払を停止したときは，支払不能と推定される（破15条2項）。

破産原因は，これが疎明されなければならないが，債務者が申立てをする

ときは，支払を停止しているのが通常であるから，その疎明は特に問題とならない。債権者が申立てをするときは，債務者に対する債権の存在及び債務者の破産原因を疎明する必要がある（破18条2項）。この場合にも，前記の推定が働くときは，破産原因の疎明は問題にならないが，債務者において，破産原因を争い，さらに，債権者の債権の存在も争う場合も少なくなく，この場合には，その疎明が問題になる。その疎明がなければ，申立てを棄却する決定がされることになるが，債務者の破産原因は，債権者が1名であれば，当該1名を前提に判断されることになる。→【判例④】参照

　その結果，債務者が破産手続の開始を申し立てた債権者の債権を弁済するなどして同債権が消滅し，他に破産債権が存在しないときは，破産手続開始の申立ては棄却（却下）されることになる。→【判例⑤】参照

　破産法は，さらに，「裁判所は，破産手続開始の申立てがあった場合において，破産手続開始の原因となる事実があると認めるときは，次の各号のいずれかに該当する場合を除き，破産手続開始の決定をする。」と規定しているので，①破産手続の費用の予納がないとき（その費用を仮に国庫から支弁する場合を除く），②不当な目的で破産手続開始の申立てがされたとき，その他申立てが誠実にされたものでないときには，申立てが棄却されることになる。再生手続の場合（民再25条各号）ないし更生手続の場合（会更41条1項各号）に比較して，申立てを棄却すべき場合が限定されているが，再生手続ないし更生手続が再建型の倒産手続であるため，要件が自ずと加重されるのに対し，清算型の倒産手続である破産手続では，債務者に対する清算手続の提供を原則的に避けることができないことによる。

　なお，破産原因の存否を判断する基準時は，破産手続開始の決定，あるいは，破産手続開始の申立てを棄却する決定の裁判時であるが，申立てが棄却されて即時抗告がされた場合において，抗告審が破産原因の存否を判断する基準時となるのは，抗告審の裁判時である。→【判例⑥】参照

(2) **再生手続**

　再生手続も，同手続の開始決定によって開始される（民再33条）。その申立ては，債務者の申立てを第1とするが（民再21条1項），第2に，債権者も，

債務者に破産手続開始の原因となる事実の生ずるおそれがあるときは，その申立てをすることができる（同条2項）。

再生手続の開始段階における裁判も，破産手続の場合と同様に，再生手続開始の決定と，再生手続開始の申立てを棄却する決定とからなる。

再生手続が開始されるためには，再生原因が存在しなくてはならない。再生原因は，①債務者に破産手続開始の原因となる事実の生ずるおそれがあるとき，②債務者が事業の継続に著しい支障を来すことなく弁済期にある債務を弁済することができないときであるが，債権者が再生手続の開始を申し立てる場合には，再生原因は①に限られ，②を再生原因として申し立てることはできない（民再21条1項・2項）。

再生原因は，債務者が申し立てた場合にも，債権者が申し立てた場合にも，これを疎明すべきものであるが（民再23条1項），債権者が申し立てた場合には，債務者に対する債権の存在も疎明しなければならない（同条2項）。その疎明がなければ，申立てを棄却する決定がされるが，民事再生法は，さらに，再生手続開始の申立てを棄却すべき場合として，①再生手続の費用の予納がないとき，②裁判所に破産手続又は特別清算手続が係属し，その手続によることが債権者の一般の利益に適合するとき，③再生計画案の作成若しくは可決の見込み又は再生計画の認可の見込みがないことが明らかであるとき，④不当な目的で再生手続開始の申立てがされたとき，その他申立てが誠実にされたものでないときを規定している（民再25条）。例えば，③を理由に申立てを棄却した裁判例として，東京高決平12・5・17（→【判例⑦】参照），④を理由に申立てを棄却した裁判例として，札幌高決平15・8・12（→【判例⑧】参照），高松高決平17・10・25（→【判例⑨】参照），東京高決平24・9・7（→【判例⑩】参照）があるが，東京高決平24・9・7については，その判断を是認し得ないとする東京地判平25・11・6（→【判例⑪】参照）がある。なお，②につき，会社更生手続開始の申立てがあった場合に，その事実を考慮しないで再生手続開始の申立ての当否を判断すべきであると判示する裁判例として，東京高決平17・1・13（→【判例⑫】参照）がある。

(3) **更生手続**

更生手続も，同手続の開始決定によって開始される（会更41条）。その申立ては，債務者の申立て（会更17条1項）のほか，債務者の資本金の額の10分の1以上に当たる債権を有する債権者，あるいは，債務者に総株主の議決権の10分の1以上を有する株主の申立ても認められている（同条2項各号）。もっとも，破産手続，再生手続とは異なって，債務者となるのは，株式会社に限られている（会更1条）。

　更生手続の開始段階における裁判も，破産手続，再生手続の場合と同様に，更生手続開始の決定と，更生手続開始の申立てを棄却する決定が専らということになる。

　更生手続が開始されるためには，更生手続開始の原因となる事実，すなわち，更生原因が存在しなくてはならない。更生原因は，①破産手続開始の原因となる事実が生ずるおそれがある場合，②弁済期にある債務を弁済することとすれば，その事業の継続に著しい支障を来すおそれがある場合であるが（会更17条1項各号），債権者あるいは株主が申し立てる場合には，更生原因は①に限られ，②を更生原因とする申立てはできない（同条2項）。

　更生原因は，これを疎明すべきものであって（会更20条1項），その疎明がなければ，申立てを棄却する決定がされる。債権者あるいは株主の申立ての場合において，前記債権の額あるいは議決権の数につき，その疎明がなければ，同様であるが（同条2項），会社更生法は，さらに，会社更生手続開始の申立てを棄却すべき場合として，①更生手続の費用の予納がないとき，②裁判所に破産手続，再生手続又は特別清算手続が係属し，その手続によることが債権者の一般の利益に適合するとき，③事業の継続を内容とする更生計画案の作成若しくは可決の見込み又は事業の継続を内容とする更生計画の認可の見込みがないことが明らかであるとき，④不当な目的で更生手続開始の申立てがされたとき，その他申立てが誠実にされたものでないときを規定している（会更41条）。民事再生法と同旨の規定であるが，例えば，②を理由に申立てを棄却した裁判例として，東京地決昭60・3・30（→【判例⑬】参照），東京地決平20・6・10（→【判例⑭】参照），③を理由に申立てを棄却した裁判例として，大阪高決昭50・3・12（→【判例⑮】参照）がある。大阪高決平18・4・26（→【判例⑯】参照）は，再生手続との関係で②が問題となっ

た事案であるが，再生手続を開始した上で，会社更生手続開始の申立てを棄却している。

2．倒産手続の進行段階

倒産手続の進行段階における裁判は，多岐にわたる。ここでは，そのような裁判がそれぞれの倒産手続においてどのような趣旨・目的でされるのか，その位置付けを理解しておくことが必要である。そのような見地から倒産手続の裁判を分類してみると，(a)倒産手続が開始される前に倒産手続の実効性を確保するための保全的な裁判，(b)倒産手続が開始された債務者に関する裁判，(c)倒産手続を遂行する破産管財人，監督委員，更生管財人に関する裁判，(d)倒産手続が開始された債務者に対する債権者に関する裁判，(e)倒産手続を遂行する際に債権者に対する弁済の原資となる債務者の財産に関する裁判，(f)その財産から逸失した財産の回復を目的とした否認の請求に関する裁判，(g)債務者を倒産に至らしめた役員（等）の責任に関する裁判に大別することができるが，以下のとおり，倒産手続の態様に応じて，その裁判にも少なからず異同がある。

(1) 破産手続

破産手続の進行段階における裁判について，前記した見地から，(a)破産手続の保全的な裁判，(b)破産者に関する裁判，(c)破産管財人に関する裁判，(d)債権者に関する裁判，(e)破産財団に関する裁判，(f)否認の請求に関する裁判，(g)役員の責任に関する裁判とに分説して，以下，これを概観する。

(a) 破産手続の保全的な裁判

ここで「保全的な裁判」というのは，破産手続が開始される前に破産裁判所が破産手続の開始を前提に，その実効性を確保するためにあらかじめする裁判である。①破産法24条の規定する「他の手続の中止命令」，②25条の規定する「包括的禁止命令」，③27条の規定する「包括的禁止命令の解除」，④28条の規定する「債務者の財産に関する保全処分」がこれに当たる。

では，実際にどのような裁判がされているかについてみると，この点が特に問題となった裁判例は乏しいが，①につき，破産裁判所は，別の裁判所か

ら中止命令を受けた場合は格別，自ら破産原因の有無を判断して，破産手続の開始を決定することができるとする裁判例がある。→【判例⑰】参照

また，④につき，破産裁判所は，破産手続開始前の保全処分として，破産者の給与等も差押禁止の範囲に含まれない限り，仮差押えすることもできるとする裁判例もある。→【判例⑱】参照

(b) **破産者に関する裁判**

破産者に関する裁判として破産法が規定しているのは，例えば，①破産者が居住地を離れる許可の裁判（破37条），②破産者の引致命令（破38条），③破産管財人に対する財産の引渡命令（破156条）である。破産者の行為それ自体が規制の対象となっていないのは，破産手続が開始されると，破産財団に属する財産の管理及び処分をする権限は，破産管財人に専属し（破78条1項），破産者は，その結果として，破産財団に属する財産の管理処分権限を失うため，規制の対象となるべき破産者の行為が存在し得ないからである。

①については，その許可の是非が直接的に問題となった裁判例は見当たらないが，免責許可の申立てに際して，破産裁判所の許可を得ないで居住地を離れていたことが不許可の事由となるか否かをめぐって問題となった裁判例がある。→【判例⑲〜㉑】参照

②についても，その是非が直接的に問題となった裁判例はないが，①を含め，相続財産の破産の場合には，相続人が破産者となるため，居住地を離れる場合の許可，あるいは，引致命令は，相続人を対象として裁判されることになる。→【判例㉒】参照

(c) **破産管財人に関する裁判**

破産管財人に関する裁判は，破産管財人の選任（破74条）に始まるが，その選任について不服の申立ては予定されていない。破産手続開始決定に対する不服の申立てが認められ，破産手続開始決定が取り消されて，同手続開始の申立てが棄却されるときは，破産管財人もその地位を失うが，その間においても，破産管財人は破産裁判所の監督に服している（破75条1項）。破産法は，破産裁判所の監督を前提として，破産管財人に関する裁判を規定している。その裁判には，破産管財人の解任も含まれるが（破75条2項），その多くは，以下のとおり，破産管財人の職務の執行に関する許可の裁判である。

破産手続の開始によって破産者は管理処分権限を奪われ，破産管財人がこれを行うことになるが，破産法は，そのような破産管財人の行為につき，破産裁判所の許可を要件付けることで破産手続の進行が阻害されないように規定している（破78条2項）。そのほか，代理人選任の許可（破77条），破産者に対する郵便物等を破産管財人に配達すべき旨を信書の送達の事業者に嘱託し，あるいは，これを取り消し，変更する裁判（破81条），職務の執行に際して受ける抵抗を排除するために警察上の援助を求める許可（破84条）がある。破産管財人は，破産財団に属する一切の財産ににつき，財産目録・貸借対照表の作成が義務付けられているが，一定の場合には，破産裁判所の許可を得て，貸借対照表の作成・提出をしないことができる（破153条）。破産管財人に対する報酬等も破産裁判所の決定による（破87条）。破産管財人の権限は，もとより破産手続上のものであって，同手続外の行為について権限を有するものではない。→【判例㉓】参照
　破産管財人は，破産財団に関する訴えにつき，当事者適格が認められているが（破80条），当事者適格の有無が問題となる場合もある。→【判例㉔㉕】参照
　なお，保全管理命令が発令される場合（破91条1項）には，保全管理人の選任（同条2項）が予定されていて，その選任を前提にした破産裁判所の裁判も予定されている。

　(d)－1　債権者に関する裁判——破産債権者
　破産手続は，専ら一般債権者，すなわち，破産債権者を対象として進められる。破産債権者は，破産法に特別の定めがある場合を除き，破産手続によらないで，その権利を行使することができないからである（破100条1項）。債権者に関する裁判も，そのような破産債権者を対象としている。
　(ｱ)　破産債権の確定　　まず，破産債権者の権利についてみると，届出期間内に届け出られた破産債権につき，一般調査期間あるいは一般調査期日において，あるいは，特別調査期間あるいは特別調査期日（前者につき破118条・121条，後者につき破119条・122条）において，破産債権が調査され，破産管財人の調査の結果に基づき破産債権の有無・額が決定する（破124条1項）。裁判所書記官は，破産債権の調査の結果を破産債権者表に記載し（同条2項），

確定した事項についての同表の記載は，確定判決と同一の効力が認められる（同条3項）。その調査の結果に不服がある場合は，第1に，破産債権の査定を申し立てることができ（破125条），第2に，査定申立ての決定に不服がある場合は，査定異議の訴えを提起することができるが（破126条），この点については，本章の項目**2**の「倒産関係訴訟」のほか，**第7章**の「債権確定関係」を参照されたい。

　なお，破産債権者に対する弁済は，配当手続を通じて行われるのが原則であるが，破産管財人は，破産裁判所の許可を得て，給料・退職金の請求権に対する弁済をすることができるほか（破101条），破産財団に属する債権をもって破産債権と相殺することが破産債権者の一般の利益に適合するときは，その相殺をすることもできる（破102条）。

　⑷　**破産債権者の立場**　　次に，破産債権者の立場についてみると，破産手続の進行中，破産債権者は債権者集会の構成員となって，その権利行使は，専ら債権者集会における議決権の行使によることになる。破産法の債権者集会に関する規定をみても，破産裁判所の裁判が重要な地位を占めている。例えば，招集それ自体も，破産管財人の申立て等があった場合において，破産裁判所の決定によるが（破135条），呼出しも，破産裁判所の決定による（破136条）。債権者集会の付議事項も破産裁判所が決定し（破139条），議決権の額についても同様である（破140条）。債権者委員会が破産手続に関与することの承認（破144条），破産管財人に対する債権者委員会への報告命令（破147条）も，破産裁判所の決定による。

　なお，債権者は，破産裁判所の許可を得て，破産債権者のために破産手続に属する一切の行為をすることができる代理委員を選任することができる（破110条）。

　⑸　**破産債権の弁済**　　次に，破産債権に対する弁済についてみると，破産管財人の実施する配当手続を通じて弁済が行われる。破産手続は，清算的な倒産手続であるので，その配当によって破産債権の弁済は完了する。その配当手続は，原則として，最後配当（破195条1項）である。最後配当の時期は破産裁判所があらかじめ定めることができるが（同条3項），破産管財人が，裁判所書記官の許可を得て実施する（同条2項）。最後配当の前に，中間

配当（破209条1項）が実施されることもあるが、この場合には、破産裁判所の許可を得る必要がある（同条2項）。また、最後配当の後、追加配当（破215条）が実施されることもある。破産裁判所の許可が必要であるが(同条前段)、追加配当は、破産手続が終了した後に実施される場合もある（同条後段）。なお、最後配当に代えて、同意配当（破208条）、簡易配当（破204条）も予定されているが、この場合には、破産裁判所の許可ではなく、裁判所書記官の許可を得て実施される。

　配当は、破産管財人の作成した配当表に基づいて実施されるが、破産裁判所は、配当表の記載に不服がある届出債権者の異議に理由があると認めるときは、破産管財人に対し、配当表の更正を命じなければならない（破200条2項）。同裁判を含め、異議に対する破産裁判所の裁判に対しては即時抗告をすることができるが（同条3項）、この点については、関係判例を含め、本章の項目**2**の「倒産関係訴訟」のほか、**第10章**の「配当手続関係」を参照されたい。

　なお、破産者が自由財産から破産債権を弁済することは妨げられないが、全く自由と解されるべきものではない。→【判例㉖】参照

(d)-2　債権者に関する裁判——財団債権者

　破産手続においては、優先弁済が認められている債権は、財団債権（破148条）として、財団債権者は、破産手続によらないで、その弁済を受けることができる（破2条7項・151条）。したがって、破産裁判所の裁判は原則として予定されていないが、破産裁判所は、社債管理者等の費用及び報酬につき、これを財団債権とする旨の許可をすることが認められている（破150条）。

　なお、財団債権を代位弁済によって取得した者は、求償権が破産債権であっても、財団債権である原債権につき、その権利行使をすることができる。
→【判例㉗】参照

(e)　破産財団に関する裁判

　破産者の財産を構成する財産で、破産管財人にその管理処分権限が専属する財産、すなわち、破産財団（破2条14項。なお、同項は、相続財産等の破産等に関する場合の相続財産、信託財産の破産に関する場合の信託財産を含めて規定しているが、以下では、破産者の財産を専ら対象とする）に関する裁判として、破産法34条

3項の規定する破産財団に属しない財産の範囲を拡張する裁判があるが，破産手続を進めるに当たって重要な裁判は，同財産が別除権の目的である場合に当該別除権の消滅に関する裁判である。破産裁判所は，別除権者が処分すべき期間を定め（破185条），同財産につき担保権が存する場合の破産管財人の担保権消滅の許可の申立て（破186条）を受けて，担保権実行の期間を伸長し（破187条），担保権の消滅を許可し（破189条），担保権が消滅する担保権者に対する配当を実施する（破191条1項）。

なお，前記担保権者に対する配当については，民事執行法90条以下の規定する配当異議訴訟が予定されている（破191条3項による準用）。

商事留置権に対する破産管財人の弁済を許可することも破産裁判所の決定による（破192条1項）。

(f) **否認の請求に関する裁判**

破産財団を構成する財産の確保という見地からみて重要であるのは，破産財団から逸失した財産についてその回復を図る破産管財人の否認権の行使である。破産法は，否認権の行使につき，民法の規定する債権者取消権（詐害行為取消権）の行使が裁判所に対する請求，すなわち，訴えの提起によることが要件付けられているのに対し（民424条），訴えの提起のほか，抗弁の提出としても，否認権の行使が認められているだけでなく，訴訟手続によらない否認権の行使として，否認の請求も認められている（破173条）。破産管財人の破産財団の回復について機動性を付与したものであって，さらに，否認権のための保全処分も認められている（破171条）。

否認の請求に対する裁判は，破産裁判所の決定でされるが（破174条），否認の請求を認容する決定に対しては，異議の訴えを提起することができるので（破175条），最終的な決着は，同訴訟の結果を待たなければならない。この点については，関係判例を含め，本章の項目**2**の「倒産関係訴訟」のほか，**第3章**の「否認権関係」を参照されたい。

なお，否認権については，権利行使の期間の制限（破176条）がある。→
【判例㉘㉙】参照

(g) **役員の責任に関する裁判**

会社に破産手続が開始された場合には，そのような事態に至った原因とし

て，役員の任務懈怠が詮議されることが少なくない。役員の任務懈怠の責任が問題となるのは，会社に倒産手続が開始された場合に限られないが，倒産手続が開始された場合には，その度合いが高まるのも道理である。その倒産手続が清算型の破産手続であれば，尚更ということであるが，破産法は，そのような場合に対処して，役員の財産の保全処分（破177条）を規定するほか，さらに，役員の責任の査定決定（破179条）について規定している。ただし，後者については，異議の訴えを提起することができるので（破180条），最終的な決着は，同訴訟の結果を待たなければならない。この点についても，関係判例を含め，本章の項目 **2** の「倒産関係訴訟」を参照されたい。

(2) **再生手続**

再生手続の進行段階における裁判について，前記した見地から，(a)再生手続の保全的な裁判，(b)再生債務者に関する裁判，(c)監督委員に関する裁判，(d)債権者に関する裁判，(e)再生債務者財産に関する裁判，(f)否認の請求に関する裁判，(g)役員の責任に関する裁判とに分説して，以下，これを概観する。

(a) **再生手続の保全的な裁判**

ここで「保全的な裁判」というのは，破産手続の場合と同様に，再生手続が開始される前に再生裁判所が破産手続の開始を前提に，その実効性を確保するためにあらかじめする裁判であって，①民事再生法26条の規定する「他の手続の中止命令」，②27条の規定する「包括的禁止命令」，③29条の規定する「包括的禁止命令の解除」，④30条の規定する「債務者の財産に関する保全処分」がこれに当たる。

では，実際にどのような裁判がされているかについてみると，この点が特に問題となった裁判例は見当たらない。

(b) **再生債務者に関する裁判**

再生債務者に関する裁判において，破産者に対する裁判と根本的に異なるのは，破産者は，破産手続開始決定によって管理処分権限を奪われ，破産管財人がこれを行使するのに対し，再生債務者は，管理命令が発せら，管財人が選任された場合は格別，管理処分権限を奪われることがなく，再生手続開

始後も，自らこれを行使し得るということである（民再38条1項）。ただし，再生債務者は，民法177条の第三者に当たるとする裁判例がある。→【判例㉚】参照

そこで，民事再生法は，これを前提に，再生債務者の行為につき，再生裁判所の許可を要件付けることによって（民再41条），再生債務者の行為によって再生手続の進行が阻害されることのないように規制している。そのような規制は，営業等の譲渡の許可（民再42条），再生債務者が株式会社である場合の株主総会の承認の決議に代わる許可（民再43条）にもみられる。→【判例㉛㉜】参照

(c) **監督委員に関する裁判**

再生手続においては，前述のとおり，再来債務者が管理処分権限を奪われていないため，再生債務者を主体として手続が進められることになるが，手続の進行を監督する立場にあるのが監督委員である。そこで，監督委員に関する裁判をみてみると，その選任（民再54条2項）に始まるが，その選任について不服の申立ては予定されていない。監督委員は再生裁判所の監督に服することになる（民再57条1項）。監督委員に関する裁判として，数人の監督委員がいる場合の職務の分掌の許可（民再58条）がある。監督委員に対する報酬等も再生裁判所の決定による（民再61条）。

再生裁判所は，監督委員の同意を得なければすることができない行為を指定することによって，監督委員を通じて，再生債務者の行為を規制することになる。再生債務者が監督委員の同意を得ないで借入れ，弁済を繰り返した場合に，再生手続を廃止した裁判例がある。→【判例㉝】参照

なお，調査命令を発令される場合（民再62条1項）には，調査委員の選任（同条2項），管理命令が発令される場合（民再64条1項）には，管財人の選任（同条2項），保全管理命令が発令される場合（民再79条1項）には，保全管理人の選任（同条2項）が予定されている。

管理命令が発せられた場合には，再生債務者の管理処分権限は管財人に専属するので（民再66条），再生債務者はこれを失うことになる。管財人が選任された場合の再生手続は，管財人が主体となって手続が進められる更生手続と同様に，管財人が主体となって進められることになる。

(d)-1 債権者に関する裁判——再生債権者

再生手続は，優先弁済権が認められていない一般債権者，すなわち，再生債権者を専ら対象として進められる。再生債権者は，民事再生法に特別の定めがある場合を除き，再生手続によらないで，その権利を行使することができないからである（民再85条1項）。債権者に関する裁判も，そのような再生債権者を対象としている。

(ア) **再生債権の確定**　まず，再生債権者の権利に関してであるが，届出期間内に届け出られた再生債権につき，一般調査期間において，その存否及び額が調査されるが，再生裁判所の決定で，同期間の変更が認められている（民再102条3項）。届出期間の経過後に届けられた再生債権ないし届出事項の変更につき，再生裁判所は，特別調査期間を定めるが（民再103条1項），裁判所書記官から費用の予納を命じられた債権者がその予納をしないときは，再生裁判所は，その再生債権の届出ないし届出事項の変更を却下する（民再103条の2第5項）。

再生債権の調査の結果に基づき再生債権の有無・額が決定する（民再104条1項）。裁判所書記官は，再生債権の調査の結果を再生債権者表に記載し（同条2項），確定した事項についての同表の記載は，確定判決と同一の効力が認められるが（同条3項），その調査の結果に不服がある場合は，第1に，再生債権の査定を申し立てることができる（民再105条）。第2に，査定申立ての決定に不服がある場合は，査定異議の訴えを提起することができるが（民再106条），この点については，関係判例を含め，本章の項目**2**の「倒産関係訴訟」のほか，**第7章**の「債権確定関係」を参照されたい。

(イ) **再生債権者の立場**　次に，再生債権者の立場であるが，債権者集会においてその権利を行使することになる。債権者集会の招集それ自体も，再生債務者等の申立てがあったときに，あるいは，相当と認めるときは職権で，再生裁判所が決定するが（民再114条），呼出しも再生裁判所の決定による（民再115条）。債権者委員会が再生手続に関与することの承認（民再117条），再生債務者等に対する債権者委員会への報告命令（民再118条の3）も，再生裁判所の決定である。

債権者集会における議決権行使の方法については，再生裁判所が定めるこ

とが予定されているが（民再169条・170条），裁量的な判断として是認されるものでなくてはならない。→【判例㉞】参照

なお，再生債権者は，再生裁判所の許可を得て，再生債権者のために再生手続に属する一切の行為をすることができる代理委員を選任することができる（民再90条）。

(ウ) **再生債権の弁済**　次に，再生債権の弁済であるが，再生計画の定めるところに従って行われるのが原則である。再生裁判所は，再生債務者を主要な取引先とする中小企業者が，その有する再生債権の弁済を受けなければ，事業の継続に著しい支障を来すおそれがあるときは，その全部又は一部の弁済を許可することができる（民再85条）。再生債務者財産に属する債権と再生債権との相殺を許可することも認められている（民再85条の2）。

再生計画についても，再生裁判所の裁判が予定されている。再生計画の条項は法定されているが，再生債務者の株式の取得などを定める場合（民再166条）には，再生裁判所の許可を得る必要がある（民再154条3項）。募集株式を引き受ける者の募集に関する事項を定める場合（民再166条の2）にも，同様である（民再154条4項）。再生裁判所に提出した再生計画案を修正する場合にも，許可を得なければならない（民再167条）。再生計画案は，再生裁判所が再生債権者の決議に付さなければならないが（民再169条），可決された再生計画案の認可あるいは不認可の決定も再生裁判所の裁判である（民再174条）。→【判例㉟】参照

認可決定が確定したときは，再生債務者は，一定の権利を除き，全ての再生債権について，免責され（民再178条1項），届出再生債権者及び認否書に記載された再生債権を有する再生債権者の権利は，再生計画の定めに従い，変更されることになる（民再179条）。裁判所書記官は，再生計画の条項を再生債権者表に記載するが（民再180条1項），再生債権に基づき再生計画の定めによって認められた権利について，その再生債権者表の記載は，確定判決と同一の効力が認められている（同条2項）。反対に，不認可の決定が確定したときも，再生債務者が民事再生法102条2項又は103条4項の異議を述べた場合は格別，確定した再生債権については，再生債権者表の記載は確定判決と同一の効力が認められている（民再185条）。

認可決定がされた再生計画も，やむを得ない事由で変更する必要が生じたときは，再生手続が終了する前であれば，再生裁判所はこれを変更することができるとされている（民再187条）。

(d)-2　債権者に関する裁判——共益債権者

再生手続においては，優先弁済が認められている債権は，共益債権として，共益債権者は，再生手続によらないで，その権利を行使することができる（民再121条）。

したがって，再生裁判所の裁判は原則として予定されていないが，再生手続開始の申立て後再生手続開始前に再生債務者がした借入れ等につき，再生裁判所は，その相手方の債権を共益債権とする旨の許可をすることができる（民再120条）。社債管理者等の費用及び報酬についても，再生裁判所の許可が予定されている（民再120条の2）。

なお，一般の先取特権その他の一般の優先権がある債権も，一般優先債権として，一般優先債権者は，再生手続によらないで，その弁済を受けることができる（民再122条）。

(e)　再生債務者財産に関する裁判

再生債務者に属する一切の財産，すなわち，再生債務者財産（民再12条1項1号）に関する裁判は，再生債権に対する弁済の引当てになる同財産の確保を目的とした裁判といって差し支えないが，再生債務者財産の価額の評定について必要があるときは，再生裁判所は，評価人を選任して，その評価を命ずることができる（民再124条3項）。その評定は，再生債務者等，すなわち，管財人が選任されていない場合には再生債務者，管財人が選任されている場合には管財人が行わなければならないが（同条1項），再生債務者が行うときは，その評定が十分でない場合があることに対処した規定であると解される。

再生手続は，いわゆる再建型の倒産手続であって，再生債務者の事業の継続が予定されている。再生債務者財産に対して担保権を有する者は，別除権者として，当該担保権を再生手続によらないで行使することができるが，その行使の結果，再生債務者が当該財産を失うと事業の継続ができない場合も予想される。すなわち，当該財産が再生債務者の事業の継続に欠くことので

きない財産である場合であるが，再生債務者等は，再生裁判所に対し，担保権消滅の許可の裁判を求めることができる（民再148条）。→【判例㊱】参照

この場合に，担保権者は，再生裁判所に対し，当該担保権の価額の決定を請求することができる。価額に相当する金銭の納付があれば，担保権は消滅し，再生裁判所が作成した配当表（民再153条1項）あるいは交付計算書（同条2項）に従って，担保権者に対する金銭の配当あるいは金銭の交付がされる。

なお，前記担保権者に対する配当については，民事執行法90条の規定する配当異議訴訟が予定（準用）されている（民再153条3項）。

(f) **否認の請求に関する裁判**

再生債務者財産の確保という見地から重要なのは，否認権の行使である。民事再生法は，破産法と同様に，訴えの提起のほか，抗弁の提出としても，否認権の行使を認めるほか，否認の請求も認めている（民再135条）。否認権のための保全処分も認められている（民再134条の2）。

否認の請求に対する裁判は決定でされるが（民再136条2項），否認の請求を認容する決定に対しては，異議の訴えを提起することができるので（民再137条），最終的な決着は，同訴訟の結果を待たなければならない。この点は，破産手続と同様であって，関係判例を含め，本章の項目**2**の「倒産関係訴訟」のほか，**第3章**の「否認権関係」を参照されたい。

(g) **役員の責任に関する裁判**

会社に再生手続が開始された場合には，破産手続の場合と同様に，そのような事態に至った原因として，役員の任務懈怠が詮議されることが少なくない。役員の任務懈怠の責任が問題となるのは，会社に倒産手続が開始された場合に限られないが，倒産手続が開始された場合には，その度合いが高まるのも道理である。民事再生法は，破産法と同様に，そのような場合に対処して，役員の財産の保全処分（民再142条）を規定し，さらに，役員の責任の査定の申立て（民再143条）と同査定に係る決定（民再144条）について規定している。ただし，後者の決定に対しては，異議の訴えを提起することができるので（民再145条），最終的な決着は，同訴訟の結果を待たなければならない。この点も，破産手続と同様であって，関係判例を含め，本章の項目**2**の「倒産関係訴訟」を参照されたい。

(3) **更生手続**

　更生手続の進行段階における裁判について，前記した見地から，(a)更生手続の保全的な裁判，(b)更生会社に関する裁判，(c)管財人に関する裁判，(d)債権者に関する裁判，(e)更生財産に関する裁判，(f)否認の請求に関する裁判，(g)役員等の責任に関する裁判とに分説して，以下，これを概観する。

　(a) **更生手続の保全的な裁判**

　ここで「保全的な裁判」というのは，破産手続，再生手続の場合と同様に，更生手続が開始される前に更生裁判所が更生手続の開始を前提に，その実効性を確保するためにあらかじめする裁判であって，①会社更生法24条の規定する「他の手続の中止命令」，②25条の規定する「包括的禁止命令」，③27条の規定する「包括的禁止命令の解除」，④28条の規定する更生会社（開始前会社）の「業務及び財産に関する保全処分」，⑤29条の規定する「商事留置権者に対する弁済の許可」がこれに当たる。

　では，実際にどのような裁判がされているかをみると，例えば，④についてであるが，更生会社に対する弁済禁止の保全処分の効力につき，同社の連帯保証人に及ばないとされている。→【判例㊲】参照

　また，更生会社の債権者は同社の履行遅滞を理由として契約を解除し得ないとされている。→【判例㊳】参照

　(b) **更生会社に関する裁判**

　更生会社に関する裁判において，同じく再建型の倒産手続である再生手続における再生債務者に関する裁判と異なるのは，更生会社は，同社の事業の経営並びに財産に関する管理処分権限を奪われ，更生手続開始後は，その管理処分権限は管財人に専属するということである（会更72条）。もっとも，再生手続においても，管財人が選任された場合には，更生手続と同様であるが（民再66条），会社更生法は，これを前提に，更生手続開始決定に伴う効果として，更生会社の組織に関する基本的事項につき，更生計画の定めによらないで，これを変更することはできないとしている（会更45条）。事業の譲渡についても（会更46条），弁済についても（会更47条），同様に規定した上で，管財人に対してであるが，一定の場合の弁済（会更47条2項）ないし相殺（会更47条の2）を許可している。

(c) 管財人に関する裁判

　更生手続においては，前述のとおり，更生会社の事業並びに財産に関する管理処分権限は管財人に専属する。そこで，更生裁判所が管財人の一定の行為につき許可することによって，その権限行使の適正を確保している（会更72条2項）。管財人に関する裁判は，その選任（会更67条1項）に始まる。管財人は，その解任（会更68条2項）を含め，更生裁判所の監督に服することになるが（同条1項），管財人に関する裁判として，数人の管財人がいる場合の職務の分掌の許可（会更69条）がある。→【判例㊴】参照

　管財人は，管財人代理を選任することができるが（会更70条1項），更生裁判所の許可が必要である（同条2項）。法律顧問の選任についても，同様である（会更71条）。管財人に対する報酬等も更生裁判所の決定による（会更81条）。

　なお，調査命令が発令される場合（会更125条1項）には，調査委員の選任（同条2項）が予定されている。

(d) **債権者に関する裁判——更生債権者・更生担保権者**

　更生手続は，破産手続，再生手続のように，一般債権者と優先債権者とを区別し，前者については破産手続，再生手続における権利行使を認めるのに対し，後者については破産手続，再生手続とは別に権利行使を認めるといった取扱いではなく，前者を更生債権者，後者を更生担保権者と別称した上で，更生債権者等と総称して，更生手続における権利行使を前提とした取扱いをしている。以下，更生債権者等に関する裁判をみてみる。

　(ア)　**更生債権等の確定**　　まず，更生債権者等の権利に関してであるが，届出期間内に届け出られた更生債権等につき，一般調査期間において，その存否及び額が調査されるが（会更147条），届出期間の経過後に届け出られた更生債権等ないし届出事項の変更につき，更生裁判所は，特別調査期間を定めるが（会更148条1項），裁判所書記官から費用の予納を命じられた債権者がその予納をしないときは，更生裁判所は，その更生債権等の届出ないし届出事項の変更を却下する（会更148条の2第5項）。

　更生債権等の調査の結果に基づき更生債権等の有無・額が決定する（会更150条1項）。裁判所書記官は，更生債権の調査の結果を更生債権者表及び更生担保権者表に記載し（同条2項），確定した事項についての同表の記載は，

確定判決と同一の効力が認められる（同条3項）。

その調査の結果に不服がある場合は，第1に，更生債権等の査定を申し立てることができる（会更151条）。第2に，査定申立ての決定に不服がある場合は，査定異議の訴えを提起することができるが（会更152条），最終的な決着は，同訴訟の結果を待たなければならない。この点は，関係判例を含め，本章の項目**2**の「倒産関係訴訟」のほか，**第7章**の「債権確定関係」を参照されたい。

(イ)　更生債権者等の立場　次に，更生債権者等の立場であるが，更生手続の進行中，更生債権者等は関係人集会の構成員となって，その権利行使は，同集会における議決権の行使によることになる。会社更生法の関係人集会に関する規定をみても，更生裁判所の裁判が重要な地位を占めている。例えば，招集それ自体も，更生債務者等の申立てがあったときに，あるいは，相当と認めるときは職権で，更生裁判所が決定するが（会更114条），呼出しも更生裁判所の決定による（会更115条）。更生債権者委員会あるいは更生担保権者委員会が更生手続に関与することの承認（会更117条1項・6項），管財人に対する更生債権者委員会あるいは更生担保権者委員会への報告命令（会更120条・121条）も，更生裁判所の決定である。

なお，更生裁判所は，更生債権者等のために更生手続に属する一切の行為をすることができる代理委員を選任することができる（会更123条）。

(ウ)　更生債権等の弁済　次に，更生債権等の弁済であるが，更生計画の定めるところに従って行われるのが原則である。更生裁判所は，更生債務者を主要な取引先とする中小企業者が，その有する再生債権の弁済を受けなければ，事業の継続に著しい支障を来すおそれがあるときは，その全部又は一部の弁済を許可することができる（会更47条）。更生会社財産に属する債権と更生債権等との相殺を許可することも認められている（会更47条の2）。

更生計画についても，更生裁判所の裁判が予定されている。更生計画の条項は法定されているが（会更167条），更生会社の事業の全部の廃止を内容とする更生計画案も，更生裁判所の許可を得れば，作成することができる（会更185条）。更生裁判所に提出した更生計画案を修正する場合にも，許可を得なければならない（会更186条）。更生計画案は，更生裁判所が更生債権者の

決議に付さなければならないが（会更189条），可決された更生計画案の認可あるいは不認可の決定も更生裁判所の裁判である（会更199条）。認可決定があったときは，更生会社は，一定の権利を除き，全ての更生債権等について，免責され（会更204条1項），届出をした更生債権者等の権利は，更生計画の定めに従い，変更されることになる（会更205条）。

認可決定が確定したときは，裁判所書記官は，更生計画の条項を更生債権者表及び更生担保権者表に記載するが（会更206条1項），更生債権等に基づき更生計画の定めによって認められた権利について，その更生債権者表又は更生担保権者表の記載は，確定判決と同一の効力が認められている（同条2項）。反対に，不認可の決定が確定したときも，更生会社が会社更生法147条2項，148条4項又は149条3項後段の異議を述べた場合は格別，確定した更生債権等については，更生債権者表又は更生担保権者表の記載は確定判決と同一の効力が認められている（会更235条）。→【判例㊵】参照

認可決定がされた更生計画も，やむを得ない事由で更生計画に定めた事項を変更する必要が生じたときは，更生手続が終了する前であれば，更生裁判所はこれを変更することができるとされている（会更233条）。

(e) **更生会社財産に関する裁判**

更生会社に属する一切の財産，すなわち，更生会社財産（会更2条14項）に関する裁判は，更生債権等に対する弁済の引当てになる同財産の確保を目的とした裁判といって差し支えないが，更生会社財産の価額の評定等は，管財人が行うことが予定されている。再生手続においては，再生裁判所は，評価人を選任して，その評価を命ずることができたが（民再124条3項），更生手続では，管財人が選任されているため，評価人の選任は予定されていない。

更生手続は，再生手続と同様に，再建型の倒産手続であって，更生会社の事業の継続が予定されているが，再生手続においては，再生債務者財産に対して担保権を有する者は，別除権者として，当該担保権を再生手続によらないで行使することができるのに対し，更生手続では，更生担保権として，更生計画に従った権利行使が予定されている。

(f) **否認の請求に関する裁判**

更生会社財産の確保という見地から重要なのは，破産手続，再生手続の場

合と同様に，否認権の行使である。会社更生法は，破産法，民事再生法と同様に，訴えの提起のほか，抗弁の提出としても，否認権の行使を認めるほか，否認の請求も認めている（会更95条）。否認権のための保全処分も認められている（会更39条の2・94条）。

否認の請求に対する裁判は決定でされるが（会更96条2項），否認の請求を認容する決定に対しては，異議の訴えを提起することができるので（会更97条），最終的な決着は，同訴訟の結果を待たなければならない。破産手続，再生手続と同様であって，この点については，関係判例を含め，本章の項目**2**の「倒産関係訴訟」のほか，**第3章**の「否認権関係」を参照されたい。

(g) 役員等の責任に関する裁判

会社に更生手続が開始された場合にも，破産手続，再生手続の場合と同様に，そのような事態に至った原因として，役員等の任務懈怠が詮議されることが少なくない。役員等の任務懈怠の責任が問題となるのは，会社に倒産手続が開始された場合に限られないが，倒産手続が開始された場合には，その度合いが高まるのも道理である。会社更生法は，破産法，民事再生法と同様に，そのような場合に対処して，役員等の財産の保全処分（会更99条）を規定し，さらに，役員等の責任の査定決定（会更101条）について規定している。ただし，後者については，異議の訴えを提起することができるので（会更102条），最終的な決着は，同訴訟の結果を待たなければならないが，この点についても，関係判例を含め，本章の項目**2**の「倒産関係訴訟」を参照されたい。

3．倒産手続の終了段階

倒産手続の終了段階における裁判は，倒産手続がその目的を達成したためにこれを終結する旨の決定が原則的であるが，その目的を達成し得ないで倒産手続を廃止し，あるいは，取り消す例外的な決定もある。

(1) 破産手続

破産手続の終了段階における裁判は，原則的な裁判として，破産手続終結の決定（破220条）があるほか，例外的な裁判として，破産手続廃止の決定

と，破産手続開始決定を取り消す決定がある。

　廃止決定は，破産手続の開始と同時にする「同時廃止決定」（破216条）と，破産手続の開始後にする「異時廃止決定」（破217条）とに二分されるが，「同意廃止決定」（破218条）も認められている。

　取消決定は，破産手続開始決定に対して即時抗告がされ，抗告審において，同決定を取り消す場合の決定である。破産手続開始決定に対して即時抗告がされても，原裁判の執行を停止する効力がないため，破産手続が進められるが，原裁判が取り消された場合には，それまでの間に進められた破産手続は，終了して，その効力を失う。そこで，裁判所書記官は，法人破産の場合には，当該法人の本店又は主たる事務所の所在地を管轄する登記所にその旨の登記を嘱託する（破257条）。個人破産の場合には，当該個人に関する登記，あるいは，破産財団に属する権利で登記がされたものについて，破産手続開始決定があった旨の登記がされている場合が前提となるが，その旨の登記を嘱託する（破258条）。

　破産手続が終結すると，法人については，原則として，その法人格が消滅するが，例外として，破産手続終結後に，破産財団を構成する財産が発見され，追加配当を予定すべき特段の事情があるときは，法人格も消滅することなく，破産手続が続行されるべきことになる。→【判例㉕】参照

　この場合に，従前の破産管財人に職務が終了していないとして破産手続を追行させるべきものか，改めて破産管財人を選任して破産手続を追行させるべきものか議論が予想されるが，残余財産が発見されただけでなく，当該財産をもって追加配当をすべき場合であるから，破産手続が開始される前の代表取締役が破産手続を追行する前提がなく，また，清算人を選任して破産手続を追行させる余地もないものと解される。→【判例㊶】参照

　破産手続終結の決定があったときは，確定した破産債権については，破産債権者表の記載は，破産者に対し，確定判決と同一の効力を有する。破産手続廃止の決定が確定したときも，同様であるが（破221条），会社が破産宣告を受けた後破産終結決定がされて会社の法人格が消滅した場合には，これにより会社の負担していた債務も消滅するものと解されている。→【判例㊷】参照

他方，個人の破産者が同時廃止決定を受けて同決定が確定した場合に，破産債権者が破産者の給料債権等について強制執行をして破産債権を回収した後，破産者が免責決定を受けたときに，破産債権者の回収は破産者に対する不当利得を構成しないと解されている。→【判例㊸】参照

　なお，倒産手続の相互間で倒産手続の移行が認められている。破産手続については，再生手続への移行（民再246条），更生手続への移行（会更246条），再生手続からの移行（民再248条・249条・250条），更生手続からの移行（会更250条・251条・252条）である。

　また，破産手続が終結すると，免責許可手続（破248条以下），さらに，復権手続（破255条・256条）へと進行していくのが通常である。

(2) **再生手続**

　再生手続の終了段階における裁判は，原則的な裁判として，再生手続終結の決定があるほか（民再188条），例外的な裁判として，再生手続廃止の決定と，再生計画の取消しの決定がある。

　廃止決定は，時期的にみて，再生計画の認可（決定の確定）前の廃止（民再191条・192条）と，認可（決定の確定）後の廃止（民再194条）とがある。また，再生債務者の義務違反による廃止（民再193条）もある。→【判例㉝】参照

　再生裁判所は，再生計画認可の決定が確定した場合において，①再生計画が不正の方法により成立したこと，②再生債務者等が再生計画の履行を怠ったこと，③再生債務者が41条1項若しくは42条1項の規定に違反し，又は54条2項に規定する監督委員の同意を得ないで同項の行為をしたことのいずれかに該当する事由があるときは，再生債権者の申立てにより，再生計画取消しの決定をすることができる（民再189条1項）。同決定が確定した場合には，再生手続が終了するため，再生計画によって変更された再生債権は，原状に服することになるが，再生債権者が再生計画によって得た権利には影響を及ぼさないとされている（同条7項）。

　他に，再生手続開始決定に対して即時抗告がされ，抗告審において，原決定を取り消す場合も，再生手続は終了する。破産手続と同様である。

　なお，倒産手続の相互間で倒産手続の移行が認められている。再生手続に

おいては，破産手続への移行（民再248条・249条・250条），更生手続への移行（会更248条）と，破産手続からの移行（民再246条），更生手続からの移行（会更257条）である。

(3) 更生手続

更生手続の終了段階における裁判は，原則的な裁判として，更生手続終結の決定（会更239条）があるほか，例外的な裁判として，更生手続廃止の決定がある。廃止決定は，更生計画認可前の廃止（会更236条・237条）と，認可後の廃止（会更241条）とからなる。

他に，更生手続開始の申立てを棄却する決定が確定したとき（会更234条1号），更生手続開始決定に対して即時抗告がされ，原決定を取り消す抗告審の決定が確定したとき（同条2号），更生計画不認可の決定が確定したとき（同条3号），更生手続は終了する。

なお，倒産手続の相互間で倒産手続の移行が認められている。更生手続においては，破産手続への移行（会更250条・251条・252条），再生手続への移行（会更257条）と，破産手続からの移行（会更246条），再生手続からの移行（会更248条）である。

III 倒産手続裁判について実務はどう取り扱っているか

倒産手続裁判について実務的に学ぶ場合に問題となる倒産手続の段階に応じた裁判を概観すると，以上のとおりである。破産手続，再生手続，更生手続のそれぞれについて，当該手続の開始段階，進行段階，終了段階とに分類したため，裁判も，形式的にみると，多種多様で，膨大になっている。しかし，実質的にみてみると，すなわち，破産手続，再生手続，更生手続のそれぞれに共通する裁判については，同種同様の裁判として把握することによって，随分と整理されるはずである。そして，そのような整理こそが，倒産手続裁判に対する実務の取扱いの前提になっているといっても過言ではない。

倒産手続裁判は，口頭弁論を経る必要がなく裁判所の判断が示される「決定」であるため，口頭弁論を経て裁判所の判断が示される「判決」と比較・

対照して，その重みが軽んじられる嫌いがないわけではないが，裁判所の判断としてみれば，非訟事件と訴訟事件という違いはあっても，そこに軽重があるわけではなく，倒産手続裁判が決定によっていることを前提に，その裁判の意義を分析して破産手続，再生手続，更生手続への共通的な当てはめが可能であるのか，可能であるとして，どの範囲で可能であるのか，それとも，共通的な当てはめは不可能であるのかといった見地から，それぞれの裁判を分析することが必要である。

それというのも，それがまた，実務の取扱いにほかならないと解されるからである。前項で，倒産手続裁判をできる限り広範囲で採り上げてみたが，それでも全部を網羅するものではない。しかし，倒産手続裁判を広範囲で，かつ，必要な分類をして概観しておくのが，倒産手続裁判を実務的に学ぶ場合に不可欠であるからである。

Ⅳ 倒産手続裁判について注意しておくのはどのような点か

倒産手続裁判は，以上のとおり，倒産手続の段階に応じて，その開始段階，進行段階，終了段階の裁判に分類される。その倒産手続が破産手続であるのか，再生手続であるのか，更生手続であるのかによって，裁判の名称は異なるが，裁判の形式においては，いずれも決定によっている。また，裁判の内容も，倒産手続を組成する裁判であるため，そこには，破産手続について，【判例①】が判示する，再生手続，更生手続にも敷衍し得る，倒産手続の本質を踏まえた，それぞれの倒産手続に共通的な判断が示されているはずである。

倒産手続裁判について，その実務を学ぶ意義・目的も，結局のところ，そこに求められるあるはずである。

倒産手続裁判を破産手続，再生手続，更生手続に応じ，かつ，それぞれ開始段階，進行段階，終了段階に分けて，概観したが，そこに倒産手続の裁判の実務を看て取るといった視点で，改めて整理してもらいたい。実務が見えてくるはずである。

1 倒産手続裁判

〔滝澤 孝臣〕

参照判例

【判例①】
　最大決昭45・6・24民集24巻6号610頁は，破産宣告決定およびこれに対する抗告事件についての抗告棄却決定は，口頭弁論を経ないでなされても，憲法82条に違反しないとする。

【判例②】
　最一小決昭56・4・30判時1002号85頁は，和議法18条の和議開始申立棄却の決定に対し即時抗告による不服申立の方法を認めるかどうかは，立法政策の問題に帰着し，和議法7条が憲法32条に違反するかどうかの問題を生じないとする。

【判例③】
　最大決昭45・12・16民集24巻13号2099頁は，会社更生法（昭和42年法律第88号による改正前のもの）125条，147条，237条，241条，会社更生法213条，242条，243条は，憲法29条2項，32条に違反しないとする。

【判例④】
　大決昭3・10・2民集7巻769頁は，破産ノ宣告ハ債権者一人ナル場合ニ於テモ之ヲ為スコトヲ妨ケサルモノトスとする。

【判例⑤】
　大決昭9・9・25民集13巻1725頁は，破産決定確定前破産申立人ノ債権消滅シ他ニ破産債権ノ届出ナキトキハ爾後其ノ破産申立ハ之ヲ却下スヘキモノトスとする。

【判例⑥】
　大決大15・5・1民集5巻358頁は，支払不能ノ事実ノ存否ヲ抗告裁判所カ判断スルニ当リテハ其ノ裁判ヲ為ス時ヲ以テ標準トスヘキモノトスとする。

【判例⑦】
　　東京高決平12・5・17金判1094号42頁は，抗告人の再生の見込みは困難なものというべきであり，再生計画案の作成，再生計画の認可の見込みのないことが明らかな場合に当たるものというべきであるとして，再生手続開始の申立てを却下した再生裁判所の原決定を相当とする。

【判例⑧】
　　札幌高決平15・8・12判夕1146号300頁は，抗告人の本件申立てには，民事再生法25条4号所定の再生手続開始申立棄却事由（不当な目的で再生手続開始の申立てがされたとき，その他申立てが誠実にされたものでないとき）があるものと解するのが相当であるとして，再生手続開始の申立てを却下した再生裁判所の原決定を相当とする。

【判例⑨】
　　高松高決平17・10・25金判1249号37頁は，本件再生手続開始の申立てに至る経緯，同申立て後から本件再生手続開始の決定，そして，現在に至るまでの間の相手方（特に相手方代表者）の態度は，再生債権者に対する関係のみならず，裁判所に対する関係でも不誠実極まりないものというほかなく，民事再生法25条4号にいう「申立てが誠実にされたものでないとき」に当たると認めるのが相当であるとして，再生裁判所の再生手続開始決定を取り消している。

【判例⑩】
　　東京高決平24・9・7金判1410号57頁は，本件開始申立ては，抗告人らが有する債権を否認することだけを目的として行われたものであるとの抗告人らの主張は理由があるとして，再生裁判所の再生手続開始決定を取り消している。

【判例⑪】
　　東京地判平25・11・6金判1429号32頁は，本件申立てにおいて，訴外会社が無償行為である本件連帯保証債務について否認権を利用することを目的の一つとしていることは，否認制度の本来的な利用であって，民事再生手続の本来の目的から逸脱した濫用的な目的とはいえないから，民事再生法25条4号に該当しないとする。

【判例⑫】
　　東京高決平17・1・13判夕1200号291頁は，再生計画不認可の決定が確

定した場合であっても，その決定の効力は，不認可とされた当該再生計画について，当該決定で存在するとされた法174条2項各号に規定する不認可事由のいずれかが存在することを確定し，当該再生手続を終局させる効力を有するとしても，それ以上に，同一の再生債務者について再度の再生手続開始の申立てをすることを一般的に不適法とする効力まで有するものではないと解するのが相当であるとする。

【判例⑬】
　東京地決昭60・3・30判時1163号143頁は，本件の場合には，破産手続によることが債権者の一般の利益に適合すると認められるとして，更生手続開始の申立てを棄却している。

【判例⑭】
　東京地決平20・6・10判時2007号100頁は，本件申立てについては，本件再生裁判所に現に係属する本件再生手続によることが債権者の一般の利益に適合するものと認められ，会社更生法41条1項2号所定の事由が存在するというべきであるとして，更生手続開始の申立てを棄却している。

【判例⑮】
　大阪高決昭50・3・12判時779号107頁は，申立会社の更生の見込がないことを理由に申立会社の会社更生手続開始の申立を棄却した更生裁判所の原決定を相当とする。

【判例⑯】
　大阪高決平18・4・26判時1930号100頁は，抗告人の本件申立ては，会社更生法41条1項2号に該当するとして，更生手続開始の申立てを棄却した更生裁判所の原決定を相当とする。

【判例⑰】
　東京高決昭53・11・20判時923号114頁は，破産申立事件と並行して会社整理申立事件が係属中であったとしても，整理裁判所から破産手続中止命令が発せられない限り，破産裁判所が破産宣告の裁判をすることは妨げられないものと解すべきであるとして，債務者会社に対する本件破産の申立てを認容した原決定を相当とする。

【判例⑱】
　福岡高判昭59・6・25判夕535号213頁は，本件破産宣告前の保全処分に

よる仮差押決定は破産裁判所の職権によるものであつて，同仮差押決定が右退職手当金請求権の全額をその目的としているのは，専ら破産者の財産の現状を固定し将来の破産手続開始に備えることをねらいとしているに過ぎないのであつて，右退職手当金請求権の4分の1をこえる部分につきこれを破産財団に帰属せしめる事由のあることについて他に主張立証のない本件においては，破産管財人は右限度をこえる金212万1391円の支払を受けて破産財団に組込んでいる以上，最早右退職手当金請求権から破産財団に組込むべき部分は存在しないことになるとして，破産管財人の右割合を超える退職手当金の支払請求を棄却している。

【判例⑲】
　神戸地決昭63・7・23金判835号35頁は，申立人は，本件破産手続の途中から裁判所の許可を得ることなく，かつ，破産管財人及び申立人代理人に対して適切な連絡方法を講ずることなく居住地を離れて所在を転々とし，このため以後本件破産手続の進行を知らず，前記自己の法律判断の誤りを是正する機会を得ないまま前記の免責申立期間を徒過したものというほかなく，すると，右免責申立期間の徒過につき破産法366条ノ2第5項にいう申立人の責に帰すべからざる事由が存したとはとうてい認めることはできないとする。

【判例⑳】
　福岡高決昭62・2・16判時1249号69頁は，抗告人の前掲(1)，(2)の行為（注―裁判所に住所変更許可申請をすることなく転居したこと，その後，弁護士にも無断で身を隠し，債務者（破産者）審尋期日に出頭していないこと）をもって，免責の申立を許可してはならない程の抗告人の不誠実性を徴表するものとみることはいささか酷に過ぎるので相当でなく，他に，抗告人の不誠実性を推認しうる事実の認められない本件においては，抗告人に対し，その更生を容易にするため免責を与えるのが相当であるとする。

【判例㉑】
　大阪高決昭59・1・23判夕523号164頁は，抗告人の右行為は破産法147条（破産者の居住制限）に違反し，同法366条ノ9第5号に該当するといわざるを得ないとして，控告人の本件免責は不許可とするを相当とすべきであるとする。

1　倒産手続裁判

【判例㉒】
　　大決昭6・12・12民集10巻1225頁は，相続財産ニ対スル破産宣告ニ於テハ相続人ヲ破産者ト表示スヘキモノトスとする。

【判例㉓】
　　大判昭3・10・19民集7巻801頁は，債権調査会ニ於テ異議アル債権ニ付破産管財人カ債権調査会以外ニ於テ債務ノ承認ヲ為スモ其ノ効力ヲ生セサルモノトスとする。

【判例㉔】
　　大判昭14・4・20民集18巻495頁は，会社ノ不成立確認ヲ求ムル如キ人格ニ関スル訴ハ仮令会社カ破産ヲ宣告セラレタル後ト雖法定代理人タル取締役ニ依リ代表セラレタル会社ヲ相手方トスヘク破産管財人ヲ相手方トスヘキモノニ非スとする。

【判例㉕】
　　最二小判平5・6・25民集47巻6号4557頁は，破産手続が終結した後における破産者の財産に関する訴訟については，当該財産が破産財団を構成し得るものであったとしても，追加配当を予定すべき特段の事情がない限り，破産管財人は被告適格を有しないとする。

【判例㉖】
　　最二小判平18・1・23民集60巻1号228頁は，破産者は，破産手続中に自由財産の中から破産債権に対して任意の弁済をすることを妨げられないが，地方公務員共済組合の組合員の破産手続中にその自由財産である退職手当の中から地方公務員等共済組合法115条2項所定の方法により組合員の組合に対する貸付金債務についてされた弁済が，組合員による任意の弁済であるというためには，組合員が，破産宣告後に，自由財産から破産債権に対する弁済を強制されるものではないことを認識しながら，その自由な判断により，上記方法をもって上記貸付金債務を弁済したものということができることが必要であるとする。

【判例㉗】
　　最三小判平23・11・22民集65巻8号3165頁は，弁済による代位により財団債権を取得した者は，同人が破産者に対して取得した求償権が破産債権にすぎない場合であっても，破産手続によらないで上記財団債権を行使することができるとする。

【判例㉘】
　最二小判昭58・11・25民集37巻9号1430頁は，破産法72条1号所定の否認権は，総破産債権者につき詐害行為取消権の消滅時効が完成しても，消滅しないとする。

【判例㉙】
　大判昭12・7・9民集16巻1145頁は，否認権ハ破産管財人ニ於テ否認セラルヘキ行為ノ相手方ヲ覚知シタルト否トヲ問ハス破産宣告ノ日ヨリ2年間之ヲ行ハサルトキハ時効ニ因リ消滅ニ帰スヘキモノトスとする。

【判例㉚】
　大阪地判平20・10・31判時2039号51頁は，再生債務者は，登記をしなければ物権の取得を対抗できない民法177条の第三者である再生債権者の利益を実現すべき再生手続上の機関として，再生債権者と同様，民法177条の第三者にあたると解するのが相当であるとする。

【判例㉛】
　東京地判平15・12・5金法1711号43頁は，民事再生手続の中で行われる営業譲渡は，事業の再生のために必要な場合に，かつその譲渡が適正であることが確認されたうえで行われるものであるから，むしろ，営業譲渡によって契約相手方に関するリスクは減少し，事業継続にかかる原告の期待ないし利益もより保護されると考えられるから，本件営業譲渡は，本件譲渡禁止特約の趣旨に反しないということができるとする。

【判例㉜】
　東京高決平16・6・17金法1719号51頁は，本件の代替許可については，民事再生法43条1項ただし書にいう営業譲渡自体が「事業の継続のために必要である」とはいえないから，この点からも不適法といわざるを得ないとする。

【判例㉝】
　大阪地決平13・6・20判時1777号92頁は，再生債務者の本件借入れ及び本件弁済は，いずれも民事再生法193条1項2号に該当する行為であり，しかも，本件再生手続開始直後から繰り返し行われてきたものであって，その態様や回数等に照らすと，再生債務者の義務違反の程度は重いといわざるを得ないとして，再生債務者の義務違反の程度は重く，本件再生手続を廃止するほかないと考えるとする。

【判例㉞】
　東京高決平13・12・5金判1138号45頁は，債権者集会における再生計画案の決議のために，各債権者の議決権を具体的にどのような手順，方法により行使させるかは，民事再生法に規定するところがなく，裁判所の裁量に任された事項であるというべきであるとする。

【判例㉟】
　最一小決平20・3・13民集62巻3号860頁は，民事再生法174条2項3号所定の「再生計画の決議が不正の方法によって成立するに至ったとき」には，議決権を行使した再生債権者が詐欺，強迫又は不正な利益の供与等を受けたことにより再生計画案が可決された場合はもとより，再生計画案が信義則に反する行為に基づいて可決された場合も含まれるとする。

【判例㊱】
　東京高決平21・7・7判時2054号3頁は，相手方の戸建分譲事業にとっては，その敷地部分に相当する土地は，その担保権が実行されてこれを活用できない状態になったときにはその事業の継続が不可能になる代替性のないものということができるから，本件土地は販売用財産であるけれども，本件担保権を消滅させるための事業継続不可欠要件は充たしているというべきであるとする。

【判例㊲】
　最一小判昭33・6・19民集12巻10号1562頁は，会社更生法に基き，「会社は某日以前の原因に基いて生じた一切の金銭債務を弁済してはならない」旨の仮処分決定がなされた場合においても，債権者は，右会社およびその保証人の双方に対し，無条件の給付判決を求めることができるとする。

【判例㊳】
　最三小判昭57・3・30民集36巻3号484頁は，株式会社に対し会社更生法39条の規定により弁済禁止の保全処分が命じられたのちに，契約上の会社の債務の弁済期が到来しても，債権者は，会社の履行遅滞を理由として契約を解除することはできないとする。

【判例㊴】
　最三小判昭45・10・27民集24巻11号1655頁は，更生会社の管財人を当事者とする訴訟の係属中に，新たに管財人が追加選任されたときは，民訴法

212条1項の類推適用により訴訟手続は中断し，従来の管財人と新管財人とが共同してその訴訟手続を受け継ぐことを要するとする。

【判例⑩】
　最一小判昭41・4・14民集20巻4号584頁は，更生担保権者表の記載は，更生決定によるときを除き，訴をもつて当該記載事項の無効を主張し，確定判決を得た後でなければ，訂正することができないとする。

【判例㊶】
　最二小判昭43・3・15民集22巻3号625頁は，株式会社が破産宣告とともに同時破産廃止の決定を受けた場合において，なお残余財産があるときは，従前の取締役が当然に清算人となるものではなく，商法第417条第1項但書の場合を除き，同条第2項に則り，利害関係人の請求によって，裁判所が清算人を選任すべきものと解するのが相当であるとする。

【判例㊷】
　最二小判平15・3・14民集57巻3号286頁は，破産終結決定がされて法人格が消滅した会社を主債務者とする保証人は，主債務についての消滅時効が会社の法人格の消滅後に完成したことを主張してこれを援用することはできないとする。

【判例㊸】
　最三小判平2・3・20民集44巻2号416頁は，同時破産廃止の決定の確定後に，破産債権に基づき，その支払期が破産宣告の前から右宣告の後に及ぶ破産者の給料等の債権に対してされた強制執行により右破産債権についてされた弁済は，その後に破産者を免責する決定が確定しても，法律上の原因を失わないとする。

2 倒産関係訴訟

I 倒産関係訴訟について学ぶのはどうしてか

　本章の項目1で，倒産手続裁判について概説した。倒産手続は，破産手続でも，再生手続でも，更生手続でも，手続の開始から，手続の進行を経て，手続の終了まで，破産裁判所，再生裁判所，更生裁判所の裁判によって組成されているので，倒産手続の本質を知るためにも，当事者ないし関係者が倒産手続に適切に対応するためにも不可欠であるからであるが，倒産手続裁判は，倒産事件が訴訟事件ではなく，非訟事件であるため，その形式が口頭弁論を経る必要がない「決定」によって裁判所の判断が示される。この点につき，裁判の公開を保障した憲法82条にも，また，裁判を受ける権利を保障した憲法32条にも違反しないというのが判例である。→【判例①～③】参照

　それは，破産手続の裁判についてみれば，といっても，破産裁判所の破産手続開始決定ないし同決定に対する即時抗告審の抗告棄却決定についてであるが，破産手続は，裁判所が相対立する特定の債権者と債務者との間において当事者の主張する実体的権利義務の存否を確定することを目的とする手続ではなく，特定の債務者が経済的に破綻したためその全弁済能力をもってしても総債権者に対する債務を完済することができなくなった場合に，その債務者の有する全財産を強制的に管理，換価して総債権者に公平な配分をすることを目的とする手続であって，破産裁判所がする破産宣告決定も，抗告裁判所がする抗告棄却決定も，いずれも，裁判所が当事者の意思いかんにかかわらず終局的に事実を確定し当事者の主張する実体的権利義務の存否を確定することを目的とする純然たる訴訟事件についての裁判とはいえないからである。→【判例①】参照

　しかし，例えば，破産債権の存否・額の確定についてみれば，破産手続外

で行われる純然たる訴訟事件としての債権確定訴訟を経由しなければならないのであって，破産手続それ自体を組成するものではないが，同手続に派生する裁判として，同手続を進める前提として，口頭弁論を経て裁判所の判断が示される裁判も予定されている。→【判例①】参照

本項目 2 では，本章の項目 1 で考察した裁判手続を組成する「倒産手続裁判」と識別して，倒産手続，すなわち，破産手続，再生手続，更生手続を前提に，各手続から派生する訴訟を包括的に捉えて，「倒産関係訴訟」と総称することとした。もとより，倒産手続は，破産手続，再生手続，更生手続において，各手続の本質を踏まえた法規制がされているので，各手続から派生する訴訟もそれ自体としては異なるものとならざるを得ないとしても，倒産手続に派生する裁判として本質を共通にする部分もないわけではなく，この点においては基調を同じくする裁判として考察することができるはずである。各手続の異同を踏まえ，その異同に応じた理解は，各手続から派生する訴訟，すなわち，倒産関係訴訟についても，必要，かつ，有用であると解される。倒産関係訴訟と総称して考察しようとするのも，そのような理解があってのことである。

そして，そのような倒産関係訴訟の意義を踏まえ，倒産関係訴訟といった捉え方が必要ないし有用であるとすると，そのように総称される倒産関係訴訟には，実際，どのような訴訟が含まれるのか，実務的な見地から，その態様を理解しておく必要がある。これが倒産関係訴訟を学ぶ理由である。

Ⅱ 倒産関係訴訟について問題となるのはどのような点か

倒産関係訴訟といっても，そのような捉え方の所以は，前記したとおりであって，各手続における同手続から派生する訴訟を共通的に，あるいは，各別的に捉える実務的な必要性ないし有用性を求めてのことである。そこで，まずもって，破産手続，再生手続，更生手続において，各手続から派生する訴訟を概観しておくことが必要ということになる。倒産手続を前提に，同手続から派生する訴訟であるから，倒産手続が進行中であることを原則とするが，その代表的な訴訟は，①債権者の債権の確定に関する訴訟である。ま

た，②倒産手続において同手続が開始された法人の役員の責任が追及される場合には，同責任に関する訴訟も，③倒産手続を遂行する際に債権者に対する弁済の原資となる財産に関する訴訟もあるほか，④倒産手続の進行中あるいは終了後であるが，債権者の債権の確定を前提に，同債権に対する配当・弁済に関する訴訟もある。さらに，⑤破産手続が形式的に終了した後にも，例外的であるが，実質的には終了していないことを前提にした訴訟の係属も予想されないわけではないが，以下のとおり，倒産手続の態様に応じて，その裁判にも少なからず異同がある。

1．破産関係訴訟

　破産手続において，当事者ないし関係者の権利義務を確定するため，同手続から派生する訴訟であるが，前記した見地から，①破産債権の確定に関する訴訟，②役員の責任に関する訴訟，③破産財団に関する訴訟，④破産債権の配当に関する訴訟，⑤破産手続終了後の訴訟とに分説して，以下，これを概観する。

(1) 破産債権の確定に関する訴訟

　破産手続において，債権者は，破産債権を届け出るが（破111条），同届出に対する破産管財人の認否によって，その届出債権が認められると，確定判決と同一の効力が認められる（破124条3項）。しかし，その届出が否認されると，債権者は，破産債権の額等の確定を求める必要がある。その確定のための裁判は，破産債権者の権利義務を確定する裁判であるから，本来的には，訴訟手続において口頭弁論を経た裁判，すなわち，判決でされるべきものであるが，破産法は，その前段階として，届出に対して異議のあった破産債権につき，届出をした破産債権者において，破産裁判所に対し，その額等の査定の裁判を申し立てることができると規定する（破125条1項）。その裁判は決定の形式，すなわち，「破産債権査定決定」でされるが（同条3項），判決によらないで査定をすることで，破産債権の確定という破産手続から派生する裁判であるが，破産手続を進める前提となる裁判が迅速に行われるように考慮したものである。もとより，その裁判は，適切でなければならないが，本

来的には，訴訟手続でその確定が図られるべきものであるから，破産債権査定決定に対して不服がある場合には，異議の訴え，すなわち，「破産債権査定異議の訴え」を提起することが認められている（破126条1項）。同訴えについては，口頭弁論を経て（同条5項），判決でもって，訴えが不適法として却下される場合を除き，破産債権査定決定を認可又は変更する判断が示されて，破産債権が確定することになる（同条7項）。→【判例④】参照

なお，異議等のあった破産債権について既に訴訟が係属している場合において，破産債権者がその額等の確定を求めるときは，異議者等の全員を当該訴訟の相手方として，訴訟手続の受継を申し立てなければならない（破127条1項）。→【判例⑤】参照

また，異議等のある破産債権について執行力のある債務名義又は終局判決のある場合においては，異議者等は，破産者がすることのできる訴訟手続によってのみ，異議の主張ができる（破129条1項）。→【判例⑥】参照

その訴訟手続として，例えば，債務名義の執行力の排除を求める請求異議の訴え（民執35条）が典型的であるが，同債務名義に係る執行文の付与に対する異議（民執32条），同付与に対する異議の訴え（民執34条）も，その訴訟手続である。

終局判決に対しては，その確定前に，更正決定の申立て（民訴257条），控訴（民訴281条），上告（民訴311条），上告受理の申立て（民訴318条），特別上告（民訴327条）も可能であるが，その訴訟手続に含まれる。手形判決に対する異議の申立て（民訴357条），仮執行の宣言が付された支払督促に対する異議の申立て（民訴393条）も同様である。

終局判決が確定した後は，前記した民事執行法上の異議ないし訴えに係る訴訟手続があるほか，再審の訴え（民訴338条）も，その訴訟手続に含まれる。→【判例⑦】参照

(2) 役員の責任に関する訴訟

破産法は，破産手続が開始された法人の役員の責任の追及につき，まずもって，破産手続内で解決することを予定し，その責任の査定の申立てを認め，同申立てに対する「役員責任査定決定」を予定している（破178条1項）。

その趣旨は，破産債権査定決定と同様に解されるが，同決定に対しても，破産債権査定決定の場合と同様に，異議の訴えが予定されている（破180条1項）。同訴えについては，判決でもって，訴えが不適法として却下される場合を除き，役員責任査定決定を認可，変更，又は取り消す判断が示され，役員の責任が確定することになる。→【判例⑧】参照

役員の責任を認めて責任査定決定を認可，変更した判決は，給付判決と同一の効力が認められているので（同条5項），同判決に基づき，役員に対する強制執行が可能となるが，異議の訴えが提起されなかったとき，あるいは，異議の訴えが却下されたときは，責任査定決定に給付判決と同一の効力が認められている（破181条）。

(3) 破産財団に関する訴訟

破産財団に関する訴訟というのは，破産財団（破2条14項）から逸出した財産を破産財団に回復するための訴訟をいうが，破産法は，破産財団を構成する財産の回復のために否認権を認めている（破160条～166条）。

否認権の行使は，破産管財人において，訴えの提起，抗弁の提出のほか，否認の請求によっても可能であるが（破173条），前2者が訴訟手続における否認権の行使であるのに対し，後1者は，訴訟手続によらない否認権の行使であって，破産債権の査定，役員の責任の査定と同様に，破産財団を構成する財産の確保という破産手続から派生する裁判であるが，破産手続を進める前提となる裁判が迅速に行われるように考慮したものである。その裁判は，適切でなければならないが，最終的には，訴訟手続でその確保が図られるべきものであるから，否認の請求を認容する決定に対して不服がある場合には，異議の訴えを提起することが認められている（破175条1項）。→【判例⑨】参照

もとより，破産管財人において，否認の請求ではなく，訴えを提起して否認権を行使することもできる。→【判例⑩】参照

(4) 破産債権の配当に関する訴訟

破産手続において，配当が実施される場合に，届出をした債権者で，破産

管財人の作成した配当表の記載に異議がある債権者は，破産裁判所に異議を申し立てることができ（破200条1項），破産裁判所は，破産債権者の異議に理由があると認めるときは，破産管財人に対し，配当表の更正を命ずることになる（同条2項）。

なお，破産債権者の異議の理由が破産債権の額等の確定それ自体にあるときは，同破産債権者に対する配当は，破産債権確定訴訟の結果を待たなければならない。そこで，破産法は，破産管財人に対し，同破産債権者に対する配当額の供託を命じている（破202条1号）。

また，破産財団を構成する財産に対する担保権が破産裁判所の当該財産の売却許可の裁判によって消滅する場合に，当該許可に係る売却の相手方から金銭の納付等があったときは，担保権者等に対する配当が予定されているところ（破191条1項），この場合には，民事執行法の配当異議訴訟に関する規定が準用されている（同条3項）。

(5) 破産手続終了後の訴訟

破産手続終了後の訴訟というのは，破産手続が形式的には終了したが，その後，例えば，破産財団を構成する財産が存在しているとして同財産に従った追加配当をすべき場合において，同財産が破産財団を構成するものであるか否かについて争いがあるとき，あるいは，同財産に対する引渡しないし登記名義の回復・移転を求める必要があるときに提起が予想される訴訟である。

もう少し具体的にみると，甲の破産手続が破産管財人の乙によって進められて終了したが，その後，丙の所有名義になっている不動産が甲の所有であったことが判明した場合に，同不動産が甲の所有である（破産財団を構成する）ことの確認を求め，さらに，丙に対し，その所有名義を甲に移転ないし回復する登記手続を求める必要があるからである。この場合に，そのような訴訟を提起し得るのは，すなわち，その原告適格を有するのは，破産管財人の乙であるのか，それとも，破産者の甲であるのかといった議論が予想される。また，反対に，丙が所有している不動産が甲名義であった（破産財団から漏れていたために換価されないでいた）ことが判明した場合に，丙としては，同不動

産が丙の所有であることの確認を求め，さらに，その所有名義を丙に移転ないし回復する登記手続を求める必要があるが，この場合も，そのような訴訟の被告適格を有するのは，破産管財人の乙であるのか，破産者の甲であるのかといった議論も予想される。

　この点について先例となるのは，最二小判平5・6・25（→【判例⑪】参照）であるが，同判決は，要するに，破産手続が終了した後に存在が判明した破産財団を構成し得る財産が，これによって追加配当がされるべき財産であるか否かによって，破産財団に関する訴訟となるか否かを識別している。追加配当を予定し得ない財団であれば，破産者の管理処分に委ね，追加配当を予定し得る財産，換言すれば，追加配当をしなけれはならない財産であって始めて，破産管財人の管理処分に委ねれば足りるとした趣旨に解されるが，もとより破産管財人の適切な事務処理を前提にしている。その結果として，追加配当しなければならない財産が存在するとすれば，第三者の丙の名義になっている財産の所有権の確認あるいは登記名義の移転ないし回復を求める訴訟の当事者適格は，破産者の甲ではなく，破産管財人の乙ということになるから，乙から丙に対し，あるいは，丙から乙に対し，破産手続終了後の訴訟が提起されることになる。その提起された訴訟は，所有権確認訴訟ないし登記手続請求訴訟であるが，破産手続が終了しているため，破産管財人の乙はその任務を終了していると解されるので，破産手続を続行して，破産管財人として改めて乙を選任するか，乙とは別の破産管財人として丁を選任する必要があるはずである。前記最二小判平5・6・25の事案では，追加配当が予定される事案ではなく，破産管財人ではなく，破産者が当事者適格を有する場合であったため，破産管財人が当事者適格を有する場合を前提にした訴訟について特に言及していないが，注意を要するところである。

2．再生関係訴訟

　再生手続において，当事者ないし関係者の権利義務を確定するため，同手続から派生する訴訟であるが，前記した見地から，①再生債権の確定に関する訴訟，②役員の責任に関する訴訟，③再生債務者財産に関する訴訟，④再生債権の弁済に関する訴訟，⑤再生手続終了後の訴訟とに分説して，以下，

これを概観する。

(1) **再生債権の確定に関する訴訟**

　再生手続において，債権者は，再生債権を届け出るが(民再94条)，同届出に対する再生債務者等，すなわち，管財人が選任されていない場合にあっては再生債務者，管財人が選任されている場合にあっては管財人の認否によって，その届出債権が認められると，確定判決と同一の効力が認められる(民再104条)。しかし，その届出が否認されると，債権者は，再生債権の内容の確定を求める必要がある。その確定のための裁判は，再生債権者の権利義務を確定する裁判であるから，本来的には，訴訟手続において口頭弁論を経た裁判，すなわち，判決でされるべきものであるが，民事再生法は，破産手続の場合と同様に，その前段階として，届出に対して異議のあった再生債権につき，届出をした再生債権者において，再生裁判所に対し，再生債権の査定の裁判を申し立てることができると規定する(民再105条1項)。その裁判は決定の形式でされるが(同条3項)，判決によらないで査定をすることで，再生手続から派生する裁判であるが，再生手続を進める前提となる再生債権の内容を確定する裁判が迅速に行われるように考慮したものである。もとより，その裁判は，適切でなければならないが，本来的には，訴訟手続でその確定が図られるべきものであるから，再生債権の存否及び内容を査定する再生裁判所の裁判に対して不服がある場合には，異議の訴えを提起することが認められている(民再106条1項)。同訴えについては，口頭弁論を経て(同条5項)，判決でもって，訴えが不適法で却下される場合を除き，再生債権を査定した決定を認可又は変更する判断が示されて，再生債権の内容が確定することになる(同条7項)。→【判例⑫】参照

　なお，異議等のあった再生債権について既に訴訟が係属している場合において，再生債権者等，すなわち，管財人が選任されていない場合にあっては再生債務者，管財人が選任されている場合にあっては管財人がその内容の確定を求めるときは，異議者等の全員を当該訴訟の相手方として，訴訟手続の受継を申し立てなければならない(民再107条1項)。

　また，異議等のある再生債権について執行力のある債務名義又は終局判決

のある場合においては、異議者等は、再生債務者がすることのできる訴訟手続によってのみ、異議の主張ができる（民再109条1項）。→【判例⑤】参照

　その訴訟手続としては、破産手続の場合と同様に、例えば、債務名義の執行力の排除を求める請求異議の訴え（民執35条）が典型的であるが、同債務名義に係る執行文の付与に対する異議（民執32条）、同付与に対する異議の訴え（民執34条）も、その訴訟手続である。

　終局判決に対しては、その確定前に、更正決定の申立て（民訴257条）、控訴（民訴281条）、上告（民訴311条）、上告受理の申立て（民訴318条）、特別上告（民訴327条）も可能であるが、その訴訟手続に含まれる。手形判決に対する異議の申立て（民訴357条）、仮執行の宣言が付された支払督促に対する異議の申立て（民訴393条）も同様である。

　終局判決が確定した後は、前記した民事執行法上の異議ないし訴えに係る訴訟手続があるほか、再審の訴え（民訴338条）も、その訴訟手続に含まれる。→【判例⑥】参照

(2)　役員の責任に関する訴訟

　民事再生法は、破産法と同様に、再生手続が開始された法人の役員の責任の追及につき、まずもって、再生手続内で解決することを予定して、その責任の査定の申立てを認め、同申立てに対する責任査定の決定を予定している（民再144条1項）。破産手続における「役員責任査定決定」と同趣旨に解されるが、同決定に対しても、異議の訴えが予定されている（民再145条1項）。同訴えについては、判決でもって、訴えが不適法として却下される場合を除き、役員責任査定決定を認可、変更、又は取り消す判断が示されて、役員の責任が確定することになる（民再146条3項）。役員の責任を認めて責任査定決定を認可、変更した判決は、給付判決と同一の効力が認められているので（同条4項）、同判決に基づき、役員に対する強制執行が可能となるが、異議の訴えが提起されなかったとき、あるいは、異議の訴えが却下されたときは、責任査定決定に給付判決と同一の効力が認められている（民再147条）。→【判例⑬⑭】参照

(3) 再生債務者財産に関する訴訟

　再生債務者財産に関する訴訟というのは，再生債務者財産（民再12条1号）から逸出した財産を再生債務者財産に回復するための訴訟をいうが，民事再生法は，再生債務者財産を構成する財産の回復のために否認権を認めている（民再127条～131条）。

　否認権の行使は，監督委員又は管財人が訴えの提起，否認の請求によって行うが（民再135条1項），抗弁の提出によって行うこともできる（同条3項）。訴えの提起又は抗弁の提出が訴訟手続における否認権の行使であるのに対し，否認の請求は，訴訟手続によらない否認権の行使であって，再生債権の査定，役員の責任の査定と同様に，再生債務者財産を構成する財産の確保という再生手続から派生する裁判であるが，再生手続を進める前提となる裁判が迅速に行われるように考慮したものである。その裁判は，適切でなければならないが，最終的には，訴訟手続でその確保が図られるべきものであるから，否認の請求を認容する決定に対して不服がある場合には，異議の訴えを提起することが認められている（民再137条1項）。→【判例⑮】参照

　もとより，監督委員又は管財人において，否認の請求ではなく，訴えを提起して否認権を行使することもできる。→【判例⑯】参照

(4) 再生債権の弁済に関する訴訟

　再生手続において，再生計画が認可された場合は，同計画に従い再生債権が弁済されることになる。再生計画の認可によって再生手続が終了しているとしても，その弁済がされないときは，再生債権者は，再生債務者に対し，その弁済を求めることができなければならない。この点が問題となる場合はそう多くないようであるが，その弁済を求める請求は認容される必要がある。→【判例⑰⑱】参照

　なお，再生手続は，清算型の倒産手続である破産手続とは異なって，再建型であるため，再生手続が終了した後にも，再生債務者が法人である場合に，破産手続のように消滅することがない。したがって，再生計画に従った再生債権の弁済が問題となるだけといって過言ではないが，再生計画に従った債務の弁済が求められる事案も想定される。

また，再生債務者財産を構成する財産に対する担保権が再生裁判所の当該財産の売却許可の裁判によって消滅する場合に，当該許可に係る売却の相手方から金銭の納付等があったときは，担保権者等に対する配当も予定されているところ（民再153条1項），この場合には，破産手続の場合と同様に，民事執行法の配当異議訴訟に関する規定が準用されている（同条3項）。

(5)　再生手続終了後の訴訟
　再生手続終了後の訴訟というのは，破産手続終了後の訴訟に対比していえば，再生手続が終了した後に，再生債務者財産を構成する財産が存在しているとして同財産に従った弁済をすべき場合において，同財産が再生債務者財産を構成するものであるか否かについて争いがあるとき，あるいは，同財産に対する引渡しないし登記名義の回復・移転を求める必要があるときに提起が予想される訴訟である。
　しかし，破産手続の場合には，同手続の終了によって，破産者が法人であれば，法人格が消滅し，破産者が個人であっても，配当に至らなかった破産債権について免責されるなど，破産手続が終了した後には，原則として，破産債権ないし破産財団に関する訴えの提起それ自体が困難であるのに対し，再生手続の場合には，再生債務者が存続しているため，訴えの提起それ自体は不可能でない。問題は，再生計画によって再生債権者の権利が変更されているため，その変更された権利に従って訴えを提起し得るのが原則であるから，再生計画によって変更された権利以上の権利行使が認められるか否かに帰する。民事再生法は，再生手続の終了前であれば，再生計画の変更を予定しているが，再生計画が取り消される場合も想定される。この場合には，再生計画によって変更された再生債権は，原状に復するので，再生手続によらないで，その履行を求めることができる。

3．更生関係訴訟

　更生手続において，当事者ないし関係者の権利義務を確定するため，同手続から派生する訴訟であるが，前記した見地から，①更生債権・更生担保権の確定に関する訴訟，②役員等の責任に関する訴訟，③更生会社財産に関す

る訴訟，④更生債権・更生担保権の弁済に関する訴訟，⑤更生手続終了後の訴訟とに分説して，以下，これを概観する。

(1) **更生債権・更生担保権の確定に関する訴訟**

更生手続において，債権者は，その債権に担保権が設定されているか否かにかかわらず，更生債権ないし更生担保権として当該債権を届け出るが（会更138条），同届出に対する管財人の認否によって，その届出に係る更生債権ないし更生担保権が認められると，確定判決と同一の効力が認められる（会更150条）。しかし，その届出が否認されると，債権者は，更生債権ないし更生担保権の確定を求める必要がある。その確定のための裁判は，更生債権者ないし更生担保権者の権利義務を確定する裁判であるから，本来的には，訴訟手続において口頭弁論を経た裁判，すなわち，判決されるべきものであるが，会社更生法は，破産法，民事再生法と同様に，その前段階として，届出に対して異議のあった更生債権ないし更生担保権につき，その届出をした債権者において，更生裁判所に対し，その内容の査定の裁判の申立て，すなわち，「更生債権等査定申立て」ができると規定する（会更151条1項）。その裁判は決定の形式，すなわち，「更生債権等査定決定」でされるが（同条3項），判決によらないで査定をすることで，更生債権ないし更生担保権の確定という更生手続から派生する裁判であるが，更生手続を進める前提となる裁判が迅速に行われるように考慮したものである。もとより，その裁判は，適切でなければならないが，本来的には，訴訟手続でその確定が図られるべきものであるから，更生債権等査定決定に対して不服がある場合には，異議の訴えを提起することが認められている（会更152条1項）。同訴えについては，口頭弁論を経て（同条5項），判決でもって，訴えが不適法として却下される場合を除き，更生債権等査定申立てについての決定を認可又は変更する判断が示されて，更生債権ないし更生担保権が確定することになる（同条7項）。

なお，異議等のあった更生債権ないし更生担保権について既に訴訟が係属している場合において，更生債権者ないし更生担保権者がその内容の確定を求めるときは，異議者等の全員を当該訴訟の相手方として，訴訟手続の受継

を申し立てなければならない（会更156条）。

　また，異議等のある債権について執行力のある債務名義又は終局判決のある場合においては，異議者等は，更生会社がすることのできる訴訟手続によってのみ，異議の主張ができる（会更158条1項）。→【判例⑤】参照

　その訴訟手続としては，破産手続，再生手続の場合と同様に，例えば，債務名義の執行力の排除を求める請求異議の訴え（民執35条）が典型的であるが，同債務名義に係る執行文の付与に対する異議（民執32条），同付与に対する異議の訴え（民執34条）も，その訴訟手続である。

　終局判決に対しては，その確定前に，更正決定の申立て（民訴257条），控訴（民訴281条），上告（民訴311条），上告受理の申立て（民訴318条），特別上告（民訴327条）も可能であるが，その訴訟手続に含まれる。手形判決に対する異議の申立て（民訴357条），仮執行の宣言が付された支払督促に対する異議の申立て（民訴393条）も同様である。

　終局判決が確定した後は，前記した民事執行法上の異議ないし訴えに係る訴訟手続があるほか，再審の訴え（民訴338条）も，その訴訟手続に含まれる。→【判例⑥】参照

　なお，更生担保権者は，更生債権等査定申立てをした場合に，異議者等のうちに当該担保権の目的である財産の価額について認めず，又は異議を述べた者があるときは，当該者の全員を相手方として，更生裁判所に，当該財産についての価額決定の申立てをすることができる（会更153条）。その申立てを受けた更生裁判所は，これを不適法として却下する場合を除き，評価人を選任し，前記財産の評価を命じなければならず，評価人の評価に基づき，決定で，担保権の目的である財産の価額を定めなければならない（会更154条2項）。その決定に対しては，当該価額決定事件の当事者は，即時抗告をすることができるが（同条3項），更生担保権の目的である財産についての，①確定した価額の決定がある場合には，当該決定により定められた価額，②確定した価額の決定がない場合には，異議等のない価額（異議者等が更生担保権の調査において述べた前記財産の価額のうち最も低い価額）は，当該更生担保権を有する更生担保権者がした更生債権等査定申立て又は当該申立てについての決定に係る更生債権等査定異議の訴えが係属する裁判所を拘束するとされている

(会更155条2項)。

(2) 役員等の責任に関する訴訟

　会社更生法は，破産法，民事再生法が役員の責任の追及について規定するのと同様に，更生会社の役員等の責任の追及につき，まずもって，手続内で解決することを予定し，その責任の査定の申立てを認め，同申立てに対する「役員等責任査定決定」を予定している（会更100条1項）。→【判例⑲】参照

　更生債権ないし更生担保権の査定決定と同趣旨に解されるが，同決定に対しても，異議の訴えが予定されている（会更102条1項）。同訴えについては，判決でもって，訴えが不適法として却下される場合を除き，役員等責任査定決定を認可，変更，又は取り消す判断が示されて（同条4項），役員等の責任が確定することになる。役員等の責任を認めて責任査定決定を認可，変更した判決は，給付判決と同一の効力が認められているので（同条5項），同判決に基づき，役員等に対する強制執行が可能となるが，異議の訴えが提起されなかったとき，あるいは，異議の訴えが却下されたときは，責任査定決定に給付判決と同一の効力が認められている（会更103条）。

(3) 更生会社財産に関する訴訟

　更生会社財産に関する訴訟というのは，更生会社財産（会更2条14項）から逸出した財産を更生会社財産に回復するための訴訟をいうが，会社更生法は，更生会社財産を構成する財産の回復のために否認権を認めている（会更86条～90条）。

　否認権の行使は，管財人が訴えの提起，否認の請求又は抗弁の提出によって行う（会更95条1項）。訴えの提起又は抗弁の提出が訴訟手続における否認権の行使であるのに対し，否認の請求は，訴訟手続によらない否認権の行使であって，更生債権の査定，役員等の責任の査定と同様に，更生会社財産を構成する財産の確保という更生手続から派生する裁判であるが，更生手続を進める前提となる裁判が迅速に行われるように考慮したものである。その裁判は，適切でなければならないが，最終的には，訴訟手続でその確保が図られるべきものであるから，否認の請求を認容する決定に対して不服がある場

合には，異議の訴えを提起することが認められている（会更97条1項）。

　もとより，管財人において，否認の請求ではなく，訴えを提起して否認権を行使することもできる。→【判例⑳】参照

(4) 更生債権・更生担保権の弁済に関する訴訟

　更生手続において，更生計画が認可された場合は，同計画に従い更生債権ないし更生担保権が弁済されることになる。更生計画の認可によって更生手続が終了しているとしても，その弁済がされないときは，更生債権者ないし更生担保権者は，更生会社に対し，その弁済を求めることができなければならない。この点が問題となる場合はそう多くないようであるが，その弁済を求める請求は認容される必要がある。→【判例㉑】参照

　なお，更生手続は，清算型の倒産手続である破産手続とは異なり，再生手続と同様の再建型であるため，更生手続が終了した後にも，更生会社が消滅することがない。したがって，更生計画に従った更生債権・更生担保権の弁済が問題となるだけといって過言ではないが，更生計画に従った債務の弁済が求められている事案も想定される。

　また，更生会社財産を構成する財産に対する担保権が更生裁判所の当該財産の売却許可の裁判によって消滅する場合に，当該許可に係る売却の相手方から金銭の納付等があったときは，担保権者等に対する配当も予定されているところ（会更110条1項），この場合には，破産手続の場合と同様に，民事執行法の配当異議訴訟に関する規定が準用されている（同条3項）。

(5) 更生手続終了後の訴訟

　更生手続終了後の訴訟というのは，破産手続終了後の訴訟に対比していえば，再生手続終了後の訴訟と同様に，更生手続が終了した後に，更生会社財産を構成する財産が存在しているとして同財産に従った弁済をすべき場合において，同財産が更生会社財産を構成するものであるか否かについて争いがあるとき，あるいは，同財産に対する引渡しないし登記名義の回復・移転を求める必要があるときに提起が予想される訴訟である。

　しかし，破産手続の場合には，同手続の終了によって，破産者が法人であ

れば，法人格が消滅し，破産者が個人であっても，配当に至らなかった破産債権について免責されるなど，破産手続が終了した後には，原則として，破産者ないし破産財団に関する訴えの提起それ自体が困難であるのに対し，更生手続の場合には，再生手続の場合と同様に，債務者，すなわち，更生会社が存続しているため，訴えの提起それ自体は不可能でない。問題は，更生計画によって更生債権者ないし更生担保権者の権利が変更されているので，その変更された権利に従って訴えを提起し得るのが原則であるため，更生計画によって変更された権利以上の権利行使が認められるか否かに帰する。会社更生法は，民事再生法と同様に，更生手続の終了前であれば，更生計画の変更を予定しているが，変更された更生計画に従った更生債権ないし更生担保権の履行を求めることになる。

Ⅲ 倒産関係訴訟について実務はどう取り扱っているか

倒産手続から派生する訴訟を倒産関係訴訟として包括的に捉えることによって，倒産手続に共通的な理解，あるいは，対照的な理解が可能となるはずである。

これを「倒産関係訴訟」と総称するのが適切であるか否かは格別，そのような包括的な捉え方それ自体が倒産手続の実務にとって有用，有益であることは否定し得ないところである。

以上の考察は，倒産関係訴訟を破産手続，再生手続，更生手続のそれぞれについて分類したにとどまるが，その分類を通じて，倒産関係訴訟として共通的に理解し得る部分と，対照的に理解しなければならない部分とが明らかになるとすれば，そこに実務の取扱いが看て取れるのではないかと思われる。

Ⅳ 倒産関係訴訟について注意しておくのはどのような点か

倒産関係訴訟について注意しておくのは，倒産手続から派生する裁判であ

っても，当事者ないし関係者の権利義務を確定する裁判であるために，訴訟事件として，口頭弁論を経て裁判所の判断が示されることになる。それは，憲法上の要請でもあるが，このような倒産関係訴訟を前提に，本章の項目**1**で考察した倒産手続裁判，すなわち，倒産手続を組成する裁判によって，倒産手続が開始され，進行され，終了されるというのが倒産制度の構造である。

倒産手続裁判と，倒産関係訴訟との関係を捉えて，倒産制度の両輪というのは必ずしも適切でなく，倒産関係訴訟を土台に，その上に倒産手続裁判が構築される関係といった方が分かりやすいかもしれないが，いずれにしても，倒産制度における倒産関係訴訟の意義ないし機能を正確に理解した上で，倒産制度を運用していかなければならないのが実務である。

そのためには，倒産関係訴訟の実際を知らなければならない。まずもって，ここに注意が払われるべきである。

〔滝澤　孝臣〕

参照判例

【判例①】
　　最大決昭45・6・24民集24巻6号610頁は，破産宣告決定およびこれに対する抗告事件についての抗告棄却決定は，口頭弁論を経ないでなされても，憲法82条に違反しないとする。

【判例②】
　　最一小決昭56・4・30判時1002号85頁は，和議法18条の和議開始申立棄却の決定に対し即時抗告による不服申立の方法を認めるかどうかは，立法政策の問題に帰着し，和議法7条が憲法32条に違反するかどうかの問題を生じないとする。

【判例③】
　　最大決昭45・12・16民集24巻13号2099頁は，会社更生法（昭和42年法律第88号による改正前のもの）125条，147条，237条，241条，会社更生法

213条，242条，243条は，憲法29条2項，32条に違反しないとする。

【判例④】
　　最二小判平24・5・28民集66巻7号3123頁は，保証人が主たる債務者の破産手続開始前にその委託を受けないで締結した保証契約に基づき同手続開始後に弁済をした場合において，保証人が主たる債務者である破産者に対して取得する求償権は，破産債権であるとしている。

【判例⑤】
　　最二小判昭61・4・11民集40巻3号558頁は，平成16年法律第75号による廃止前の旧破産法当時の判例であるが，給付訴訟の上告審係属中に被告が破産宣告を受け破産管財人が訴訟手続を受継した場合には，原告は，上告審において，右給付の訴えを破産債権確定の訴えに変更することができるとする。

【判例⑥】
　　最一小判昭41・4・14民集20巻4号584頁は，更生手続についてであるが，会社更生法第152条第1項にいう「執行力ある債務名義」とは，執行力ある正本と同一の効力をもち，直ちに執行をなしうるものであることを要し，執行文を要するものはすでに執行文を受けているものであることを要するとする。

【判例⑦】
　　大判昭16・12・27民集20巻1510頁は，破産債権トシテ届出ラレタル債権カ確定判決ニ基クモノニシテ且債権調査ノ期日ニ於テ破産管財人破産債権者及破産者ノ異議ナクシテ債権表ニ記載セラレタルトキト雖其ノ後ニ於テ破産管財人力該確定判決ニ付再審ノ事由アルコトヲ発見シタルトキハ自ラ再審ノ訴ヲ提起シ得ルモノトスとする。

【判例⑧】
　　大阪地判平25・12・26金判1435号42頁は，監査役についてであるが，監査役であった者の任務懈怠を理由とする会社に対する損害賠償責任は，当該監査役であった者に任務懈怠が認められる判示の事実関係の下においては，これを認めることができるとして，破産裁判所の査定決定を認可している。

2　倒産関係訴訟

【判例⑨】

　金沢地判平25・1・29金判1420号52頁は，破産会社が破産手続開始前に同社の所有する土地・建物について賃貸借契約を締結した場合において，当該賃借権の存在は，当該不動産を任意売却するに際し，買受希望者が，賃借権の解除や賃借人からの占有の移転が円滑に行われないことを危惧して，買受けを断念したり，買受希望価格を減額することが十分に想定され，任意売却の不成立や，売却価格の低下などの原因になるところ，賃借人が，当該賃貸借契約の締結当時，破産会社の責任財産となるべき当該不動産に賃借権を設定する契約が破産債権者を害する行為であることを認識していたものと認められるほか，当該賃借権の譲受人も，その譲渡の当時，賃借人に対する否認の原因があることを認識していたものと認められる以上，破産管財人は，当該賃貸借契約に対する否認権を行使することができるとして，破産裁判所の否認の請求を認容した決定を認可している。

【判例⑩】

　最二小判平16・7・16民集58巻5号1744頁は，旧破産法当時の判例であるが，債権譲渡人について支払停止又は破産の申立てがあったことを停止条件とする債権譲渡契約に係る債権譲渡は，破産法72条2号に基づく否認権行使の対象となるとして，破産管財人の否認権の行使を認めている。

【判例⑪】

　最二小判平5・6・25民集47巻6号4557頁は，破産手続が終結した後における破産者の財産に関する訴訟については，当該財産が破産財団を構成し得るものであったとしても，追加配当を予定すべき特段の事情がない限り，破産管財人は被告適格を有しないとする。

【判例⑫】

　東京地判平23・2・7判タ1353号219頁は，届出債権の額は2229万9200円と認められ，これと異なる再生裁判所の再生債権の査定決定は相当でないとして，民事再生法106条7項に基づき同決定を変更している。

【判例⑬】

　東京地判平16・10・12判時1886号132頁は，再生手続の開始決定を受けた被告が，被告の取締役であった原告らに対し，民事再生法143条1項に基づき，違法配当を理由として損害賠償請求権の査定決定を申し立て，再生裁判所において，原告らの損害賠償債務を是認する査定決定について，原告らが異議の訴えを提起した事案であるが，査定決定を取り消している。

【判例⑭】
　東京地判平17・6・14判時1921号136頁は，再生手続の開始決定を受けた被告が，被告の代表取締役であった原告らに対し，民事再生法143条1項に基づき，任務懈怠を理由として損害賠償請求権の査定決定を申し立て，再生裁判所において，原告らの損害賠償債務を是認する査定決定について，原告らが異議の訴えを提起した事案であるが，査定決定を認可している。

【判例⑮】
　東京高判平23・10・27判タ1371号243頁は，再生債務者が再生債権者のために抵当権を設定するなどした行為につき監督委員が求めた否認の請求を一部認容した再生裁判所の決定を認可した異議裁判所の判決に対する再生債権者の控訴を棄却した事例である。

【判例⑯】
　大阪地判平15・3・20判タ1141号284頁は，再生会社の監督委員が，再生会社の再生手続開始決定前に譲渡担保権設定行為に対する否認権の行使を認めている。

【判例⑰】
　最三小判平23・3・1判時2114号52頁は，届出のない再生債権である過払金返還請求権について，請求があれば再生債権の確定を行った上で，届出があった再生債権と同じ条件で弁済する旨を定める再生計画の認可決定が確定することにより，上記過払金返還請求権は，再生計画による権利の変更の一般的基準に従い変更され，その再生債権者は，訴訟等において過払金返還請求権を有していたこと及びその額が確定されることを条件に，上記のとおり変更されたところに従って，その支払を受けられるとする。

【判例⑱】
　最一小判平25・11・21民集67巻8号1618頁は，民事再生法上の共益債権に当たる債権を有する者は，当該債権につき再生債権として届出がされただけで，本来共益債権であるものを予備的に再生債権であるとして届出をする旨の付記もされず，この届出を前提として作成された再生計画案を決議に付する旨の決定がされた場合には，当該債権が共益債権であることを主張して再生手続によらずにこれを行使することは許されないとする。

2　倒産関係訴訟

【判例⑲】
　大阪地決平8・12・20判タ950号236頁は，申立人ら（管財人）主張の6303万円のうち5802万9600円について，被申立人（更生会社の代表取締役）は，支払の根拠がないのに支払を指示したものと認められるから，取締役としての忠実義務に反し，その支払により被った損害について損害賠償責任を負うとして，その限度で役員の責任を査定している。

【判例⑳】
　最三小判平17・11・8民集59巻9号2333頁は，平成14年法律第154号による改正前の旧会社更生法当時の判例であるが，否認権の行使の効果につき，更生会社の管財人が旧会社更生法78条1項1号に該当する行為についてした否認の効果は，当該行為の目的物が複数で可分であったとしても，目的物すべてに及ぶとする。

【判例㉑】
　最三小判昭58・1・25判時1076号134頁は，弁済の前提として，認可された更生計画において，更生債権についてその一部の免除及びその残額につき弁済期の猶予が定められ，特定の債権者の届け出た複数の更生債権について一括して債権額，免除額及び分割弁済額が表示されていても，右更生計画は，特段の事情のない限り，債務の要素を変更する更改にあたらず，右届出にかかる複数の更生債権は消滅しないとする。

3 不服の申立て

I 不服の申立てについて学ぶのはどうしてか

　倒産手続は，本章の項目**1**で採り上げた「倒産手続裁判」を基盤にして進められる。倒産手続を組成するのが同裁判であるが，倒産手続には，そのほかに，同手続に派生する裁判もある。倒産手続が「非訟事件」として進められるため，同手続を組成する倒産手続裁判は，裁判所の判断を示すのに口頭弁論を経る必要がない「決定」という形式で行われるところ，その一部は，裁判所書記官の処分として行われる場合もあるが，倒産手続を進める過程で，当事者ないし関係者の権利義務を確定する必要が生ずる場合もないわけではない。このような場合には，裁判所の判断は，「訴訟事件」として，口頭弁論を経た「判決」という形式で示される必要がある。本章の項目**2**で採り上げた「倒産関係訴訟」であるが，倒産手続においては，判決で最終的に当事者ないし関係者の権利義務を確定することとし，その前段階の裁判所の判断は，当事者ないし関係者の権利義務を査定あるいは請求を認容する「決定」という形式で示される場合も予定されている。

　いずれにしても，そのような裁判所の判断（裁判所書記官の処分を含む）に対して不服がある場合が予想されるが，民事訴訟においては，裁判所の判断に対する不服の申立ては，決定であれば抗告（民訴328条），判決であれば控訴（民訴281条）が一次的な方式とされているところ，倒産訴訟においても，不服の申立てが認められる場合のその方式については，倒産手続裁判のうち，倒産関係訴訟の前段階の裁判として示される決定を除き，抗告のうち，不服申立ての期間に制限がある「即時抗告」（民訴332条）の方式によって不服を申し立てることが予定されている。また，前段階の裁判として示される決定に対しては，非訟事件から訴訟事件への「橋渡し」となる同決定に対する異

議の訴えという方式で不服が申し立てられることが予定されている。なお，倒産関係訴訟については，裁判所の判断が判決という形式で示されるので，民事訴訟法の規定する一次的な不服の申立ての方式である前記「控訴」によるので，倒産訴訟の論点としてみれば，特に注意を要するところはない。

したがって，倒産訴訟のうちでも，専ら倒産手続裁判に対する不服の申立てについて注意が必要ということになるが，それは，第1に，倒産手続裁判として示される決定に対しては，倒産手続の適正かつ迅速な遂行といった要請の下に，そもそも不服の申立てが認められていない場合があるからである。破産法は，9条で「この法律に特別の定めがある場合に限り……即時抗告をすることができる。」と規定し，民事再生法も，会社更生法も，それぞれ9条で同旨を規定しているが，倒産手続裁判に対しては，要するに，不服の申立てが認められている場合に限って，不服の申立てが許されるということになる。→【判例①】参照

第2に，その不服の申立ての形式は，破産手続の場合も，再生手続の場合も，更生手続の場合も，いずれも「即時抗告」であるところ，即時抗告は，一般的に，即時抗告が申し立てられた原裁判の執行を停止する効力がある（民訴334条1項）のに対し，倒産手続裁判に対する即時抗告については，執行停止の効力が認められていない場合があるからである。→【判例②】参照

反対に，確定しなければその効力を生じないとされている裁判もある。

このように倒産手続裁判については，その裁判，すなわち，原裁判に不服があっても，同裁判を前提にした倒産手続がそのまま進行し，原裁判に対する不服の申立てがあれば，同裁判を前提にした倒産手続の進行がその間は停止し，あるいは，不服の有無にかかわらず，原裁判が確定するまでの間も倒産手続が進行する場合があるため，倒産手続の進行に際して倒産手続裁判の以上の意味での効力を把握しておく必要があるからである。

不服の申立てが認められている倒産手続裁判に対しては，即時抗告の申立てに係る抗告審裁判所の裁判に不服があれば，許可抗告の申立ても可能であって，抗告審裁判所から抗告が許可されれば，最高裁判所の判断を求めることもできる。ただし，最高裁判所の裁判は，抗告審裁判所が最高裁に対する抗告を許可したとしても，抗告が最高裁に必ずしも容れられるわけではな

く，抗告が棄却される結果となる場合もある。

　これに対し，不服の申立てが認められない裁判については，倒産手続を管轄する裁判所の倒産手続裁判を前提に，以後の倒産手続が進められていくことになる。倒産手続の迅速な処理は，倒産手続が開始される債務者のためだけでなく，債権者のためにも要請されるところであって，その要請に応えるために，不服の申立てが認められる裁判が限定されているということである。

　また，倒産手続裁判であっても，倒産関係訴訟の前段階として裁判所の判断が決定で示される裁判については，異議の訴えが予定されている。

　以上の倒産手続裁判に対する不服の申立てについて学ぶことは，倒産手続の開始を求める側の立場からみても，反対に，その開始を求められる側の立場からみても，あるいは，倒産手続を遂行する側の立場からみても，倒産手続裁判に過誤がないように倒産事件を管轄する裁判所に必要な働きかけをする意味でも，重要であって，これを看過することができない。

Ⅱ　不服の申立てについて問題となるのはどのような点か

　倒産手続裁判に対する不服の申立てについて問題となるのは，前述したところから明らかであるが，不服の申立てが認められる裁判が限定されているということと，不服の申立てによって原裁判の執行が停止される場合とされない場合とがあるということである。反対に，確定しなければ効力を生じないとされているため，不服の申立てないし同申立てに伴う原裁判の執行停止の有無・要否を問題にするまでもない裁判もある。

　本章の項目1ないし2では，倒産訴訟において問題となる裁判につき，決定である倒産手続裁判と判決である倒産関係訴訟とに二分し，かつ，さらに，破産手続，再生手続，更生手続とに三分して，その問題点を考察した。

　しかし，本項目3では，破産手続，再生手続，更生手続を通じて，まず，不服の申立ての対象となる裁判の態様として，(1)即時抗告が認められているが，同申立てに執行停止の効力が認められていない倒産手続裁判，(2)即時抗告が認められている倒産手続裁判（(1)を除く），(3)確定しなければその効力を

生じないとされている倒産手続裁判のほか，(4)異議の申立てが認められている裁判所書記官の処分と，さらに，(5)異議の訴えが認められている倒産手続裁判，すなわち，倒産関係訴訟の前段階の判断として示される裁判所の決定について考察し，次に，不服の申立ての手続として，(1)申立権者，(2)申立期間について考察することとする。なお，以上のほかにも，債権調査に対する異議の申立て，配当に対する異議の申立てなども倒産手続においては予定されているが，倒産手続裁判に対する不服の申立てとして位置付けるのを躊躇したため，本稿では，不服の申立てとして採り上げていない。

1．不服の対象となる裁判

(1) 即時抗告が認められているが，執行停止の効力が認められていない裁判

この裁判は，倒産手続裁判として裁判所の判断が示されると，不服の申立ては認めるが，同裁判に対して倒産手続をそのまま進めるという裁判であって，倒産手続を組成する裁判としてその中枢となる裁判であるといってよい。

その典型としては，倒産手続を開始する決定である。破産手続開始決定（破30条1項），再生手続開始決定（民再33条1項），更生手続開始決定（会更41条1項）のいずれも「その決定の時から，効力を生ずる」ので（破30条2項，民再33条2項，会更41条2項），即時抗告は認められているが（破33条1項，民再36条1項，会更44条1項），それぞれの開始決定に基づき，破産手続，再生手続，更生手続が進められていくことになる。更生計画も，認可の決定の時から，その効力を生ずるが（会更201条），再生計画は，認可の決定の確定により，その効力を生ずるとされている（民再176条）。

その他としては，倒産手続開始の申立てに伴う他の手続に対する中止命令ないし同命令の変更・取消しに係る裁判（破24条4項・5項，民再26条4項・5項，会更24条6項・7項），包括的禁止命令（破25条6項・7項，民再27条5項・6項，会更25条6項・7項），包括的禁止命令の解除の申立てについての裁判（破27条4項・5項，民再29条3項・4項，会更27条4項・5項），債務者の財産（破産法），業務及び財産（民事再生法，会社更生法）に関する保全命令ないしその変更・取消しの裁判（破28条3項・4項，民再30条3項・4項，会更28条3項・4項），

債務者に宛てた郵便物の管財人に対する郵送の嘱託（破81条4項・5項，民再73条4項・5項，会更75条4項・5項），倒産手続開始前の保全管理命令ないし同命令の変更・取消しに係る裁判（破91条5項・6項，民再79条5項・6項，会更30条4項・5項），否認権のための保全処分ないし同処分の変更・取消しの申立てに係る裁判（破171条4項・5項，民再134条の2第4項・5項，会更39条の2第4項・5項），役員（等）の財産に対する保全処分ないし同処分の変更・取消しに係る裁判（破177条4項・5項，民再142条5項・6項，会更99条3項・4項）である。

破産手続における「同時廃止決定」（破216条4項・5項）についても同様である。

再生手続における担保権の実行手続の中止命令ないし同命令の変更の決定（民再31条4項・5項），再生債務者の事業の譲渡に関する株主総会の承認決議の代替許可（民再43条6項・7項），監督命令ないし同命令の変更・取消しの決定（民再54条6項・7項），調査命令ないし同命令の変更・取消しの決定（民再62条4項・5項），管理命令ないし同命令の変更・取消しの決定（民再64条5項・6項），共益債権に基づく強制執行又は仮差押えの中止・取消し命令ないし中止命令の変更・取消しの決定（民再121条5項・6項），簡易再生ないし同意再生の申立てについての裁判（民再213条1項・2項・218条1項・2項），個人再生委員の選任ないしその変更・取消しの決定（民再223条5項・6項）についても同様である。

更生手続における監督命令ないし同命令の変更・取消しの決定（会更35条5項・6項），調査命令ないし同命令の変更・取消しの決定（会更125条4項・5項），共益債権に基づく強制執行又は仮差押えの中止・取消し命令ないし中止命令の変更・取消しの決定（会更132条5項・6項），共益債権に基づき更生会社の財産に対してされている強制執行又は仮差押えの手続の取消し命令（会更133条4項・5項）についても同様である。

(2) **即時抗告が認められている裁判（(1)を除く）**

この裁判は，即時抗告によって，民事訴訟一般と同様に，原裁判の執行を停止する効力が認められている。上級審の判断を待って，同裁判に基づく倒産手続を進めれば足りるという裁判である。

例えば，文書の閲覧制限の申立てを却下した決定，同制限決定の取消しの申立てについての裁判（破12条4項，民再17条4項，会更12条4項），費用予納決定（破22条2項，民再24条2項，会更21条2項），債務者に宛てた郵便物の管財人に対する郵送の嘱託決定の変更・取消し決定ないし同変更・取消しの申立ての却下決定（破81条4項，民再73条4項，会更75条4項），管財人などの報酬決定（破87条2項，民再61条4項，会更81条4項），届出・変更の却下決定（破120条6項，民再103条の2第6項，会更148条の2第6項），社債管理者等の費用・報酬を財団債権・共益債権とする許可決定（破150条5項，民再120条の2第5項，会更131条5項）。

破産手続における倒産手続開始の申立書の却下命令（破21条7項），債務者の責任財産に属しない範囲を拡張する申立ての却下決定（破34条6項），居住地の変更を許可する申立ての却下決定（破37条2項），債務者の引致命令（破38条4項），財産引渡しの申立てについての裁判（引渡決定を除く。破156条3項），別除権物の処分期間の申立てについての裁判（破185条3項），担保権消滅許可の裁判（破189条4項），配当表に対する異議の申立てについての裁判（破200条3項），異時廃止の申立ての却下決定（破217条6項）についても，また，相続財産に対する破産手続続行の申立ての却下決定（破226条4項），免責許可申立てを却下する裁判（破252条5項），免責取消しの申立てについての裁判ないし職権による免責取消しの決定（破254条3項），復権の申立てについての裁判（破256条5項）についても同様である。

再生手続における報償金などの支払許可の決定（民再91条2項），担保権消滅許可の申立てについての裁判（民再148条4項），財産の価額決定の請求についての決定（民再150条5項），再生債務者の株式の取得等を定める条項に関する許可決定（民再166条4項）についても同様である。

更生手続における担保権消滅許可の決定（会更104条5項），財産の価額決定の請求についての決定（会更106条5項），更生計画認可前の剰余金などの管財人への交付の申立てについての裁判（会更111条4項），報償金などの支払許可の決定（会更124条2項），財産の価額決定の請求についての決定（会更154条3項），株主名簿に記載又は記録のない株主の手続参加の許可ないし同許可の変更・取消しの裁判（会更165条5項），再生計画認可決定後の再生計画の変更

決定又は変更計画の認可決定（会更233条6項）についても同様である。

(3) 確定しなければその効力を生じない裁判

　この裁判は，確定を待ってその効力を生ずるので，不服の申立てが認められている場合に，その申立てがないときも，確定する以前には，同裁判に基づいた倒産手続は進められないという裁判である。

　例えば，文書の閲覧制限決定を取り消した決定（破12条5項，民再17条5項，会更12条5項）である。

　破産手続における債務者の管財人に対する財産の引渡命令（破156条5項），異時廃止決定（破217条8項），免責許可決定（破252条7項）についても同様である。

　再生手続における再生計画の取消決定（民再189条6項），再生手続廃止の決定（民再195条5項），計画遂行が極めて困難になった場合の再生債務者に対する免責の決定（民再235条5項）についても同様である。

　更生手続における更生手続廃止の決定（会更238条5項・241条2項）についても同様である。

(4) 異議の申立てが認められている裁判所書記官の処分

　この処分は，倒産手続を組成する裁判であるが，裁判所書記官に前段階の判断を委ねた結果として行われる処分である。倒産手続の迅速，かつ，効率的な進行を図るためであるが，この処分に対して不服がある場合には，異議の申立てが認められている。その申立てには，原処分の執行を停止する効力が認められている。

　例えば，特別調査期日ないし特別調査期間の費用予納を命じた処分について（破120条3項・4項，民再103条の2第3項・4項，会更148条の2第3項・4項）である。

　破産手続において同手続開始の申立書の補正（手数料の貼付を含む）を命じた処分（破21条3項・4項）についても同様である。

(5) 異議の訴えが認められている裁判

　倒産関係訴訟は，本来，裁判所の判断が判決で示される裁判であるが，倒

産手続では，その前段階の裁判を裁判所の査定という決定で示すこととしている。

その第1は，債権者の債権（更生手続では，担保権を含む）の存否ないしその額など（破125条，民再105条，会更151条）である。→【判例③～⑤】参照

その第2は，役員の倒産した会社に対する任務懈怠の責任の有無ないしその額（破180条，民再145条，会更102条）である。→【判例⑥～⑧】参照

倒産手続が開始された後は，役員の責任を追及するか否かは管財人などの判断に委ねられるので，債務者が株式会社であった場合にも，株主が役員の責任を追及するために株主代表訴訟を提起する余地はない。→【判例⑨】参照

その第3は，否認権の行使についても，訴えの提起によらずに，否認の請求が認められているので，同請求に理由がある場合である。この場合には，認容する決定で裁判所の判断が示される（破174条2項，民再136条2項，会更96条2項）。→【判例⑩～⑫】参照

以上の査定の決定に対して不服があれば，判決でもって裁判所の判断を示す必要がある。その不服の申立てとして認められているのが査定決定に対する異議の訴え（債権の査定につき，破126条，民再106条，会更152条。役員の責任査定につき，破180条，民再145条，会更102条）ないし否認の請求を認容する決定に対する異議の訴え（破175条，民再137条，会更256条）である。

以上の異議の訴えに対する裁判所の判断は判決で示されるので，同判決に対して不服がある場合には，民事訴訟法の規定するところに従い，控訴を申し立てることになる。

2．不服の申立ての手続

不服の申立ての手続として問題となるのは，不服を申し立てることができるのは誰かといった申立権者，いつまでに不服を申し立てなければならないのかといった申立期間の問題がある。以下，分説して，検討することとする。

(1) **申立権者**

即時抗告の申立てが認められている倒産手続裁判については，利害関係人であれば，不服の申立てができる（破9条，民再9条，会更9条）。→【判例⑬～⑮】参照

反対に，利害関係人でなければ，即時抗告の申立ては不適法として却下されることになる。即時抗告を申し立てた者が，申立人の申立てを棄却した原決定とは別に，自ら債務者に対して倒産手続開始の申立てをすることができる場合であっても，同様である。→【判例⑯】参照

異議の申立てが認められている裁判所書記官の処分については，当該処分の告知によって効力を生ずるので（破120条2項，民再103条の2第2項，会更148条の2第2項），その告知を受けた者が不服の申立権者になると解される。破産手続開始の申立書の補正を命ずる処分についても，その告知によって効力を生ずるので（破21条），同様に解される。

異議の訴えが認められている倒産手続裁判については，債権（等）の査定の申立てについての裁判に不服がある者（破126条1項，民再106条1項，会更152条1項），役員（等）の責任査定の裁判に不服がある者（破180条1項，民再145条1項，会更102条1項），否認の請求を認容した決定に不服がある者（破175条1項，民再137条1項，会更97条1項）が申立権者である。

(2) 申立期間

即時抗告の申立てについては，民事訴訟法の規定によれば，1週間であるが（民訴332条），倒産手続裁判のうち，裁判の公告があった場合には，即時抗告の期間は2週間とされている（破9条後段，民再9条後段，会更9条後段）。→【判例⑰～⑲】参照

Ⅲ 不服の申立てについて実務はどう取り扱っているか

倒産手続裁判については，不服の申立てが認められている裁判と認められていない裁判，不服の申立てによって原裁判の執行が停止されない裁判と執行が停止される裁判，確定しなければその効力が生じない裁判といったように，倒産手続を組成する裁判であるのに，不服の申立ての可否ないしその効

力によって，その後の倒産手続の進め方にいずれにしても影響が生じてくる。

　特に，即時抗告の申立てが認められるが，原決定に基づく執行を停止する効力がない場合には，例えば，同裁判が倒産手続開始決定であるときには，同決定に対する即時抗告があっても，そのまま倒産手続が進められることになる。その遂行は，破産手続では，破産管財人，再生手続では，監督委員の監督を受けた再生債務者あるいは管財人（再生管財人），更生手続では，管財人（更生管財人）ということになるが，倒産手続開始決定に対する抗告審の判断が示されるまでの間，倒産事件を管轄する裁判所も，債務者も，破産管財人も，監督委員も，再生管財人も，更生管財人も，また，債権者も，原決定の帰すうに注目しながら，倒産手続を進めていくことになる。

　倒産手続に過誤があってはならないことはいうまでもなく，原決定の効力が確定していないが，その効力を前提に倒産手続を進めるに当たっては，原決定の帰すうに対する慎重な配慮が求められるはずである。即時抗告に執行停止の効力が認められていない原決定が倒産手続を進めるに当たってその基盤となる倒産手続裁判であるだけに，即時抗告の申立ては認めても，原決定の執行を停止する効力を否定した破産法，民事再生法，会社更生法の意義を踏まえた対応が求められるということである。

Ⅳ　不服の申立てについて注意しておくのはどのような点か

　不服の申立てについて注意しておくのは，以上のような不服の申立てによって原裁判の執行が停止されない場合には，倒産手続が進められるが，不服の申立によって原裁判が取り消される場合がないわけではなく，不服の申立てから抗告審の裁判が示されるまでの間に倒産手続が進められることに伴う判断の相違によって生ずる利害をどう解消するかであって，実務に工夫が求められるところである。

　例えば，不服の申立てに理由があるときは，倒産事件を管轄する裁判所において，抗告審の裁判を待つまでもなく，いわゆる「再度の考案」（民訴333

条）で原決定を取り消すことも考えられる。→【判例⑳㉑】参照

　また，抗告審において，管轄裁判所の再度の考案を求めるため事件を管轄裁判所に送付することも考えられる。→【判例㉒】参照

　特異な事案であるが，債権者が債務者の破産手続開始の申立てをし，破産手続開始決定がされた後，債務者の即時抗告に伴い，債権者が破産裁判所に再度の考案による同決定の取消しを求めたが，再度の考案に至らなかった事案もある。もっとも，債権者は，その後，抗告審において，債務者に対する破産宣告を求めていたようであって，債権者の言動に矛盾がみられる事案である。→【判例㉓】参照

　なお，破産開始決定を再度の考案で取り消した場合ではないが，破産法155条の処分につき，再度の考案で原決定を取り消した判断が是認された場合として東京高決昭44・11・28がある。→【判例㉔】参照

　倒産手続裁判に対する即時抗告の申立ては，審級制を通じて同裁判の妥当性を保障するものであって，その必要性は否定し得ないが，即時抗告の申立てによって原裁判の執行を停止する効力が認められていない場合には，手続に過誤がないように適正な判断が求められる。しかし，その反面，非訟事件として，迅速な判断も求められている。根源は倒産手続の開始時点に遡るが，手続を開始するにしても，開始しないにしても，適正，かつ，迅速な判断が求められているのであって，裁判所だけでなく，当事者ないし関係者においても，この点に注意して，倒産訴訟に対処しなければならない。そのためにも，倒産訴訟，特に倒産手続裁判に対する不服の申立ての実際を知っておく必要があるはずである。

〔滝　澤　孝　臣〕

参照判例

【判例①】
　東京高決平22・10・21金法1917号118頁は、破産法は、破産手続等に関する裁判について、同法に特別の定めがある場合に限り、即時抗告をすることができると定めているところ（同法9条前段），同法には，破産債権者が一般調査期日終了後にした債権届出について「その責めに帰することができない事由」（同法112条1項）がないとして却下された場合に関する特別の定めはなく，同却下決定に対し即時抗告をすることはできないと解すべきであるから，本件届出却下決定に対する即時抗告を不適法でその不備を補正することができないことが明らかであるとして却下した原決定は相当であるとする。

【判例②】
　大判昭8・7・24民集12巻2264頁は，破産管財人ノ管理行為ハ破産宣告ニ対スル即時抗告ニ依リ停止セラレサルモノトスとする。

【判例③】
　東京地判平23・9・29金法1934号110頁は，破産債権の査定に対する異議が認められなかった事例である。

【判例④】
　さいたま地決平25・4・25金法1985号165頁は，再生債権の査定に対する異議が一部認められた事例である。

【判例⑤】
　東京地決平20・3・5判例集未登載は，更生債権の査定に対する異議が認められなかった事例である。

【判例⑥】
　大阪地判平25・12・29金判1436号42頁は，破産会社の監査役の責任査定に対する異議が認められなかった事例である。

【判例⑦】
　東京地判平18・3・17判例集未登載は，再生会社の取締役の責任査定に対する異議が認められた事例である。

【判例⑧】
　東京地判平19・3・26判例集未登載は，更生会社の取締役の責任査定に対する異議が認められなかった事例である。

【判例⑨】
　東京地判昭41・12・23下民集17巻11・12号1311頁は，更生手続開始決定があると，商法第266条第1項，第277条の各規定にもとづいて会社が取締役または監査役に対して提起すべき責任追及の訴えは，会社の財産関係の訴えとして，管財人が当事者適格を有する（会社更生法第96条）のであるが，更生手続においては，管財人が会社財産の管理および処分の権利を専有し（同法第53条），裁判所の監督の下に善良な管理者の注意をもって，株主を含む利害関係人のすべてに対し公平誠実に職務を遂行する責任を負い，その注意義務を怠つたときは利害関係人に対して損害賠償の責に任ずることとされている（同法第101条，第42条第1項，第43条）のであるから，責任追及の訴えについても，これを提起するかどうかあるいは右の訴えによらないで取締役らに対する損害賠償請求権の査定の申立（同法第72条第1項第1号）をするかどうかを，専ら管財人の判断に委ねていると解することが会社更生法の趣旨に適合するというべきであって，そうとすれば，取締役や監査役らの間の特殊な関係から会社が取締役らに対する責任追及を怠ることあるべき弊害を予想して設けられているところの商法第267条，第280条の各規定にもとづく株主のいわゆる代表訴訟の制度は，更生手続の進行中はその適用の余地がなく，請求に対して管財人が訴えを提起しないからといつて，株主が右各法条を根拠として責任追及の訴を提起することはできないものといわなければならないとする。

【判例⑩】
　金沢地判平25・1・29金判1420号52頁は，否認の請求を認容した破産裁判所の決定に対する異議が認められなかった事例である。

【判例⑪】
　東京地判平23・3・1判時2116号91頁は，否認の請求を認容した再生裁判所の決定に対する異議が認められなかった事例である。

【判例⑫】
　東京高判平23・10・27判タ1371号243頁は，否認の請求を認容した更生裁判所の決定を一部認可した判決が控訴審で是認された事例である。

3　不服の申立て

【判例⑬】
　大決大15・12・23民集5巻894頁は，破産申立ヲ棄却スル決定ニ対シテハ申立人ニ限リ抗告ヲ為シ得ルモノトスとする。

【判例⑭】
　大決昭3・10・13民集7巻787頁は，債権届出ヲ為シタル破産債権者ハ破産宣告廃棄ノ裁判ニ対シテ抗告ヲ為スコトヲ得ルモノトスとする。

【判例⑮】
　大決昭3・9・8民集7巻741頁は，裁判所カ監督権ニ基キ破産管財人ニ対シテ為シタル裁判ニ対シテハ破産管財人ヨリ即時抗告ヲ為スコトヲ得とする。

【判例⑯】
　名古屋高金沢支決昭50・6・26判夕328号287頁は，原審の更生手続開始申立棄却決定に対する即時抗告権者は申立会社のみであると解するのが相当であり，右申立人ではない抗告人らは棄却決定につき利害関係を有しない者といわねばならないが，同法が更生手続開始申立棄却決定については，開始決定の場合とは対照的に，公告をすることも申立人以外の会社や知れている債権者，担保権者，株主等に告知することも規定しておらない趣旨にもそうものであって，抗告人らは右棄却決定に関係なく別途独自に同法30条1項後段の事由ありとして更生手続開始の申立をなしうべく，抗告人らは右棄却決定によりその申立権者たる地位を侵害された者ということはできず，その限りでは右棄却決定につき利害関係を有しないものということができるから，原審の更生手続開始申立棄却決定に対する即時抗告権者は申立会社のみであると解するのが相当であり，右申立人ではない抗告人らは棄却決定につき利害関係を有しない者といわねばならないとする。

【判例⑰】
　最二小決平13・3・23判時1748号117頁は，破産宣告決定の送達を受けた破産者の同決定に対する即時抗告期間は，同決定の公告のあった日から起算して2週間であるとする。

【判例⑱】
　最三小決平12・7・26民集54巻6号1981頁は，免責決定につき送達及び公告がされた場合の即時抗告期間は，公告のあった日から起算して2週間

であるとする。

【判例⑲】
　大決昭3・4・27民集7巻235頁は，破産事件ノ決定ニシテ公告ヲ要セサルモノニ対スル抗告ハ右決定ノ送達ヨリ7日ノ不変期間内ニ之ヲ為スヘキモノトスとする。

【判例⑳】
　東京地決平12・5・11訟月49巻4号1147頁は，同時廃止決定がされた場合に再度の考案によって原決定を取り消して破産申立てを棄却している。

【判例㉑】
　大阪地決平12・7・21訟月49巻4号1148頁は，同時廃止決定がされた場合に再度の考案によって原決定を取り消して破産申立てを棄却している。

【判例㉒】
　名古屋高金沢支決昭58・9・19判タ512号138頁は，破産者からされた破産宣告に対する即時抗告事件について，抗告審が原審において再度の考案をするのが相当として事件を原審に送付している。

【判例㉓】
　名古屋高決平7・9・6判タ905号242頁は，債務者が支払不能の状態にあるとして，債務者の即時抗告を棄却している。

【判例㉔】
　東京高決昭44・11・28判タ243号204頁は，破産法155条による物的保全処分につき，原裁判所が再度の考案により前記保管者変更許可の裁判を失当として取り消したのは相当というべきであつて，本件抗告は理由がないとする。

第2章 管財人関係

4 ● 管財人の地位
5 ● 管財人の権限
6 ● 管財人の職務執行

4 管財人の地位

I 管財人の地位について学ぶのはどうしてか

　破産手続が開始されると，同時に裁判所は1人又は数人の破産管財人を選任する（破31条1項）。破産管財人には法人もなることができ（破74条2項），特段の資格要件等は設けられていないが，実務上は各裁判所ごとの実情に応じ，一定の実務経験を有する弁護士の中から選任されている。

　破産管財人は，債権者その他の利害関係人の利害及び債務者と債権者との間の権利関係を適切に調整し，もって債務者の財産等の適正かつ公平な清算を図るとともに，債務者の経済生活の再生の機会の確保を図るという破産手続の目的（破1条）を実現するために様々な業務を行うことになるが，そのような業務を遂行するに当たっては，破産者に代わって管理処分権を行使する側面と，破産債権者の利益のために破産財団の増殖を図る側面とが併存することになり，場合によっては，両者の調整が必要となる。破産管財人としての業務を適正に行い，また，その相手方として訴訟手続等において適切な主張立証を行うためには，破産管財人の地位がどのようなものであり，いかなる指針に基づき業務を行うべきであるのかについての十分な理解が必要となる。

II 管財人の地位について問題となるのはどのような点か

　破産管財人の法律上の地位をどのようなものと理解すべきかについては見解の対立があるが，破産財団の管理機構としての破産管財人に法人格を認める見解が有力とされる（それぞれの見解の詳細な内容等につき，伊藤眞『破産法・民事再生法（第2版）』144頁以下（有斐閣））。この点についての議論は多分に理念

的な部分を含むものであり，採用する見解いかんによって，個別具体的論点における結論が当然に決定される性格のものではないが，明確な法令の規定を欠き先例も乏しい場面等において，適切な指針を導き出すための前提としても，理解しておくべきところである。

Ⅲ 管財人の地位について実務はどう取り扱っているか

破産手続開始決定時点において，本来破産財団に帰属する財産が第三者の管理下にある場合，破産管財人としてはその引渡しを求め，任意の引渡しがされない場合，最終的には訴訟を提起することになる。そのような訴訟においては，それぞれの紛争類型に固有の実体法上の争点のほか，破産管財人の地位の特殊性に起因する争点が生じることがある。具体的には，対抗要件具備の要否（民177条・467条等）や，第三者保護規定の適用の有無（民94条2項・96条3項）等の問題として争われることになる。

以下では，その代表的事例及びこれについての裁判例，実務の取扱いを紹介する。

1．物権変動の対抗要件との関係

典型的には，破産手続開始決定前に破産者から不動産所有権の移転を受けたが，所有権移転登記を経ていなかった者がいた場合に，その所有権を破産手続開始決定後に破産管財人に対抗できるか否かという場面である。

破産管財人の管理処分権は破産手続開始決定により生じるものであるから，同決定以前に破産者が行った法律行為の効果は原則として破産管財人に帰属する。

しかしながら，実体法上，法律効果を第三者に対して主張するために対抗要件の具備が必要とされており，かつ，差押債権者が第三者に当たるとされる場合においては，差押債権者類似の地位にある破産管財人も，対抗要件の欠缺を主張することが可能となる。

そして，民法177条にいう第三者が差押債権者を含むものであることについては争いがないから，上記事案において，破産手続開始決定前に所有権を

取得した者が当該所有権を破産管財人に対抗するためには，所有権移転登記を経る必要があることになる（→【判例①】参照）。なお，このことは，債権譲渡の対抗要件（民467条等）についても同様である。

　実務上，対抗関係が問題となる場合としては，特別法関係の事案が多い。例えば，買主が販売会社から自動車を買い受け，信販会社が立替払をして所有権の移転を受けたが，登録名義は販売会社に残されている形態の所有権留保売買がされているとの状況の下で，立替金債務の完済前に買主につき破産手続開始決定がされた場合，登録名義を有していない信販会社は，破産管財人に対し留保所有権を対抗することができず，破産管財人は上記自動車を破産財団に属する財産として換価することができると考えられる（→【判例②】参照）。また，売買の目的物が軽自動車であった場合については，対抗要件としての引渡しを得ていない限り，破産管財人に対して留保所有権を主張することができないことになる。

　その他，破産者が所有する工場抵当法3条所定の目録が作成されていない工場が備付機械類とともに担保不動産競売手続により売却されたところ，破産管財人が上記機械類を破産財団に属する動産として他の者に売却していたような場合，競売における買受人は対抗要件を具備していないため，破産管財人に対して上記機械類の所有権取得を主張することができないことになる。

2．第三者保護規定との関係

　破産手続開始決定前に破産者自身が行った法律行為について，第三者保護規定が置かれている場合，当該法律行為の相手方との関係で，破産管財人が第三者に当たり得るか否かという問題が生じる。

(1) 虚偽表示無効の場合

　破産手続開始決定前に破産者と外部者との間で通謀虚偽表示に当たる行為が行われた場合，その後に選任された破産管財人は民法94条2項の第三者に当たるため，上記虚偽表示による無効を破産管財人に対して主張することはできない。→【判例③】参照

そして，同項の適用がある場合において善意悪意が問題とされる主体については，破産管財人自身ではなく破産債権者であり，破産債権者の中に1人でも善意の者がいた場合には，破産管財人はその地位を援用することができるとするのが通説である。

(2) **詐欺取消しの場合**
　破産手続開始決定前に破産者と外部者との間で行われた法律行為について詐欺を原因とする取消し（民96条1項）が主張される場合についても，同様の問題が生じる。そのような場合についても，前記(1)と同様に，破産管財人は第三者（同条3項）に当たり得るものと解するのが一般的である。

(3) **錯誤無効の場合**
　民法上の錯誤無効に関する条文（民95条）には，第三者保護規定が設けられていないが，詐欺取消しの場合と同様に，善意又は善意無過失の第三者は保護されるとするのが一般的である。これを前提とした場合，錯誤無効の事案においても，前記(1)と同様に，破産管財人は第三者に当たり得ることになる。

(4) **解除の場合**
　売買契約締結後，目的物の引渡債務は履行されたが，代金支払債務が未履行の状態で買主につき破産手続開始決定がされ，その後に売主側から債務不履行解除がされた場合，差押債権者が民法545条1項ただし書の第三者に含まれることを前提とすれば，破産管財人も第三者に該当し，売主は破産管財人に対して目的物の取戻しを主張することはできないことになる。

3．その他

　融通手形の振出人は，受取人について破産手続開始決定がされた後，手形を所持する破産管財人からの請求に対して，融通手形の抗弁をもって対抗することができる。→【判例④】参照

Ⅳ 管財人の地位について注意しておくのは どのような点か

　前記Ⅲに挙げた例は，破産管財人の地位が問題となる場合の典型的なものであるが，実務上問題となる事案はこれに尽きるものではない。これらの事案においては，それぞれの紛争類型に固有の実体法上の問題点について十分に理解した上で，これが破産手続の性質，破産管財人の地位によりどのような影響を受けるのかについて検討を加える必要がある。

〔阿保　賢祐〕

参照判例

【判例①】
　最二小判昭48・2・16金法678号21頁は，破産管財人は，破産者の代理人又は一般承継人ではなく，破産債権者の利益のために独立の地位を与えられた破産財団の管理機関であるから，破産宣告（破産手続開始決定）前に破産者の設定した土地賃借権については建物保護法1条の第三者に当たり，したがって，破産登記前に建物賃借権につき対抗要件を具備していない賃借人は，破産管財人に対し，自己の賃借権を対抗することができないとした。

【判例②】
　最二小判平22・6・4判タ1332号60頁は，自動車の購入者から委託されて販売会社に売買代金の立替払をした信販会社が，購入者及び販売会社との間で，販売会社に留保されている自動車の所有権が立替払により信販会社に移転し，立替金等債務が完済されるまでその所有権が留保される旨の合意をしていた場合に，購入者についての再生手続が開始した時点で，上記自動車につき信販会社を所有者とする登録がされていない限り，販売会社を所有者とする登録がされていても，信販会社が留保所有権を別除権として行使することはできないとした。

【判例③】
　最一小判昭37・12・13判夕140号124頁は，破産管財人は，破産債権者全体の共同の利益のためにも，善良な管理者の注意をもってその職務を行わなければならない者であるから，選任された後は，特段の法律行為をしたか否かにかかわらず，民法94条2項によって保護される第三者に当たり，したがって，破産者が外部者との間でした通謀虚偽表示の無効は，これをもって破産管財人に対抗することができないとした。

【判例④】
　最三小判昭46・2・23判時622号102頁は，破産宣告（破産手続開始決定）前に，破産者の運転資金を融通するために，破産者の依頼により振出人が破産者宛に振り出した約束手形について，振出人は，破産者に対しては実質上支払義務を負わないものである旨の抗弁をもって，破産管財人からの手形金請求に対抗することができるとした。

5 管財人の権限

I 管財人の権限について学ぶのはどうしてか

　破産手続開始決定があった場合における破産管財人の権限等については，破産法第3章第1節第2款が定めるところであるが，その中でも重要なのは，破産財団に属する財産についての管理処分権の専属（破78条）と，破産財団に属する訴えについての当事者適格の付与（破80条）である。

　このような破産管財人の権限がどこまで及ぶものであるのかについては，破産管財人として職務を行う場合においても，また，破産者との間で債権債務関係を有する相手方の立場で破産手続又はこれに関連する訴訟に関与する場合であっても，職務執行の前提となる基礎知識として把握しておく必要がある。

II 管財人の権限について問題となるのはどのような点か

1．管理処分権限の範囲及び制限

　破産手続開始決定により，それまで破産者に帰属していた財産の管理処分権限は破産管財人に専属することになる（破78条1項。ただし，自由財産や一身専属上の権利にかかわるものは除く）。

　上記管理処分権限には，破産法78条2項1号ないし14号所定の行為及びその他裁判所の指定する行為（破78条2項15号）をするためには裁判所の許可を得なければならないとの制限があるが，7号ないし14号所定の行為について，最高裁判所規則で定める額（破規25条により，100万円とされる）以下の価額を有するものに関するとき及び裁判所が許可を要しないものとしたものに関

するときは，この限りではない（破78条3項）。

したがって，破産管財人が破産財団に属する財産について何らかの行為をしようとするとき，又は，外部者が破産管財人を相手方として何らかの行為をしようとするときには，当該行為が破産管財人の権限内の行為であるか，また，裁判所の許可を要する行為であるのか否かを確認する必要があることになる。

また，裁判所の許可を得る必要があったにもかかわらず，これを欠いたまま何らかの行為が行われてしまった場合は，その有効性についても問題となる。

2．当事者適格及び訴訟手続の受継

破産財団に関する訴えについては，破産管財人を原告又は被告とすることとされる（破80条。ただし，自然人についての身分関係に関する訴訟や，自由財産に関する訴訟はこれに当たらない）。また，破産手続開始決定があったときは，破産者を当事者とする破産財団に関する訴訟手続は中断し，破産管財人は任意に，又は相手方からの申立てにより，中断した訴訟手続のうち破産債権に関しないものを受継することができる（破44条1項・2項）。

これらの規定は，破産手続開始決定後に破産者又は破産管財人が追行している訴訟について，当事者適格を有するか否かという争点の形で争われることになる。

Ⅲ　管財人の権限について実務はどう取り扱っているか

1．管理処分権限の範囲及び制限

基本的には，破産法78条2項各号の意義の問題であるが，その詳細を挙げることは本書の趣旨から外れるので割愛し，ここでは同条に関わる実務の取扱いの状況について若干説明する。

(1)　2項15号所定の行為及び3項2号所定の行為

破産法78条2項1号ないし14号は，破産管財人が行う行為のうち重要な類型のものにつき，裁判所の許可にかからしめているが，上記列挙事由に挙げられたもの以外にも裁判所の許可を要するものとすることが相当な行為は存在する。同項15号は，そのような行為について，裁判所の裁量により要許可行為とする余地を認めたものである。もっとも，実務上，個別的に同号による要許可行為の拡張がされる事案はそう多くはない。

他方，同条3項2号により許可が不要となる行為については，各事件の特性に応じて個別的に定められる場合のほか，各裁判所の実情に応じて，包括的に運用が定められる場合もある。

いずれにせよ，これらの規定は，破産管財人の管理処分権を制限し，又は，その制限を解除するものであり，法律行為の有効性の前提となるものである。なお，実務上は，許可が必要な行為であるのか否かが微妙な場合や，破産管財人において手続を明確にしておきたい旨の希望がある場合などにおいて，「念のために」許可を求めるという運用も少なからず行われている。事後的に要許可行為であったことが判明した場合の不利益等を考慮すれば合理的な運用ということができようが，前記各号の意義につき十分に検討することなく安易にそのような運用に頼ることがあってはならないことは当然である。

(2) 許可を欠いた行為の有効性

上記規定により本来裁判所の許可を得る必要がある行為であったにもかかわらず，破産管財人が許可を得ることなくこれらの行為を行ってしまった場合，当該行為は無効となる（破78条5項本文）。ただし，善意の第三者に対抗することはできない（同項ただし書）。ここにいう善意とは，要許可行為であることを知らなかったこと，又は，裁判所の許可があったと信じたことをいい，過失の有無は問わない。

2．当事者適格及び訴訟手続の受継

(1) 当事者適格

破産手続開始決定により，破産管財人には，いわゆる法定訴訟担当とし

て，破産財団に関する訴訟の当事者適格が認められる。複数の破産管財人が選任されている場合は，その全員が当事者とならなければならず（固有必要的共同訴訟），一部の破産管財人のみを当事者とした訴訟は不適法とされる（なお，職務分掌の許可（破76条1項ただし書）がされているときは，この限りではない）。

(2) **破産財団に関する訴え**

破産管財人が当事者適格を有するのは「破産財団に関する訴え」である（破80条）。そして，破産手続開始決定時点で破産財団に関する訴訟手続が係属していた場合，破産管財人が受継することができるのは，「破産債権に関しないもの」のみである（破44条2項）。

後者の点についての詳細は当該項目の解説に譲ることとして，ここでは前者への該当性についての裁判例，実務の取扱いを紹介する。

(a) **破産手続開始決定の時期との関係**

破産財団を構成するのは，破産者が破産手続開始の時において有する一切の財産である（破34条1項）。したがって，破産者が破産手続開始後に取得した新得財産や，破産者が破産手続開始後に負担した債務に関する訴訟は，破産財団に関する訴えには当たらず，破産者自身を当事者とすべきことになる。→【判例①】参照

これに対し，破産手続開始決定前に破産者のもとで発生していた債権についての給付等を求める訴えは，たとえ停止条件の成就等が破産手続開始後であったとしても，破産財団に関する訴えとして，破産管財人が当事者適格を有することになる。→【判例②】参照

また，破産財団に属する物件が他人の土地の所有権を侵害しているような場合における損害金債権は，破産手続開始決定後に発生した部分のみが財団債権となり，その支払を請求する訴訟の被告適格は，破産管財人が有することになる。→【判例③】参照

(b) **債権の性質との関係**

破産手続開始決定前に破産者のもとで発生した債権であっても，行使上の一身専属性が維持されている限りは，同債権は破産財団に帰属することはなく，したがって，その支払を請求する訴訟については，破産管財人ではな

く，破産者自身が当事者適格を有する。→【判例④】参照
(c) **当事者適格の消滅時期**

　破産財団に属する財産については，破産手続内において換価等を終了するのが原則であるが，破産手続終了後になって，本来破産財団に帰属すべき財産や，破産者を権利者とする登記等が発見される場合が時折見受けられる。破産管財人の管理処分権及び当事者適格は，破産手続開始決定により付与されたものであって，任務の終了とともに消滅すると考えるのが自然であり，これを前提とすれば，自然人事件においては破産者本人，法人事件においては清算法人の当事者適格が復活することになろうが，特に法人事件では清算人選任の手間の問題もあり，対応に苦慮することも少なくない。

　このような場合については，破産管財人において当該財産をもって追加配当の対象とすることを予定し，又は予定すべき特段の事情がない限り，破産管財人の管理処分権限及び当事者適格は消滅したものと解されるが（→【判例⑤】参照），事案の内容や発見された財産の性質等によっては，上記要件への該当性につきある程度柔軟な運用をする余地もあるものと思われる。

Ⅳ　管財人の権限について注意しておくのはどのような点か

　破産管財人の権限の有無は，実体面においては法律行為の有効性に，手続面においては訴えの適法性に直結する問題であり，その判断を誤った場合には極めて重大な不利益が生じる可能性がある。したがって，破産手続及び破産関係訴訟のあらゆる場面において，常に確認を怠らないよう留意する必要がある。

〔阿　保　賢　祐〕

参照判例

【判例①】
　最一小判平13・7・19金法1628号47頁は，破産者が破産宣告（破産手続開始決定）後に行った不法行為を原因とする損害賠償請求訴訟は，破産財団に関する訴えには当たらず，これについて破産管財人を被告とした訴えは不適法であるとした。

【判例②】
　大阪高判平2・11・27判タ752号216頁は，破産宣告（破産手続開始決定）前に生じた保険事故による傷害保険金請求権は破産財団に帰属するものであり，破産者自身が原告となってその支払を求める訴えは不適法であるとした。

【判例③】
　最一小判昭43・6・13判タ224号139頁は，破産財団に属する建物が他人所有土地上に存在する場合のこれを原因とする損害金請求債権のうち，破産宣告（破産手続開始決定）前の占有に基づくものについては，破産債権として破産債権届出の方法により行使されるべきものであり，その後の占有に基づくものについては，財団債権に当たるものとして，破産管財人を被告とする訴訟により請求されるべきものであるとした。

【判例④】
　最一小判昭58・10・6判タ513号148頁は，名誉侵害を理由とする慰謝料請求権は，具体的な金額の慰謝料請求権が当事者間において客観的に確定するまでは行使上の一身専属性が認められるから，その支払を請求する訴訟については破産者自身が当事者適格を有しており，上記一身専属性が失われる以前に破産終結の決定がされた場合は，慰謝料請求権が破産財団に帰属する余地はないとした。

【判例⑤】
　最二小判平5・6・25判タ855号176頁は，破産手続終結後における，破産者を権利者とする根抵当権設定登記等の抹消登記手続請求訴訟について，同登記に係る被担保債権が破産財団を構成し得るものであったとしても，破産管財人がこれを追加配当の対象とすることを予定し，又は予定すべき特段の事情があったとはうかがわれないことからすれば，その管理処

分権限は消滅しており，破産者自身を被告とすべきものであったとして，破産管財人を被告とする訴えを却下した。

6 管財人の職務執行

I 管財人の職務執行について学ぶのはどうしてか

　破産管財人は，債権者その他の利害関係人の利害及び債務者と債権者との間の権利関係を適切に調整し，もって債務者の財産等の適正かつ公平な清算を図るとともに，債務者について経済生活の再生の機会の確保を図るとの破産手続の目的（破1条）を達成するために，その職務執行について強力な権限が与えられている一方，その職務を行うについての注意義務を怠った場合には個人として損害賠償義務を負うなど，重大な責任を負っている。したがって，破産管財人として職務を執行するに当たっては，あるべき管財業務の内容について十分に理解しておくことが必要であるし，万一，破産管財人の職務執行の懈怠等を主張して損害賠償等を請求する側の立場に立った場合であっても，その重要性に変わるところはない。

II 管財人の職務執行について問題となるのはどのような点か

1．裁判所による監督

　破産管財人は裁判所の監督を受けるところ（破75条1項），上記監督が適切に行われるようにするため，裁判所に対して所定の事項を報告すべき義務を負う（破157条）。その結果，破産財団に属する財産の管理及び処分を適切に行っていないとき，その他重要な事由があるとき（報告義務自体の懈怠も，これに当たることがあるものと解される）には，利害関係人の申立てにより，又は職権で，解任されることがある（破75条2項）。

2．善管注意義務違反

(a) 破産管財人は，善良な管理者の注意をもってその職務を行わなければならない（破85条1項。なお，破96条1項により，保全管理人についても準用される）。上記注意義務は，破産管財人としての地位，知識等において一般的に要求される平均人の注意義務を指すものと解されるが，破産管財人に選任されるのはほぼ弁護士に限られている実務の状況に照らせば，相当高度の専門的知識及び経験が求められているものと考えるべきであろう（【判例①】における才口裁判官の補足意見参照）。

(b) そして，破産管財人の業務が広範囲に及ぶものであることに対応して，注意義務違反が問題となる場面も多数存在する。そのすべてを網羅することは困難であるが，破産手続の段階に即していえば，財団の管理，換価段階においては，管理の遅滞や消滅時効等により本来破産財団に属するべき財産の確保ができなくなった場合や，税務申告の懈怠や合理性のない訴訟の提起等により破産財団の減少を招いた場合などが，債権調査及び配当段階においては，債権調査の懈怠により明らかに誤った認否をしたり，配当表の作成作業において過誤を生じた場合などが，その他の場面においては，破産財団に余裕があるにもかかわらず財団債権の弁済を正当な理由なく拒絶した場合等が考えられる。

3．損害賠償義務

破産管財人が上記の注意義務を怠った場合（複数の破産管財人が選任されている場合は連帯して），これにより損害を受けた利害関係人（破産者，破産債権者，財団債権者，別除権者等）に対し，損害賠償義務を負う（破85条2項）。上記損害賠償請求権は，破産法148条1項4号の財団債権に当たるので，訴訟においては，破産管財人個人に対する損害賠償請求と，破産財団に対する損害賠償請求がともに主張される可能性がある。

Ⅲ 管財人の職務執行について実務は どう取り扱っているか

1．実務の概況

　破産管財人が職務を執行するに当たり，その方針等につき疑問が生じた場合，裁判所との間で進行協議（破規26条1項）を行うなどの方法により，可能な限り事前に解決する方策がとられている。そのような運用もあって，実務上，利害関係人から破産管財人の職務執行についての注意義務違反が指摘される事案は多くはない。また，そのような指摘があった場合であっても，債権者集会等の機会に適切な説明を行うことにより解消されることも多いため，これが破産管財人個人に対する損害賠償請求訴訟にまで至る事案はさらに限定される（ただし，これは一般的な破産事件における利害関係人の破産手続への関心が必ずしも高いとはいえないことの結果という側面があることも否定できない）。

　以下に紹介するのは，その中でも訴訟に至るまで争われることとなった事例である。

2．租税関係事案

　(a)　破産管財人の義務の範囲が問題となる事案の典型としては，租税関係の事案が挙げられる。法人税及び消費税等について，破産管財人が申告義務を負っているにもかかわらずこれを怠り，その結果無申告加算税の賦課を受けたり，あるいは，申告すれば受けることが可能であった還付が受けられなくなるなどした場合には，破産財団の減少を招いたものとして，善管注意義務違反に問われる可能性がある。→【判例②】参照

　なお，破産管財人が税法上当然に申告義務を負っているか否かの問題と，無申告加算税の賦課等による財団減少を回避するために申告を行わなかったことが善管注意義務違反に当たるか否かの問題とは，区別されるべきものと考えられる。後者の見地からは，例えば，本来的には従前の代表者が申告義務を負うものと考えられる解散事業年度の法人税についても，破産管財人が

(b) その他，近時問題になったところでは，破産管財人が自らに支払う報酬についての源泉徴収義務の有無などがあるが，この点については，これを肯定する最高裁判例により決着がついている。→【判例③】参照

3．義務の衝突が生じる場面

破産手続には多数の利害関係人が関与しており，破産管財人はこれらの者の利害を調整すべきものであるが，各利害関係人に対して負っている義務が衝突する場面，すなわち，破産管財人が一定の行為を行うことにより，ある利害関係人に対する義務が果たされるが，他の利害関係人には不利益が生じてしまうような場面が生じることは避けられない。→【判例①】参照

そのような場合に，いずれの義務を優先すべきであるのかについては，一義的な基準が見出せるものではなく，各利害関係人の権利関係の内容や性質に留意し，裁判所とも十分に協議した上で，慎重に対応すべきであるといえよう。

なお，上記参照判例①は，破産管財人が裁判所の許可を得ていたことを善管注意義務違反を否定する根拠の1つとしている一方，裁判所の許可があったことにより当然に破産管財人が善管注意義務違反の責任を免れるわけではないことを前提としている点に留意する必要がある。

Ⅳ 管財人の職務執行について注意しておくのはどのような点か

参照判例の事案からも分かるように，破産管財人の職務執行には，租税関係その他の特別法に関する知識や，これを踏まえた各利害関係人の権利関係に対する細やかな目配りが必要であり，その責任は重大なものである。一方で，管財業務には迅速性も求められるところであり，これらの要請を両立させるためには，上記の専門的知識に加え，最新の裁判例等についても十分に把握しておく必要がある。

他方，破産管財人の職務執行についての注意義務違反を主張する立場に立

った場合にも，破産管財人の業務が時には相容れない複数の利害を調整せざるを得ないものであることを踏まえて，そのような視点から主張の当否を吟味する姿勢が必要であろう。

〔阿　保　賢　祐〕

参照判例

【判例①】
　最一小判平18・12・21判タ1235号148頁は，破産管財人が，破産者の締結していた建物賃貸借契約を合意解除するに際し，賃貸人との間で，破産宣告（破産手続開始決定）後の未払賃料等に破産者が差し入れていた敷金を充当する旨の合意をし，質権の設定された敷金返還請求権の発生を阻害したことは，当時の破産財団が上記賃料等を支払うに十分なものであり，これを現実に支払うことに支障がなかったなどの事情の下では，質権設定者の質権者に対する目的債権の担保価値を維持すべき義務に違反したものといえるが，その義務違反の有無が，破産債権者のために破産財団の減少を防ぐという破産管財人の職務上の義務との関係をどのように解するかによって結論が異なり得るものであり，この点についての学説や判例も乏しかったこと，破産管財人が上記合意をするにつき裁判所の許可を得ていたことなどの事情の下では，善管注意義務違反の責任を負うとは認められないとした。

【判例②】
　名古屋高金沢支判平20・6・16判タ1303号141頁は，破産法人である株式会社に対して行われた，同社が破産手続開始決定後の課税期間中に国内で行った課税資産の譲渡等に係る消費税等の決定処分及び無申告加算税の賦課決定処分について，破産財団は破産法人の基準期間における課税売上高を引き継がない別の法的主体と解することはできず，破産法人が消費税法上の事業者として納税義務を負うと解するのが相当であるとして，上記各処分を適法とした。

【判例③】
　最二小判平23・1・14判タ1343号96頁は，弁護士である破産管財人は，所得税法204条1項2号の規定に基づき，自らの報酬の支払の際にその報酬について所得税を徴収し，これを国に納付する義務を負う，この源泉所得税の債権は，旧破産法（平成16年法律第75号による改正前のもの）47条2号ただし書の財団債権に当たる，とした。

第3章

否認権関係

7 ●否認権の意義
8 ●否認の請求
9 ●否認の訴え
10●否認の抗弁
11●否認の効果

7 否認権の意義

I 否認権について学ぶのはどうしてか

　否認権とは，倒産手続開始前に行われた破産者の行為又はこれと同視される第三者の行為が一定の有害性を有する場合に，その効力を覆滅する形成権である。

　債務者は，倒産手続開始前には財産の管理処分権を有するので，どのような財産処分をしても差し支えなく，これに対して債権者は何らの介入もすることができないのが原則であるが，債務者の行為の結果，総財産が著しく減少したり，特定の債権者に殊更に有利となったりするようでは，債権者の利益を大きく害することとなって相当ではない。

　そもそも倒産手続は，破産法のような清算型と民事再生法や会社更生法のような再生型の手続に大きく分けることができるが，前者においては，倒産状態に陥った債務者の財産を換価し，各債権者に法律上の順序に従って公平かつ平等に分配することとなるので，その妨げになるような不当な財産処分等の効力を否定する必要がある。また，後者においては，倒産状態に陥った債務者の財産を，収益の基礎として維持し，経済活動を継続して収益を上げられるようにすることとなるので，やはりその妨げになるような不当な財産処分等の効力を否定する必要がある。

　このように，否認権は，清算型の手続においても，再生型の手続においても，一定の有害な行為により流出した債務者の財産を適切に回復するために必要な権能であり，倒産手続のうちで重要な地位を占めている。したがって，倒産手続を理解するためには否認権を理解することが必須であり，そのような意味で否認権について学ぶ必要があるといえる。

　以上に述べたことは，清算型の典型である破産手続にも，再生型に位置付

けられる民事再生手続や会社更生手続についても妥当するものであるが，以下の論述は，説明の便宜上，倒産手続を代表するものとして破産手続を念頭に論じ，民事再生手続や会社更生手続については，これと異なる点を付加的に述べる方法で構成することとする。

Ⅱ 否認権について問題となるのはどのような点か

1．有害性

前記のとおり，否認権は，倒産手続開始前に行われた破産者の行為又はこれと同視される第三者の行為が一定の有害性を有する場合にその効力を否定する形成権であるが，ここにいう有害性とは，債務者の責任財産を減少させる財産減少性（詐害性）と一部の債権者にのみ弁済等を行って債権者間の平等を害するという偏頗性とに分けられる。

2．正当性ないし不当性

また，これらの行為が有害なものであったとしても，例えば生活費獲得や事業継続のために不可欠であるなど，その内容や目的等から不当であるとはいえない場合には，否認権は否定されるので，その意味で不当性が欠けることが否認権の消極要件であるといえる。

3．破産者の行為

そのほか，否認権の対象が破産者の行為に限られるか否かも問題となる。旧法下での判例の中には，破産債権者がした相殺権の行使について，破産者の行為が含まれないから否認権の対象とはなり得ないとしたもの（→【判例①】参照），対抗要件否認について，破産者のした債権譲渡について当該債務の債務者が承諾をしたことが否認の対象とはならないとしたもの（→【判例②】参照）があるほか，公務員共済組合が組合員たる公務員に貸付けをした場合に給与支払機関が共済組合にした払込みが危機否認の対象となるとしたもの（→【判例③】参照）があり，統一的な判断がされているとはいい難

い状態にあった。学説では，破産者の行為がある場合に限られるとする見解，破産者の行為の有無を問わないという見解，旧破産法上の故意否認においては破産者の詐害意思を必要とすることとの関係で破産者の行為を必要とするが，危機否認では危機時期における有害な結果の除去に重点があるため破産者の行為を必要としないとする見解が提唱されており，最後の折衷説が比較的有力な地位を占めていた。

現行破産法に改正がされるに当たっても，この点についての立法的解決はされていないので，依然として解釈に委ねられている。文理上，破産者の行為をおよそ不要とするのは困難といえようが，判例でも一部認められているように，第三者の行為が債務消滅などの効果の点で破産者の行為と同視されるものであれば，否認を認めるという解釈が有力といえよう。

III 否認権について実務はどう取り扱っているか

1．総　説

否認権の一般的要件については上述のとおりであるが，さらに否認権の要件について，具体的に検討していきたい。

2．詐害行為否認

(1) 時期を問わず詐害行為を対象とする否認

いわゆる詐害行為否認のうち，時期を問わず詐害行為を対象とする否認を取り上げる。

まず，債務者が無資力の状態にあるのに責任財産を減少させる行為（詐害行為）をしたこと，債務者がそのことについて詐害意思（認識）を有していることが要件となるが，受益者が詐害行為であることについて善意であった場合には，否認権を行使することができない（破160条1項1号，民再127条1項1号，会更86条1項1号）。

(2) 支払停止等の後の詐害行為を対象とする否認

詐害行為が支払停止又は倒産手続開始申立て後にされた場合，債務者の詐害意思は要件とされていない。他方，受益者が否認権の行使を免れるための主観的要件は，詐害行為であることについて善意であることに加え，支払停止等についても善意であることが必要となる（破160条1項2号，民再127条1項2号，会更86条1項2号）。

(3) **過大な代物弁済**

過大な代物弁済については，上述の各要件を満たす場合には債務の額を超える部分について否認することができるものとされている（破160条2項，民再127条2項，会更86条2項）。

(4) **相当価格での財産処分行為の否認**

財産処分行為が相当価格で行われたときは，責任財産の減少はないともいい得るが，そのために費消や隠匿が容易になるので，やはり責任財産維持の観点から容認できないこともある。したがって，財産処分によって消費や隠匿のおそれが現に生ずる場合で，債務者が隠匿等の処分をする意思を有し，相手方がこれを知っていたときは，否認権を行使することができることとされた（破161条1項，民再127条の2第1項，会更86条の2第1項）。

3．偏頗行為否認

偏頗行為否認は，支払不能等の時期における弁済等が債権者平等を害するために有害であるとされるものについて，一定の要件の下で効力を否定する制度である。具体的には，債務者が支払不能等になった後に，既存の債務についてされた担保の提供又は債務の消滅についての行為であって，受益者が支払不能等について悪意であることが要件となる（破162条，民再127条の3，会更86条の3）。

4．無償行為否認

贈与のような無償行為及びこれと同視し得る有償行為は，支払停止等の後又はその前6か月以内にした場合に否認の対象となる（破160条3項，民再127

条3項，会更86条3項）。行為の有害性が強いこと，受益者を保護する必要性が低いことから，このような広範な要件の下で否認権を行使され得るとされる。

Ⅳ 否認権について注意しておくのはどのような点か

　否認権は，支払不能等に陥った債務者について債権者平等等を害する有害かつ不当な行為についての効果を一定の要件の下で否定するものであるが，前述のとおり，類型ごとに詳細な要件が定められているのであるから，上述の視点を持ちつつ，適切に解釈を進めていかなければならない。

〔森　鍵　一〕

参照判例

【判例①】
　　最二小判昭41・4・8民集20巻4号529頁は，破産債権者がした相殺権の行使自体は，破産者の行為を含むものではないから，旧破産法72条各号（破160条・162条等）の否認の対象とはなり得ないとする。

【判例②】
　　最三小判昭40・3・9民集19巻2号352頁は，破産者が第三者に対してした債権譲渡について，当該債務者がこれを承諾したことによって当該債権譲渡について第三者対抗要件が具備された場合，当該債務者による承諾は，破産者の行為又はこれと同視すべきものに該当しないから，旧破産法72条（破160条・162条等）の特則たる同法74条の否認の対象とはなり得ないとする。

【判例③】
　　最一小判平2・7・19民集44巻5号837頁は，地方公務員共済組合が組合員たる地方公務員（県立高校教諭）に貸付けをしていたが，当該地方公務員が自己破産の申立てをするとともに退職をしたので，給与支給機関が

> 給与（退職手当を含む）から貸付額を控除してこれを組合員に代わって組合に払い込んだ行為は，関係法令に照らせば組合に対する組合員の債務の弁済を代行するものにほかならず，旧破産法72条2号（破162条1項）の否認の対象となるとする。

【参考文献】（否認権を通じて）
　○伊藤眞『破産法・民事再生法（第2版）』385頁以下（有斐閣，2009）
　○山本克己編著『破産法・民事再生法概論』234頁以下（商事法務，2012）
　○東京地裁破産再生実務研究会編著『破産・民事再生の実務（第3版）破産編』268頁以下（きんざい，2014），同『破産・民事再生の実務（第3版）民事再生・個人再生編』242頁以下（きんざい，2014）
　○伊藤眞ほか『条解破産法』1010頁以下（弘文堂，2010）
　○伊藤眞『会社更生法』371頁以下（有斐閣，2012）

8 否認の請求

I 否認の請求について学ぶのはどうしてか

　倒産手続においては，否認権は，管財人が訴え，否認の請求又は抗弁によって行使すると規定している（破173条1項，民再135条1項，会更95条1項）。したがって，否認権を行使する主体は管財人に限られるが，他方，否認権の行使は，訴えによる方法，否認の請求による方法，抗弁による方法の3つがある（ただし，行使主体については後述）。

　したがって，否認権を行使するに当たっては，訴えによる方法，否認の請求による方法，さらには抗弁による方法の特質を考慮しながら，適切な方法を選択することが必要となる。

　このように，否認権を行使するに当たって，各種の方法の特質を考慮しながら適切な方法を選択することが必要となることは，民事再生手続，会社更生手続においても同様である。

II 否認の請求について問題となるのはどのような点か

　破産手続，民事再生手続，会社更生手続において，否認権の行使の主体が異なるのでこの点について概観する。

　破産手続における否認の請求は，否認権の迅速な行使を可能とするため，否認権者たる破産管財人の申立てにより，決定手続における否認原因事実の疎明に基づいて裁判をする制度である（破174条1項）。したがって，その行使主体は破産管財人に限られる。

　他方，民事再生手続における否認の請求は，否認権限を有する監督委員又は管財人によって行使される（民再135条1項）。すなわち，再生債務者は，原

則として再生債務者の財産に対して管理処分権を保持したままであるから，再生債務者が否認権を行使するという法的構成を採用することも不可能ではなかったといえるが，そのような法的構成を採用することが適当とはいい難い。そこで，再生債務者の財産管理が失当であるときその他再生債務者の事業再生のために特に必要があると裁判所が認めるときは，利害関係人の申立てにより又は職権で，再生手続開始決定と同時に又はその後，法人である再生債務者の業務及び財産に関して，管財人による管理を命ずることができ（民再64条1項），その場合，再生債務者の財産管理処分権は管財人に専属し（民再66条），否認権は管財人が行使することとなる（民再135条1項）。

そのほか，裁判所は，必要があると認めるときは，利害関係人の申立てにより又は職権で，監督委員による監督を命ずる処分（監督命令）をすることができる（民再54条1項）。再生債務者は，監督委員から業務の遂行及び財産の管理を監督され，裁判所が指定する行為については，監督委員の同意を得ることが必要となるが，管理処分権が依然として再生債務者に存する点で管財人の場合と異なる。裁判所は，監督委員に対して特定の行為について否認権を行使する権限を付与することができ（民再56条1項），その場合，監督委員が否認権を行使することとなる（民再135条1項）。

会社更生手続においては，管財人が更生手続開始決定と同時に裁判所によって選任され（会更42条1項・67条1項），更生会社の事業経営権及び財産の管理処分権が管財人に専属することとなる（会更72条1項）。したがって，否認権は，財産の管理処分権を有する管財人によって行使されることとなる（会更95条1項）。

このように，否認権は，破産手続，民事再生手続，会社更生手続のそれぞれの違い，すなわち財産の管理処分権の所在の違いに応じて，行使の主体が異なるので，この点に留意する必要がある。なお，説明の便宜上，原則として破産手続における否認の請求を中心として概説し，民事再生手続や会社更生手続については必要な限度で言及をするにとどめることとする。

III 否認の請求について実務はどう取り扱っているか

1．否認の請求の手続

　上述のとおり，否認権の行使は，訴えによる方法，否認の請求による方法，抗弁による方法が存在する。特に訴えによる方法との対比において，否認の請求の手続について，実務の取扱いを踏まえて検討しておく。

　否認の請求とは，否認の訴えに比して，簡易迅速な行使を可能とするものとして創設された制度である。否認の訴えという方法では，通常の判決手続を経て判決が確定して帰趨が決するまで相当期間を要する場合があることは否定することができず，そのため，破産管財人が否認権行使をためらい適正な財産回復が困難となったり，他方，積極的には争っていない相手方においても判決手続の負担を強いたりすることにもつながりかねない。そこで，否認の訴えという制度とは別に，否認の請求という制度が創設された。

　否認の請求は，破産裁判所，再生裁判所，更生裁判所が管轄するので，当該裁判所に対して行わなければならない（破173条2項，民再135条2項，会更95条2項）。ただし，ここにいう破産裁判所等とは当該倒産事件が係属している地方裁判所をいうのであって，当該裁判体を指すものではないから，当該裁判所の内部で，どのように事件が分配されるかは，裁判所内部の事務分配規程によって定められる。例えば東京地裁では，否認の訴えは通常事件として取り扱われ，通常部に分配されることとなるが，破産及び民事再生手続における否認の請求については破産再生部で審理されることとなる。

　否認の請求に当たっては，破産管財人等は，その原因となる事実を疎明しなければならない（破174条1項，民再136条1項，会更96条1項）。否認の訴えにおいては原因となる事実（要件事実）について証明を求められるのと異なり，証明度が若干軽減されている。

　他方，否認の相手方となる受益者や転得者に対する手続保障の観点から，審尋をしなければならないものとされている（必要的審尋。破174条3項，民再136条3項，会更96条3項）。否認の請求は決定手続をもってされるのであるか

ら，本来的には相手方の審尋は任意的であるにすぎないが（民訴87条2項），受益者ないし転得者に対する影響の大きさに鑑み，審尋を経ることが必要的とされた。

　否認の請求に対しては，理由を付した上で，決定という形式で裁判がされる（破174条2項，民再136条2項，会更96条2項）。

　否認の請求を認容する決定は，その裁判書を当事者に送達しなければならない（破174条4項，民再136条4項，会更96条4項）。他方，否認の請求を棄却する決定は相当の方法で告知すれば足りる（民訴119条）。このような差異が設けられているのは，否認の請求を認容する決定に対しては不服申立てとして異議の訴えを提起することができるのに対し，否認の請求を棄却する決定に対しては不服申立てをすることができないとされているからである。

2．異議の訴えの手続

　否認の請求を認容する決定に不服がある者は，その裁判書の送達を受けた日から1か月の不変期間内に異議の訴えを提起することができる（破175条1項，民再137条1項，会更97条1項）。その管轄は破産裁判所等が有するので，破産裁判所等に対して提起しなければならない（破175条2項，民再137条2項，会更97条2項）。

　破産裁判所等は，異議の訴えについて審理をし，訴えを不適法として却下する場合を除き，否認の請求に対する決定につき認可し，変更し，又は取り消す旨の判決をする（破175条3項，民再137条3項，会更97条3項）。ここにいう認可は，否認の請求に対する決定が正当である場合にされるものであり，異議に理由がないとして請求を棄却する実質を有するが，決定の効力を明らかにする必要があるなどの理由により，認可という積極的な判断をする方法が採用された。

　比較的最近，否認の請求を認容する決定を不服として提起された異議の訴えに対する判断をした裁判例として，会社分割が否認の請求の対象となり得るとしたもの（→【判例①】参照），破産者と消費者金融業者との間の過払金についての和解契約を否認する請求を認めたもの（→【判例②】参照）などがある。

3. 否認の請求に対する認容決定ないし異議の訴えに対する認可判決の効力

否認請求に対する認容決定が相当であるとして、異議の訴えに対する認可判決がされ、これが確定したときは、否認請求に対する認容決定は確定判決と同一の効力を有する（破175条4項前段、民再137条4項前段、会更97条4項前段）。否認請求に対する認容決定につき、裁判書送達日から1か月の不変期間内に異議の訴えが提起されなかった場合も同様である（破175条4項後段、民再137条4項後段、会更97条4項後段）。

Ⅳ 否認の請求について注意しておくのはどのような点か

上述のとおり、否認の請求は、否認の訴えに比して、簡易迅速な行使を可能とするものとして創設された制度であるから、その手続選択を正しく行う必要がある。否認の請求は、審尋手続で行われ、原因となる事実は証明ではなく疎明で足りるという点で簡易ではあるが、他方で証拠方法が即時に取り調べられるものに限定されるから（民訴188条）、即時に取り調べられる証拠方法（原則として書証）によって十分に疎明がされる見込みがある事案であるか否かを見極めた上で否認の請求をすべきである。また、否認請求が認容されても確定まで裁判書の送達から1か月を要するため、相手方が不服申立てをする見込みがどの程度存在するのかも見極めておく必要がある。

これらの点についての見極めが十分ではない場合には、結局、簡易迅速な否認権行使を可能とする否認請求の利点を生かせないこととなるので、十分な注意が必要である。

〔森 鍵 一〕

参照判例

【判例①】
　福岡地判平21・11・27金法1911号84頁は，倒産直前の会社（間もなく破産）が，全資産（約1億3000万円）及び債務の一部を新設会社に承継させた上で当該債務については重畳的債務引受けをするという内容の新設分割をしたことについて，破産会社の破産管財人が新設会社を相手方として当該新設分割の否認の請求（破160条1項1号，約1億3000万円の償還請求）をしたところ，これを認容した原決定は相当であって異議の訴えには理由がないとして，原決定を認可した。

【判例②】
　神戸地伊丹支判平22・12・15判時2107号129頁は，消費者が消費者金融業者との継続的金銭消費貸借取引により過払金返還請求権及び法定利息返還請求権合計約48万円を取得していたのに，当時の消費者代理人弁護士が消費者金融業者から5万円の返還を受けてその余の請求権を放棄する内容の和解契約を締結したことについて，当該消費者の破産管財人が消費者金融会社を相手方として当該和解契約の否認の請求（破160条1項2号，差額約43万円の支払請求）をしたところ，これを認容した原決定は相当であって異議の訴えには理由がないとして原決定を認可した。

9 否認の訴え

I 否認の訴えについて学ぶのはどうしてか

　前述のとおり，倒産手続においては，否認権は，管財人が訴え，否認の請求又は抗弁によって行使すると規定しているから，否認権を行使する主体は破産管財人に限られるが，他方，否認権の行使は，訴えによる方法，否認の請求による方法，抗弁による方法の3つがある。したがって，否認権を行使するに当たっては，訴えによる方法，否認の請求による方法，さらには抗弁による方法の特質を考慮しながら，適切な方法を選択することが必要となるが，このうち最も用いられるのは訴えの方法による否認権の行使であるから，否認の訴えについて学ぶことは否認制度を理解する上で重要であるといえる。

　このことは，民事再生手続，会社更生手続においても同様であるが，まずは倒産手続を中心として否認の訴えについて概観し，必要に応じて民事再生手続，会社更生手続について言及することとする。

II 否認の訴えについて問題となるのはどのような点か

　否認の訴えの性質については，形成訴訟説と給付・確認訴訟説との対立がある。

　形成訴訟説は，判決主文において否認の宣言をすべきであるとし，給付・確認訴訟説は，判決主文においては否認の宣言は不要であり，否認に基づいて生ずる相手方の義務のみを掲げれば足りるとする。

　古くは形成訴訟説も提唱されていたが，現在の通説，実務は給付・確認訴訟説を採用しているとされる。形成訴訟説によれば，主文においては否認の

宣言がされるだけで、これを前提として財産の取戻しをするには別途、給付請求訴訟が必要となりかねず、妥当とはいい難いこと、条文上も抗弁による行使が可能であることが前提とされているが、これは形成訴訟説では説明が困難であることなどが根拠とされている。

否認の訴えについて、給付・確認訴訟説を採用した場合、否認訴訟の訴訟物は否認権そのものではなく、否認の結果生ずる実体的な権利関係であり、否認の要件の存在や、否認の意思表示がされたことなどは、訴訟物たる権利関係を基礎づける攻撃防御方法として位置付けられることとなる。

この点について、否認の訴えにおいて、給付・確認訴訟説を前提として、給付（金銭の支払、債権譲渡通知）及び確認（売掛債権の帰属、弁済供託に係る還付請求権の帰属）の形式で請求がされ、実際に認容された判例（→【判例①】参照）がある。

III 否認の訴えについて実務はどう取り扱っているか

1. 否認の訴えの手続

否認の訴えは、破産裁判所、再生裁判所、更生裁判所が専属的に管轄権を有する（破173条2項、民再135条2項、会更95条2項）。ここにいう破産裁判所等とは、当該倒産手続を担当している裁判体をいうのではなく、当該倒産事件が係属している地方裁判所をいう。項目**8**「否認の請求」IIIのとおり、東京地裁では、否認の訴えは通常事件として取り扱われ、通常部に分配されている。

破産管財人等は、否認の訴えを提起するに当たって裁判所の許可を得なければならない（破78条2項10号）。否認訴訟の成否は破産手続の進行に大きな影響を及ぼすこととなるからである。

破産管財人は、被告として、受益者若しくは転得者の一方又はその双方を選択することができる。すなわち、転得者が発生していない事案では、当然ながら受益者を被告として逸出財産の現物返還又は価額償還を求めることとなるが、転得者が発生している場合、受益者を被告として価額賠償を求める

か，転得者を被告として現物返還を求めるか，数々の方法が考えられるが，これらは破産管財人の選択に委ねられる。

　破産管財人は，訴訟中に訴えの取下げ，訴訟上の和解，請求の放棄をすることができるが，いずれにせよ破産裁判所の許可が必要である（破78条2項11号・12号）。

2．破産手続開始決定前に債権者代位訴訟又は詐害行為取消請求訴訟が係属していた場合

　ここで，民法上定められている債権の保全制度を利用する訴訟手続が係属中に，当該債務者について破産手続開始決定がされた場合の訴訟手続の帰趨について検討しておきたい。

(1)　債権者代位訴訟が係属していた場合

　まず，債権者代位権（民423条）は，債務者が無資力であるなどの一定の場合に，債権者が債務者の第三債務者に対する債権を行使することを認める権利である。もともと債務者に資力が乏しいのであるから，債権者が債権者代位訴訟を提起し，これが係属中に債務者に対して破産手続開始決定がされることもある。

　この場合，債務者（破産者）は訴訟当事者ではないが，債権者代位訴訟は中断し，破産管財人又は相手方の受継申立てに基づいて破産管財人が債権者を受継する（破45条1項・2項。会社更生につき同じ。会更52条の2第1項・2項）。なお，民事再生手続の場合，再生債務者等（管財人が選任されているときは管財人，選任されていないときは再生債務者。民再2条2号）が受継する（民再40条の2）。

　このように，債権者から管理処分権を剥奪し，破産管財人にこれを取得させる根拠としては，諸説が唱えられているが，このまま債権者に訴訟追行をさせて第三債務者から直接回収すること（いわば簡易な執行）を許すのでは，破産財団に対する強制執行を失効させる定め（破42条2項）の趣旨に反するし，債権者がそのような回収をした後に債務者が無資力になってしまったのでは破産財団が棄損されることとなって相当ではないことを根拠とする見解が有力である。

(2) 詐害行為取消請求訴訟が係属していた場合

　次に，詐害行為取消権（民424条）は，経済的危機に陥った債務者がした財産の処分が債権者を害する一定の場合に，その行為の取消し及び逸出財産の回復を認める権利であり，その意味では否認権と共通の目的を有する制度といえる。詐害行為取消権は詐害行為の取消しを求める形成訴訟と逸出財産の回復を求める給付訴訟とが一体化したものと位置付けるのが判例と理解されており，そのため，必ず債権者により訴訟上行使されることとなる。そして，その場合の被告は，受益者若しくは転得者の一方又はその双方であるところ，その訴訟係属中に，債務者の経済的危機がますます深刻さを増し，その結果，債務者に対して破産手続開始決定がされることも稀ではない。

　この場合，債務者（破産者）は訴訟当事者ではないが，詐害行為取消訴訟は中断し，破産管財人又は相手方の受継申立てに基づいて破産管財人が取消債権者を受継する（破45条1項・2項。会社更生につき同じ。会更52条の2第1項・2項）。なお，民事再生手続の場合，管財人又は否認権限を付与された監督委員が受継する（民再140条）。

　その趣旨は，詐害行為取消権と否認権が類似の目的と性格を有する制度であるから，破産手続開始決定後は，いわば詐害行為取消訴訟は否認訴訟に変質し，否認権を行使する権限を有する破産管財人がこれを受継すべきであるという点にあると解される。

Ⅳ　否認の訴えについて注意しておくのはどのような点か

　否認の請求に関して述べたところと一部重なるが，否認の請求と否認の訴えとは，否認権という破産法上の権利ないし権限について，複数の行使方法を認めたものであるから，それぞれの特徴を踏まえた上で，適切に選択をしなければならない。すなわち，否認の訴えは，否認の請求に比して，疎明ではなく証明が必要である代わりに証拠方法の制限がないのであるから，相手方が否認権の行使について争うことが見込まれる場合で，かつ，書証だけではすべての要件を立証するのが困難で証人尋問等を実施することが避けられない場合に適した行使方法である。

したがって，これらの点を見極めて，適切に手続の選択をしなければならない。

〔森　鍵　一〕

参照判例

【判例①】
　最二小判平16・7・16民集58巻5号1744頁は，鋼材販売会社が，債権者に対し，現在又は将来取得する売掛債権等を目的とし，当該会社の支払停止や手形不渡り等を効力発生時期として包括的な債権譲渡契約を締結したところ，その約1年後に当該会社の手形が不渡りとなったために個別に債権譲渡通知を行ったという事案についてのものである。当該会社の破産管財人は，債権譲渡契約及び債権譲渡通知を否認したとして，債権者を被告として譲渡債権の回収額について不当利得金返還請求，未回収の譲渡債権が破産管財人に帰属することの確認請求及びその旨の通知をすることを求める請求，譲渡債権について債権者不覚知による弁済供託に係る還付請求権が破産管財人に帰属することの確認請求をしたところ，原審はいずれも認容した。本判例は，当該債権譲渡契約の否認が認められることを理由に，原判決を是認した。

10 否認の抗弁

I 否認の抗弁について学ぶのはどうしてか

　前述のとおり，否認権は，訴えによる方法，否認の請求による方法，抗弁による方法の3つの方法により行使することができる。既に否認の請求による方法，訴えによる方法について概観したので，ここでは否認の抗弁について検討することとする。

II 否認の抗弁について問題となるのはどのような点か

　否認の抗弁が提出されるのはどのような場合かについて，なかなかイメージが湧きにくいと思われるので，具体的な事例を挙げながら，否認の抗弁が提出される典型的な場合を説明しておきたい。
　まず，否認の抗弁が提出されるのは，破産管財人が被告として訴えを提起されることが前提となる。例えば，不動産の売主について破産手続開始決定がされた場合で，当該不動産の買主が破産手続開始決定前に所有権移転登記を経由してはいたものの，未だ占有の移転を受けていないため，破産管財人に対して当該不動産の引渡しを求める訴えを提起したという事案が想定される。破産管財人としては，当該不動産の売買契約について特段の問題がないのであれば，当該訴えには是々非々で対応し，当該不動産の引渡しに応ずるという対応をとることも考えられるが，当該不動産の売買契約に否認権の行使の対象となるような問題がある場合，例えば当該不動産の客観的交換価値より著しく低額で売却されていたような場合は，破産管財人としてはいわゆる廉価売却として，主観的要件を含めた他の一定の要件の充足の下で当該売買契約の締結を否認すること（破160条1項1号）を考慮しなければならない。

そして，そのような考慮の結果，当該売買契約を否認すべきであるという判断に至ったのであれば，破産管財人は，当該不動産の引渡請求訴訟において，請求原因たる売買契約の締結に対して否認の抗弁を提出し，当該売買契約の効果を覆滅させる主張をすることとなる。

　他方，不動産売買の買主について破産手続開始決定がされた場合で，売主が買主に目的不動産を引渡済みであったが，売買代金の支払が未了であったようなときは，当該売主は，当該売買代金を破産債権として届け出ることとなる。当該売買契約について特段の問題がないのであれば，債権調査に是々非々に対応し，当該債権を認めるという対応をとることも考えられるが，当該不動産の売買契約に否認権の行使の対象となるような問題がある場合，例えば先ほどとは逆に当該不動産の客観的交換価値より著しく高額で購入されていたような場合は，破産管財人は詐害行為として，主観的要件を含めた他の一定の要件の充足の下で当該売買契約を否認すること（破160条1項1号）を考慮しなければならない。そして，そのような考慮の結果，当該売買契約を否認すべきであるという判断に至ったのであれば，破産管財人は，債権調査において否認権の行使を前提として当該届出債権（売買代金債権）について認めないという対応をとることとなる。

　届出債権が債権調査において破産管財人によって認められなかった場合，当該届出債権について破産債権としての確定を求める破産債権者は，破産手続開始決定当時に当該債権について訴訟が係属しているために当該訴訟の受継申立てをすることができる場合（破127条1項）を除き，破産管財人を相手方として，破産債権査定の申立てをすることとなる（破125条1項本文）。破産管財人は，破産債権査定の手続の中において，当該届出債権を破産債権として認めなかった理由を明らかにすることとなるが，その中で，当該売買契約には否認権の行使の対象となる事由がある旨を示す必要がある。

　破産債権査定の申立てに対し，否認権の行使を認めて当該破産債権が存在しない旨の査定決定がされた場合，これに不服がある届出債権者は，破産債権査定決定の送達を受けた日から1か月以内の不変期間内に破産債権査定異議の訴えを提起することとなる（破126条1項）。破産債権査定の申立てに対し，否認権の行使を認めず当該破産債権が存在する旨の査定決定がされた場

合，これに不服がある破産管財人は，前記と同様に破産債権査定異議の訴えを提起することとなる。そのいずれの場合においても，破産管財人は，売買契約の締結という請求原因に対する抗弁として否認権を行使することとなる。

　また，ここにいう抗弁は，請求原因に対する抗弁という狭い意味で捉えるのではなく，再抗弁をも含み，再抗弁段階で否認権を行使することも妨げられないものとされている。例えば，破産管財人が被告に対し所有権に基づき動産の引渡しを求める訴えを提起したところ，当該被告から破産手続開始決定前に売買契約が締結されたという所有権喪失の抗弁が提出され，これに対して破産管財人が再抗弁として否認権を行使することが考えられる。

　なお，民事再生手続の場合，管財人は訴え，抗弁，否認の請求の方法により否認権を行使することができるが，監督委員は，そもそも原則として再生債務者が被告適格を有する以上，自ら否認の抗弁を提出する余地がない。ただし，否認権を行使するために係属中の訴訟に参加することができる（民再138条）。

Ⅲ　否認の抗弁について実務はどう取り扱っているか

　上述のとおり，否認権は，訴えによる方法，否認の請求による方法，抗弁による方法の3つの方法により行使することができるとされているが，逆にそれ以外の方法による行使が許されないのかが実務上は問題となる。具体的には，破産管財人が実体法上の否認権を訴訟外で行使した上で，これを前提として裁判上又は裁判外で和解をすることができるかということが問題となる。

　ここで問題となるのは否認の登記である（破260条，民再13条，会更262条）。破産管財人は，不動産について登記の原因である行為が否認されたときや，登記そのものが否認されたときは，否認の登記を申請しなければならない。否認の登記がされることにより，当該不動産又は不動産上の権利は否認によって破産財団に復帰したことが公示されることとなる。受益者や転得者の登記が抹消されるわけではないが，受益者や転得者を登記義務者とする移転登

記手続等をすることはできないとされており，その意味では当該受益者や転得者の登記が抹消されたのとほぼ同じ状態が形成されることとなるとされている。

このような否認の登記は，否認の登記請求を認容する確定判決又は否認請求を認容する確定した決定によらないと，受け付けられないというのが登記実務であるから，否認登記の効力を享受するためには，否認の訴えを提起するか，否認の請求をするかして，これを認容する旨の判断を求めなければならない。したがって，確定判決又は決定によらない場合，例えば和解（訴訟上の和解又は訴訟外の和解のいずれであっても）を成立させた場合，そのような登記手続をすることができないから目的を達することができないものとされている。もっとも，訴訟上の和解をすることにより，その効力として財産の回復が受益者又は転得者により任意に履行されることがあり，その意味では訴訟外での否認権行使を前提とした和解の意義を全く否定するのは相当とはいえない。ただし，これはまさに和解の効力と理解すればよく，否認権を訴訟外で行使した結果と理解する必要はないと指摘されている。

Ⅳ 否認の抗弁について注意しておくのはどのような点か

否認権の行使については，訴えによる方法，否認の請求による方法，抗弁による方法があるが，各方法の利害得失をよく勘案した上で慎重に手続を選択すべきである。

〔森 鍵 一〕

11 否認の効果

I 否認の効果について学ぶのはどうしてか

前述のとおり，否認権とは，倒産手続開始前に行われた破産者の行為又はこれと同視される第三者の行為が一定の有害性を有する場合に，その効力を覆滅する形成権であって，逸出財産の取戻し等を求める権利であるから，否認権は破産財団を適切に形成する上で重要な権利である。その意味で，否認の効果を学ぶことは，否認制度，ひいては破産制度を深く理解することにつながる。

II 否認の効果について問題となるのはどのような点か

1．総　説

否認権の行使は，破産財団を原状に復させると定められている（破167条1項）。ただし，破産財団を原状に復させる効果を有するといっても，権利そのものが復するということを意味するにとどまる。すなわち，否認権はあくまで倒産手続との関係で必要な限度でのみ効果を生ずればよいのであって，当該倒産手続との関係で，かつ，相手方との関係でのみ生ずる。更にいえば，物理的な意味においても当然に原状回復がされるということまでを意味するものではなく，逸出財産についての占有を取り戻したり，所有権移転登記を抹消したりというような具体的な行為があって初めて現実の原状回復が図られる。他方，否認の相手方が受けた給付を返還し，又は価額を償還したときは，相手方の債権もこれによって原状に復することとなる（破169条）。消滅した債権を被担保債権として人的，物的担保が設定されていた場合，当

該被担保債権が原状に復したときは、当該担保も原状に復することとなる。
→【判例①】参照
　そこで、具体的な財産の類型等に応じて、否認の効果としての原状回復をどのように行うこととなるのかについて、概説しておきたい。

２．財産の類型ごとの原状回復

(1) 金銭給付

　否認の対象となる行為が金銭の給付である場合、具体的には債務の弁済が偏頗行為であるとして否認された場合（破162条1項）、受益者は弁済によって受領した金銭を破産管財人に返還し、破産財団を否認の対象行為がされる前の原状に復させる義務を負うこととなる。この場合、受益者等は法定利率（民事・年5パーセント、商事・年6パーセント）による遅延利息の支払義務を負うとされる。

(2) 物又は権利

　否認の対象となる行為によって物が逸出した場合、具体的には動産について廉価売買（破160条1項1号）がされて受益者に当該動産が引き渡された場合、破産管財人は受益者に対し当該動産を引き渡すことを求めることとなる。

　債権譲渡を否認する場合、その否認の効果は破産管財人と受益者（譲受人）との間で生ずるにすぎず、当然に第三債務者（当該譲渡の対象となった債権の債務者）に対して効力を生ずるものではない。そこで、受益者は、債権譲渡が否認された場合、その旨を第三債務者に通知することにより、否認によって当該債権が破産財団に復帰したことについての対抗要件を具備させる義務があるとされる。もっとも、受益者及び第三債務者の双方が、否認権が行使された訴訟の当事者となっていた場合には、改めて債権譲渡通知をする必要があるわけではないとされる。

(3) 登記又は登録制度のある財産

　不動産等の登記、登録制度が存在する財産の処分行為等について否認をし

た場合，破産管財人等は，その旨の確定判決又は否認請求の決定をもって，否認の登記又は登録を申請しなければならない（破260条1項・262条，民再13条1項・15条，会更262条1項・265条）。破産管財人等は，登記又は登録の具備そのものが否認の対象となった場合も，同様に否認の登記又は登録を申請しなければならない（破260条1項・262条，民再13条1項・15条，会更262条1項・265条）。

この否認登記は，否認による物権変動を公示する特殊な登記と位置付けられており，否認の結果，破産財団に復した当該不動産を破産管財人が第三者に任意売却する場合，否認登記，否認された行為を登記原因とする登記又は否認された登記（破産者から受益者への所有権移転登記等）のいずれもが職権で抹消される（破260条2項，民再13条2項，会更262条2項）。その結果，登記面上は，あたかも破産者が当該第三者に直接に任意売却をしたかのような記載が残り，否認された経過は反映されないこととなる。

他方，受益者に対して否認権を行使することができるが，転得者に対して否認権を行使することができない場合，具体的には，破産者から受益者への不動産売買は否認することができたが，受益者から抵当権の設定を受けた転得者に対して否認権を行使することができなかった場合，破産者から受益者への不動産売買を否認により抹消してしまうと，転得者の有する抵当権の設定の基礎が失われることとなってしまう。この場合は，否認登記の抹消は職権でされるものの，破産者から受益者への移転登記は抹消されず，受益者から破産者への移転登記がされた上で，破産者から当該任意売却の相手方である第三者に所有権移転登記がされることとなる（破260条3項，民再13条3項，会更262条3項）。

(4) 無償否認の場合の例外

否認権の行使を受けた受益者又は転得者は，上述のとおり原状回復義務を負わされているが（破167条1項，民再132条1項，会更91条1項），いわゆる無償行為（破160条3項，民再127条3項，会更86条3項）を否認された場合で，当該受益者が，否認の対象となる行為の当時，詐害の事実及び支払停止等について善意であったことを立証した場合，現に受けた利益のみを償還すれば足りるものとされている（破167条2項，民再132条2項，会更91条2項）。このような場

合にまで完全な原状回復義務を負わせるのは酷であると判断されるからである。

(5) 価額償還

否認の要件が充足されていても，目的物が滅失していたり，善意の転得者に取得されたりしたような場合には，もはや現物の返還を求めることができないため，破産管財人は，価額償還を請求することができると解されている。

Ⅲ 否認の効果について実務はどう取り扱っているか

1．総　説

上述のとおり，否認の効果についての問題点を検討したところであるが，ここでは，相手方の地位という観点から，否認の効果について概説しておくこととする。

2．詐害行為否認

動産の廉価売買のような詐害行為について否認権が行使された場合，破産管財人は受益者に対して当該動産の返還を請求することができ，受益者は原状回復義務としてこれに応じて当該動産を返還しなければならない。

しかしながら，たとえ廉価であるとはいえども，破産者は当該動産の売買において代金の支払（反対給付）を受けているのが通例であり，これを返還しなければ，破産財団は不当な利益を享受することとなる。そこで，相手方は，原則として，当該反対給付が破産財団に現存するときは取戻権としてその返還を，破産財団に現存しないときは反対給付の額につき財団債権として償還を，請求することができることとされた（破168条1項1号・2号，民再132条の2第1項1号・2号，会更91条の2第1項1号・2号）。

ただし，破産者が反対給付として得た財産につき隠匿等の意思を有し，かつ相手方がこれについて悪意であった場合，当該反対給付が破産財団に現存

する場合には財団債権として，現存しない場合には破産債権として，それぞれ償還を請求することができるとして，債権としての地位をいわば格下げしている（破168条2項1号・2号，民再132条の2第2項1号・2号，会更91条の2第2項1号・2号）。

3．偏頗行為否認

弁済その他の債務消滅に関する行為が偏頗行為として否認権の行使の対象とされた場合，相手方がこれにより破産者から受けた給付を返還し，又は価額を償還したときは，相手方の破産者に対する債権が復活することとなる（破169条，民再133条，会更92条）。相手方の破産者に対する債権が復活するということは，これに付されていた物的担保や人的担保も復活するという趣旨であると解されている。

Ⅳ 否認の効果について注意しておくのはどのような点か

否認の効果は，それぞれ否認の対象となった行為の類型により異なるので，混乱しないように十分に検討をしておくことが必要である。

〔森　鍵　一〕

参照判例

【判例①】
　最一小判昭48・11・22民集27巻10号1435頁は，破産者が債権者から金員を借り入れ，保証人がこれを連帯保証していた事案において，破産者が破産前にした貸金債務全額の弁済が破産管財人に否認され，債権者が破産管財人に弁済金を返還したときは，弁済によりいったん消滅した連帯保証債務が当然に復活するとした。

第4章

相殺権関係

12●相殺権の意義
13●相殺の要件
14-1●相殺の制限①相殺禁止
14-2●相殺の制限②受働債権に関する相殺禁止
14-3●相殺の制限③自働債権に関する相殺禁止
15●相殺の効果

12 相殺権の意義

I 相殺権の意義について学ぶのはどうしてか

　倒産法においては，その目的や基本理念等との関係から，民法上の相殺の要件等に変更が加えられているところ，倒産手続に関連する訴訟において相殺が問題となることは必ずしも多くない。しかし，それは，金融機関をはじめとする関係者が倒産手続における相殺の規律について必要な知識を有しているためであり，あるいは，問題となりそうなものについては話合いによる解決が図られているためであって，決して相殺の実務的な重要性が低いからではない。

　すなわち，倒産した者に対して債権を有し，債務を負担する者が相殺をしようとする場合，それが許されるか否かは，その者にとっては，債権の実質的な回収を図ることができるか否かという問題であり，倒産した者（又はその管財人）にとっては，債権を回収して配当原資に充てることができるか否か，あるいは事業等の再建の基盤となるキャッシュフローとすることができるか否かという問題であって，いずれにしても実務的に極めて重要な意味を有する。

　そのため，倒産法の下においてどのような場合に相殺が許されるのか，すなわち，倒産法における相殺の要件，相殺の制限等について理解することが重要となるが，それを理解するためには，前提として，相殺権の意義について理解しておくことが有益である。

　なお，本章（項目**12〜15**）においては，倒産手続のうち破産手続，民事再生手続及び会社更生手続における相殺を比較・対照しながら概観することとする。

Ⅱ 相殺権の意義について問題となるのはどのような点か

1．民法上の相殺の意義，機能

　倒産手続（本章においては，破産手続，民事再生手続及び会社更生手続を指すものとする。「倒産法」，「倒産債権」等についても同様である）における相殺権の意義を学ぶに当たっては，当然のことながら，そもそも相殺とはどのようなものであるのかを理解し，その上で，それと倒産手続との関係をみていく必要がある。そこで，まずは，民法の定める相殺という制度はどのようなものであるのか，その意義や機能を確認しておく。

2．倒産時における相殺の機能等

　後の考察の前提として，上記1のような相殺の機能は倒産時においてどのような意味を有するのかなども理解しておく必要がある。

3．倒産時における相殺権についての調整

　倒産法の下においては，実体法上の権利について倒産手続の種類に応じて民法等とは異なる規律（調整）がされており，相殺権についてもその例外ではない。そこで，本項目では，次項目以降への導入として，倒産時における相殺権について，どのような観点からどのような調整がされているのかを概観しておく。

Ⅲ 相殺権の意義について実務はどう取り扱っているか

1．民法上の相殺の意義，機能

(1) 相殺の意義

　相殺は，相互に同種の債務を負担する者が，対立する債権債務をその対当額で消滅させる意思表示をいう（民505条等）。相殺をする者が相手方に対し

て有する債権を自働債権といい，相手方が相殺をする者に対して有する債権（相殺をする者が相手方に対して負担する債務）を受働債権という。

(2) 相殺の機能

　相殺は，相互に同種の債権を有する当事者間において，それぞれが別個に請求，履行等の手続をすることなく，相対立する債権債務を簡易な方法によって決済する（消滅させる）ことを可能にするものであり，当事者が負担する時間，労力，費用等のコストを低減する機能を有する（相殺の簡易決済機能）。また，当事者の一方が，資力の問題から履行が困難な状況にあったり，合理的理由もなく不当に履行を拒絶したりするような場合であっても，他方の当事者は，その一方的な意思表示によって対当額の範囲で自らの債務を免れることができるため，当事者間の公平を確保する機能をも有する（相殺の公平確保機能）。相殺は民法の「債権の消滅」の節に規定されているものであるところ，上記の各機能は，債権の消滅事由としての相殺の機能であるといえる。

　しかし，取引社会において相殺が果たしている機能は，これらにとどまらない。相殺は，相殺をする者（自働債権の債権者）の立場からみると，相手方の資力が不十分な場合においても，受働債権の額の範囲内においては，自働債権について現実に回収がされたのと同様の利益を受けることができるのであって，実質的には受働債権を目的とする質権等の担保権を有しているのと同様の機能を営んでいる。上記の公平確保機能と重複する側面もあるが，これは，相殺の担保的機能と呼ばれている。→【判例①】参照

　取引社会においては，相互に相対立する債権を有する者の間において，このような相殺の担保的機能に対する期待が存在し，それを前提として取引が成り立っていることが少なくない。そして，相殺権の行使による実質的な債権回収は，抵当権や質権等の担保権の実行よりも簡易かつ迅速であり，また，他の権利者との競合の可能性もなく，その意味で担保権よりも強力な面があることから，その重要性は極めて高いものといえる。

2．倒産時における相殺の機能等

　上記1(2)のような相殺の担保的機能は，一方の当事者が倒産状態にまで至

らない場合であっても重要であるが、その債権者の立場からすると、債務者の資力が極限まで悪化して倒産状態となった場合にこそ、その機能に対する期待は大きくなるともいえるのであって、そのような期待を不当に奪うようなことがあってはならない。

また、一方の当事者の倒産時においておよそ相殺が許されないとすると、他方の当事者は、自らの債権については一部の弁済（破産配当、再生・更生計画に基づく弁済）しか受けられない（場合によっては全く弁済を受けられない）にもかかわらず、自らの債務は全て履行しなければならないことになり、著しい不公平が生じてしまうことになる。

そこで、倒産債権者による相殺は倒産債権を消滅させるものとして弁済と同様の効果をもたらすものではあるものの、倒産法は、倒産債権の手続外行使禁止原則（破100条1項、民再85条、会更47条）の例外として、倒産手続外における倒産債権者による相殺権の行使を許容し（破67条、民再92条、会更48条）、相殺の担保的機能に対する倒産債権者の期待を保護している。

3．倒産時における相殺権についての調整

(1) 債権者平等原則からの調整

上記2のとおり、倒産法は倒産債権者による相殺権の行使を許容しているのではあるが、相殺は倒産債権の手続外行使禁止原則の例外となるものであって、特定の倒産債権者に対して個別的な満足を得させるものであるから、これを無制限に許容したのでは、倒産手続の基本理念等に反する結果となりかねない。

すなわち、倒産手続においては、程度の差はあれ倒産債権者間の公平・平等が基本理念とされているところ、例えば債権債務の対立状態が倒産手続開始後に濫用的に作出された場合、相殺権の行使を許容することは倒産債権者間の公平・平等を害することになる。そこで、倒産債権者の相殺に対する合理的な期待を保護しつつ、倒産債権者間の公平・平等を図るための調整として、主に倒産債権者が債務を負担した時期、倒産債権を取得した時期に着目し、相殺権の行使に一定の制限が加えられている（破71条・72条、民再93条・93条の2、会更49条・49条の2）。

これらの相殺権行使に加えられた制限については，項目**14-1～14-3**（「相殺の制限①～③」）において詳しくみることとする。

(2) その他の観点からの調整

　清算を目的とする破産手続においては，破産手続開始の効果として破産債権が現在化・金銭化されるところ，それを前提に一定の範囲で相殺の要件が緩和され，相殺の拡張が図られている面もある。

　他方，再建型の民事再生手続及び会社更生手続においては，清算型の破産手続とは異なり，倒産債務者の事業等の再生・再建のための計画を作成する必要があり，また，一定のキャッシュフローを確保することも要請される。そのため，倒産債権の現在化・金銭化を前提とする相殺の拡張がされていないだけでなく，相殺権の行使時期に制限が加えられ，賃料債務を受働債権とする相殺については一定の限度に制限されている（民再92条1項・2項，会更48条1項・2項）。

　また，これらとは異なる観点から，倒産法は，倒産債務者側（管財人，再生債務者等）からの相殺についても規定を置いている（破102条，民再85条の2，会更47条の2）。

　これらについては，項目**13**「相殺の要件」において詳しくみていく。

Ⅳ　相殺権の意義について注意しておくのはどのような点か

　本章において取り扱う相殺権は，倒産法にその行使に関する規定（破67条以下，民再92条以下，会更48条以下）が存在する相殺権，すなわち，倒産債権者からする相殺であれば，倒産債権を自働債権とし，破産財団，再生債務者財産又は更生会社財産に属する債権を受働債権とする相殺権である。

　これ以外の債権を対象とする相殺，例えば，破産債権を自働債権とし，自由財産所属債権を受働債権とする相殺や，財団債権を自働債権とし，破産財団所属債権を受働債権とする相殺などは，その性質に応じ，本章の相殺とは異なる取扱いがされることになるから，その点については注意しておく必要

がある。

〔太田　雅之〕

参照判例

【判例①】
　最大判昭45・6・24民集24巻6号587頁は，相殺の制度は，互いに同種の債権を有する当事者間において，相対立する債権債務を簡易な方法によって決済し，もって両者の債権関係を円滑かつ公平に処理することを目的とする合理的な制度であって，相殺権を行使する債権者の立場からすれば，債務者の資力が不十分な場合においても，自己の債権について確実かつ十分な弁済を受けたと同様の利益を得ることができる点において，受働債権につきあたかも担保権を有するにも似た機能を営むものであるとする。

13 相殺の要件

I 相殺の要件について学ぶのはどうしてか

　倒産手続において相殺権が重要な意味を有しており，倒産法がこれを一定の範囲で保護していることは項目**12**「相殺権の意義」においてみたとおりであるが，倒産法の下における相殺権の取扱いについて理解するに当たっては，まず，どのような場合に相殺が認められるのか，すなわち，相殺の要件について整理しておく必要がある。

II 相殺の要件について問題となるのはどのような点か

1．民法上の相殺の要件

　倒産手続における相殺の要件については，民法上の要件が倒産法においてどのように変更されているのかが問題となる。そこで，倒産法の下における相殺の要件について理解するための前提として，民法上の相殺の要件について，その内容を確認しておく必要がある。

2．破産手続における相殺の要件

　倒産法は，それぞれの倒産手続の目的や理念等との関係で，民法上の相殺に一定の変更を加えているが，変更の内容は，清算型の破産手続と再建型の民事再生手続及び会社更生手続とで異なっている。まずは，清算型の破産手続における相殺の要件について考察する。

3．民事再生手続，会社更生手続における相殺の要件

再建型の民事再生手続及び会社更生手続における相殺の要件について，破産手続における相殺の要件と対比しながら考察していく。

4．倒産債権者による相殺権行使の時期・方法等

相殺の要件に関連する問題として，倒産債権者（破産債権者，再生債権者，更生債権者）による相殺権行使の時期・方法等も問題となる。

5．倒産債務者側からの相殺の要件

相殺権の行使は，相殺の担保的機能という観点からは倒産債権者によってされるものが問題となるが，倒産債務者側からの相殺権の行使が問題となることもあり得る。

Ⅲ　相殺の要件について実務はどう取り扱っているか

1．民法上の相殺の要件

民法上の相殺の要件は，相殺の意思表示のほか，相殺適状である。すなわち，①債権債務の対立状態があること，②債権が同種であること，③弁済期が到来していること（以上について，民505条1項本文），④相殺が禁止される債権ではないこと（民505条1項ただし書・2項・509条・510条・511条等），⑤相殺適状が現存していること（民508条参照）が必要である。

もっとも，③については，受働債権の場合は，弁済期が未到来であっても期限の利益を放棄して弁済期を到来させることにより，相殺が可能である。
→【判例①】参照

2．破産手続における相殺の要件

破産手続において相殺権の行使が認められるためには，破産手続開始時点において破産債権者と破産者との間に債権債務の対立状態が存在していなければならない（破67条1項）。

もっとも，破産手続は破産債権者に対する配当を目的とするものであるか

ら，破産法は，その前提として，破産債権について，未到来の弁済期を到来させ（現在化），非金銭債権を金銭債権に転換させている（金銭化）。その関係で，破産法においては，以下のとおり，上記1のような民法上の相殺の要件が緩和され，相殺権の行使の拡張がされている。

(1) 自働債権の範囲
(a) 期限付債権

民法上は，自働債権について弁済期が到来していなければ相殺をすることはできないが，破産手続においては，破産債権が現在化されることから（破103条3項），破産手続開始の時点において期限が到来していない債権であっても，それを自働債権とする相殺をすることができる（破67条2項前段）。これは，一般に，民法上認められる相殺権を拡張する（相殺に供することができる自働債権の範囲を拡張する）ものであると理解されている（なお，民137条1号参照）。

もっとも，期限付債権を自働債権とする相殺については，相殺の対象となる自働債権の額について一定の制限がある。すなわち，例えば，確定期限付無利息債権の場合には，劣後的破産債権とされる破産手続開始後期限までの中間利息相当額が自働債権額から控除されるほか（破68条1項・2項・99条1項2号等），利息付債権の場合には，破産手続開始後の利息が自働債権額から控除される（破97条1号・99条1項1号参照）。→【判例②】参照

(b) 解除条件付債権

解除条件付債権は既に債権として発生しているものであるから，自働債権として相殺に供することができる（破67条2項前段）。この点は民法上も同様である。いずれの場合も，後に解除条件が成就して自働債権が消滅し，相殺が遡及的に効力を失ったときには，その時点で改めて債務（受働債権）を弁済する必要があるが，破産手続の場合には，破産財団の不当な減少を回避するため，破産財団への支払を確保しておく必要がある。そのため，解除条件付債権を自働債権として相殺しようとする者は，その自働債権額について担保を提供するか，寄託をしなければならない（破69条）。最後配当又は簡易配当の除斥期間内に解除条件が成就しなかった場合には，この担保は失効し，

寄託金も返還されることになるが（破201条3項・205条），解除条件が成就すれば，配当財団に組み入れられることになる。

(c) **将来の請求権，停止条件付債権**

将来の請求権や停止条件付債権は，一般に，いまだ債権として現実に発生していないものであると理解されているところ（停止条件付債権も，契約締結時ではなく条件成就時に債権（債務）が発生するものと理解されている（民127条1項））（→【判例③】参照），破産法も特にその点に変更を加えていないから（破67条2項前段・後段参照），現実に発生し，又は条件が成就しない間に，それらを自働債権とする相殺をすることはできない。

もっとも，現実化等した場合の破産債権者の利益を保護するため，現実化等する前に（現実化等するか否かが不確定の間に）それらの債権を有する者が破産者に対する債務を弁済する場合には，それらの債権額の限度において弁済額の寄託を請求することができる（破70条前段。なお，敷金返還請求権を有する者が賃料債務を弁済する場合についても同様とする同条後段参照）。最後配当又は簡易配当の除斥期間内に債権が現実化等しなかった場合には，その寄託金は配当財団に組み入れられることになるが（破201条2項），現実化等した場合には，寄託した破産債権者は寄託金を取り戻すことができる（法律構成としては，債務の弁済は債権の現実化等を解除条件とするものとして，現実化等の解除条件成就によって復活した債務を受働債権，現実化等した債権を自働債権とする相殺をし，その結果，財団債権たる不当利得返還請求権（破148条1項5号）として，寄託金を取り戻すことができることになる）。これは，民法上の相殺権を拡張したものといえる。

なお，ここでいう将来の請求権とは，保証人が主債務者に対して有する求償権など，法定の停止条件が付されたものを指すなどといわれるが，破産法上，将来の請求権とその他の停止条件付請求権とで取扱いに差はない（この点は，民事再生法，会社更生法においても同様である）。

(d) **非金銭債権等**

破産手続開始の時点において非金銭債権や不確定額金銭債権等であった債権も，破産手続との関係では，破産手続開始時の評価額をもって確定額の金銭債権となり（破103条2項1号），それを自働債権として相殺することができる（破67条2項前段・68条1項）。この点においても，民法と比較して相殺の範

囲が拡張されているといえる。

(2) **受働債権の範囲**
　(a) **期限付債権，解除条件付債権**
　破産債権者は，自ら負担する債務の期限が未到来の場合にも期限の利益を放棄して相殺することができ，また，解除条件付である場合にも，解除条件不成就が確定するのを待って相殺することができるだけでなく，条件成就の利益を放棄して相殺することができる（破67条2項後段）。もっとも，いずれについても，民法上も期限の利益（民136条2項本文参照）や条件成就の利益を放棄することによって相殺に供することは可能であるから，民法上の相殺と比較してその範囲を拡張するものというわけではない。
　(b) **将来の請求権，停止条件付債権**
　破産債権者が負担する債務が将来の請求権に関するものである場合や停止条件付である場合にも，それらを受働債権とする相殺をすることができる（破67条2項後段）。上記(1)(c)のとおり，一般には，これらの債権はいまだ現実に発生していないものであるから債権債務の対立を要件とする民法上の相殺としては許容されていないものと解されており，そのような理解を前提とすると，相殺の範囲が拡張されていることになる。
　なお，停止条件付債権については，上記の理解を前提とすると，破産手続開始後に停止条件が成就した場合には，破産手続開始後に債務を負担したものとして破産法71条1項1号の相殺禁止（詳細は項目**14-2**「相殺の制限②受働債権に関する相殺禁止」参照）に抵触するのではないかが問題となり得るが，少なくとも破産手続に関する限りは，破産法67条2項後段により，そのような相殺も許容される（詳細については項目**14-2**「相殺の制限②受働債権に関する相殺禁止」Ⅲ1(1)(b)参照）。→【判例④】参照

3．民事再生手続，会社更生手続における相殺の要件

　清算型の破産手続においては破産債権の現在化・金銭化がされるが，清算を目的としない再建型の民事再生手続等（本章においては，民事再生手続及び会社更生手続を指すものとする。「民事再生法等」，「再生債権等」等についても同様である）

においては，再生債権等の現在化・金銭化はされない。そのため，民事再生手続等においては，破産手続と異なり，現在化・金銭化を前提とする相殺の拡張は図られておらず，相殺の要件として債権届出期間の満了までに相殺適状が生じていることが必要とされている（民再92条1項，会更48条1項）。

(1) 自働債権の範囲
(a) 期限付債権，非金銭債権

民事再生手続等においては，破産手続における場合のように再生債権等が実体的に現在化・金銭化されることはない（民再87条，会更136条が規定するのは，議決権を確定するためなどの手続的な現在化・金銭化にすぎない）。

そのため，再生債権等を自働債権とする相殺をするためには，再生債権等について期限が到来していなければならない。民事再生法等の下における相殺は，債権届出期間の満了前に相殺適状が生じていることが要件となっているから，結局，その時点までに期限が到来していることが必要となる。また，非金銭債権については，その時点までに金銭化されない限り，金銭債権を受働債権とする相殺に供することはできない。

期限の到来に関しては，破産手続の開始と異なり民事再生手続等の開始によって民法上当然に期限の利益を喪失するものではない（民137条1号，破103条3項参照）。もっとも，民事再生手続等の申立てがあったことを原因とする期限の利益喪失約款が定められている場合には，差押えと相殺との優劣と類似の問題状況であることから，差押えと相殺についての最高裁判例（→【判例⑤】参照）に鑑み，一般に，同約款によって上記の期限到来の要件を満たす（相殺適状にある）ものと解してよいとされている。

(b) 解除条件付債権

破産法と異なり，民事再生法等には解除条件付債権を自働債権とする相殺の可否についての規定はないが，解除条件付債権は既に発生している債権であるから，そもそも民法上も相殺に供することが可能であって，民事再生法等の下においても，同様に相殺に供することが可能であるといえる。後に解除条件が成就した場合に再生債権者等が改めて債務の履行をする必要があるのは民法や破産法の場合と同様であるが，破産法のように担保の提供や寄託

をすることも必要とはされていない（破69条参照）。
  (c) **将来の請求権，停止条件付債権**
  将来の請求権，停止条件付債権については，破産法においても現実化等の措置が図られているわけではない。民事再生法等においてもこの点は同様であり，債権届出期間の満了までに債権が現実化し，又は条件が成就して相殺適状とならない限り，相殺は許されない。また，破産法のように相殺に対する期待を保護するための寄託の規定も存在しない（破70条参照）。

(2) **受働債権の範囲**
  (a) **期限付債権，解除条件付債権**
  再生債権者等は，自らの債務について期限の利益を放棄することができるから，期限付債権を受働債権とする相殺も可能である（民再92条1項後段，会更48条1項後段）。また，解除条件付の債務についても，条件成就の利益を放棄して受働債権として相殺に供することが可能である。もっとも，上記2(2)(a)で述べたとおり，これらは民法上も同様であって，相殺の範囲を拡張するものではない。
  (b) **将来の請求権，停止条件付債権**
  将来の請求権や停止条件付債権を受働債権とする相殺の可否については，民事再生法等には，破産法67条2項後段に相当する規定が存在しない。この点については，破産法の同規定は民法上の相殺を拡張するものであるとして，同様の規定のない民事再生法等の下においては，これらを受働債権とする相殺は許容されないものと理解されている（詳細については項目**14-2**「相殺の制限②受働債権に関する相殺禁止」Ⅲ1(1)(b)参照）。清算型の破産手続と比較して，再建型の民事再生手続等においては，相殺を緩やかに認める必要性に乏しいためであるといえる。
  (c) **賃料債務**
  民事再生手続等の開始後に弁済期が到来する賃料債務（弁済期が債権届出期間満了後に到来するものも含む）を受働債権とする相殺は，手続開始時における賃料の6か月分に相当する額を限度として許容される（民再92条2項，会更48条2項。なお，敷金返還請求権は明渡し時点における未払賃料等を控除した残額について

発生するものであって、これと賃料債務とを相殺することはできないから、相殺をするか否かが問題となるのは、敷金返還請求権以外の債権をも有する再生債権者等についてである）。このように相殺可能な受働債権の範囲が制限されているのは、再建型の民事再生手続等においては、現実に賃料収入を得させてキャッシュフローを確保することが事業等の再生において重要であるためである。

これと関連して、相殺の要件や制限の問題ではないが、敷金返還請求権を有する再生債権者等が、賃料債務を相殺することなく現実に弁済期に弁済した場合には、本来は再生債権等である敷金返還請求権を手続開始時の賃料の6か月分に相当する額を限度として共益債権化することとされている（民再92条3項、会更48条3項）。これは、敷金返還請求権のみを有する賃借人を保護するとともに、再生債務者の事業再生に必要なキャッシュフローを確保しようとするものである。

4. 倒産債権者による相殺権行使の時期・方法等

(1) 倒産債権としての届出の要否

相殺権は、破産手続や再生計画、更生計画の定めるところによらずに、倒産手続外において行使することができる（破67条1項、民再92条1項、会更48条1項）。すなわち、倒産手続に参加することを前提とするものではないから、相殺権を行使する要件として倒産債権の届出は必要でない（なお、当然のことながら、相殺によって自働債権の全額を回収することができなかった場合に、その残額について配当や弁済を受けようとするときには、倒産債権の届出をして倒産手続に参加することが必要となる）。

もっとも、相殺禁止が争われる可能性がある場合には、相殺の意思表示をした上、予備的に相殺前の金額について債権届出しておくことを検討する必要があろう。

(2) 行使時期の制限等

再建型の民事再生手続等においては、再生債権等の総額や再生債務者財産、更生会社財産に属する財産の内容が不確定であると、再生計画や更生計画を作成する際に支障が生じる。そこで、手続の円滑な進行を図るため、民

事再生法等は，相殺権の行使を債権届出期間内に限定している（民再92条1項，会更48条1項）。相殺の意思表示は債権届出期間の満了前に再生債務者等（再生債務者，管財人，保全管理人）に到達する必要がある。

　他方，清算型の破産手続においては上記のような問題はないため，破産法には相殺権の行使時期を制限する規定はないが，破産債権額を確定して配当を実施するという管財業務の円滑な遂行のため，破産管財人には，相殺権を有する破産債権者に対する催告権が与えられている（破73条）。すなわち，弁済期にある破産債権者の債務について，債権調査期日の終了後（又は債権調査期間の経過後）1か月以上の熟慮期間を定めて相殺するか否かを確答するよう催告することができ，期間内に確答がない場合には相殺権が失われることとされている。

(3)　意思表示の相手方

　破産手続が開始すると破産財団の管理権は破産者から破産管財人に移行するため（破78条1項），破産債権者による相殺の意思表示は破産管財人に対してすべきであって，相殺の意思表示を受領する権限のない破産者に対してされた意思表示は効力を生じない。この点は，更生会社財産に対する管理権が管財人に移行する（会更72条1項）会社更生手続においても同様である。

　他方，民事再生手続においては，管財人が選任されない限り（民再64条・66条参照），意思表示の相手方は再生債務者である。

　なお，いずれの倒産手続についても，手続開始前であって保全管理人が選任されている場合には，保全管理人を相手方とすることになる（破91条・93条，民再79条・81条，会更30条・32条）。

5．倒産債務者側からの相殺の要件

　相殺は倒産債権者間における公平・平等を旨とする倒産手続においては例外的な位置付けであり，任意弁済と同視できるような相殺を倒産債務者側からすることにメリットがある場合は多くはない。しかし，例えば，倒産債権者の資力が低下してその者に対する債権の実質的な価値が低下している場合には，相殺を認めた方が管財業務の円滑な遂行等に資することもあり得る。

そこで，倒産法は，倒産債権者の一般の利益に適合する場合には，管財人や再生債務者も裁判所の許可を得て相殺することができるものとしている（破102条，民再85条の2，会更47条の2）。

Ⅳ　相殺の要件について注意しておくのはどのような点か

　以上，民法上の相殺の要件等が倒産法によってどのように変更されているのかについてみてきたが，相殺権の拡張の有無・内容は，清算型の破産法と再建型の民事再生法等とで異なっており，また，自働債権の場合と受働債権の場合とでも異なっているため，その点に注意しておく必要がある。相殺権行使の時期についての制限等についても，破産法と民事再生法等とで異なっているため，注意が必要である。

　なお，民法及び倒産法における相殺の可否等についてまとめると，次頁の**別表**のとおりである。

〔太田　雅之〕

(別表) 民法、破産法、民事再生法及び会社更生法における相殺の可否等

		民法	破産法	民事再生法・会社更生法
自動債権	期限付債権	不可（民137条1号参照）	現在化により可（破67条2項前段）※ただし、自動債権額について一定の制限あり（破68条1項・2項等）	債権届出期間満了前に期限到来の場合のみ可（民再92条1項前段、会更48条1項前段）
	解除条件付債権	可 ※ただし、条件成就の場合には清算必要	可（破67条2項前段） ※ただし、条件成就の場合の清算に備えて寄託必要（破69条）	可 ※ただし、条件成就の場合には清算必要
	将来の請求権・停止条件付債権	不可	最後配当等の除斥期間までに現実化等すれば可 ※現実化等に備えて寄託請求（破70条前段）	債権届出期間満了前に現実化等した場合のみ可（民再92条1項前段、会更48条1項前段）
受働債権	非金銭債権	（受働債権が金銭債権であれば）不可	金銭化により可（破67条2項前段・68条1項・103条2項1号）	（受働債権が金銭債権であれば）債権届出期間満了前に金銭化されない限り不可
	期限付債権	期限の利益を放棄して可（民136条2項本文参照）	可（破67条2項後段）	可（民再92条1項後段、会更48条1項後段）
	解除条件付債権	条件成就の利益を放棄して可	可（破67条2項後段）	条件成就の利益を放棄して可
	将来の請求権・停止条件付債権	不可	可（破67条2項後段）	不可
行使時期の制限		なし	なし ※ただし、催告期間（1か月以上）内の行使必要（破73条）	債権届出期間内（民再92条1項、会更48条1項）

※ 網掛け部分は、民法上の相殺と比較して相殺権が拡張されているものである。

参照判例

【判例①】
　最一小判平25・2・28民集67巻2号343頁は，(民法上の相殺について)既に弁済期にある自働債権と弁済期の定めのある受働債権とが相殺適状にあるというためには，受働債権について，期限の利益を放棄することができるというだけではなく，期限の利益の放棄又は喪失等により，その弁済期が現実に到来していることを要するとする。

【判例②】
　大阪地判昭56・2・12金判628号42頁は，破産債権たる利息債権のうち自働債権として相殺に供することができるのは，劣後的取扱いを受ける破産宣告後の利息(旧破産法46条1号参照)を除いた部分に限られるとする。

【判例③】
　最一小判昭47・7・13民集26巻6号1151頁は，停止条件付債務を内容とする契約が締結された場合には，当該契約締結によって債務を負担したものということはできず，条件が成就することによって初めて債務を負担するに至るものというべきであるとする。

【判例④】
　最二小判平17・1・17民集59巻1号1頁は，破産債権者は，破産者に対する債務がその破産宣告の時において期限付又は停止条件付である場合には，特段の事情のない限り，期限の利益又は停止条件不成就の利益を放棄したときだけでなく，破産宣告後に期限が到来し又は停止条件が成就したときにも，旧破産法99条後段の規定により，その債務に対応する債権を受働債権とし，破産債権を自働債権として相殺をすることができるとする。

【判例⑤】
　最大判昭45・6・24民集24巻6号587頁は，銀行の貸付債権について，債務者の信用を悪化させる一定の客観的事情が発生した場合には，債務者のために存する上記貸付金の期限の利益を喪失させ，同人の銀行に対する預金等の債権につき銀行において期限の利益を放棄し，直ちに相殺適状を生じさせる旨の合意は，同預金等の債権を差し押さえた債権者に対しても効力を有するとする。

14−1 相殺の制限① 相殺禁止

I 相殺禁止について学ぶのはどうしてか

　倒産手続に関連する訴訟において相殺が問題となる場合，倒産手続特有の争点として，倒産債権者がした相殺について，それが倒産法によって禁止されたものであるか否かが争いの対象となることが多い。

　倒産法の相殺禁止は，倒産債権者間の公平・平等という基本理念との関係で，受働債権の負担の時期，自働債権の取得の時期に応じた要件が設けられているところ，その内容は必ずしも容易に理解できるものではない。しかし，倒産手続における相殺について理解するためには，これを理解することが不可欠である。そこで，本項目においては，その理解を助けるため，まず，倒産法における相殺禁止の制度について概観し，その上で，受働債権に関する相殺禁止と自働債権に関する相殺禁止の双方に関して総論的に問題となる点について考察する。

II 相殺禁止について問題となるのはどのような点か

1．相殺禁止の概要

　相殺禁止の概要として，相殺禁止の趣旨はどのようなものか，相殺禁止とその例外の制度はどのように設計されているか，その適用範囲はどこまでかなどが問題となる。

2．支払不能と支払停止

　相殺禁止の基準時とされている支払不能と支払停止については，その意義

のほか，訴訟における主張・立証についても考察しておくのが有益である。

III 相殺禁止について実務はどう取り扱っているか

1．相殺禁止の概要

(1) 相殺禁止の趣旨

　項目**12**「相殺権の意義」において触れたとおり，倒産時における相殺の担保的機能に対する期待は大きく，これを保護する必要があるものの，一方で，これを無制限に許容すると，倒産債権者間の公平・平等を害することになりかねない。

　そこで，倒産法は，濫用的な相殺を保護の対象外とするのはもちろん，債権債務の対立状態が生じた時期等に照らして倒産債権者間の公平・平等の理念と相容れないような相殺については，それに対する期待が合理的とはいえないものとして，そのような相殺をも保護の対象から除外することとしている。すなわち，一定の時期以降に債権債務の対立状態が生じた相殺については，その具体的態様や相殺権者の主観的認識によっては，相殺を禁止することとしている。

(2) 相殺禁止とその例外の規定

　(a) 相殺禁止

　倒産法は，倒産債務者に債権を有していた者が後に倒産債務者に対する債務を負担した場合の当該債務（倒産債権者の立場からすれば受働債権）に関する相殺禁止と，倒産債務者に債務を負担していた者が後に倒産債務者に対する債権を取得した場合の当該債権（倒産債権者の立場からすれば自働債権）に関する相殺禁止とを分けて規定しているが，いずれにおいても，基準時後に債権債務の対立状態が発生した場合に，一定の要件の下で相殺を禁止している（破71条1項・72条1項，民再93条1項・93条の2第1項，会更49条1項・49条の2第1項）。相殺禁止の基準時は，支払不能時，支払停止時，手続開始申立て時（これらはまとめて「危機時期」などと呼ばれている）及び手続開始時であり，基準時

によって，禁止される債務負担の態様が限定され，あるいは相殺権者の悪意が禁止の要件とされるなどの差が設けられている。

なお，ある倒産手続の開始が申し立てられた後に別の倒産手続が開始するなどした場合には，相殺禁止の基準時は，先行する倒産手続についての開始申立ての時点となる（民再93条1項4号・93条の2第1項4号・252条1項・3項，会更49条1項4号・49条の2第1項4号・254条1項・3項）。

(b) 相殺禁止の例外

相殺禁止は，債権債務の対立状態を濫用的に作出した場合を始めとして相殺の担保的機能に対する期待が合理的とはいえない場合には，倒産債権者間の公平・平等を害してまで相殺権を保護する必要はないことを理由とする調整である。そのため，債権債務の対立状態が発生した時点等が形式的には相殺禁止の要件に該当する場合であっても，相殺の担保的機能に対する期待が合理的といえる場合には，相殺禁止の効力を及ぼすのは相当でない。そこで，手続開始時以外の危機時期を基準時とする相殺禁止においては，一定の例外が設けられている（破71条2項・72条2項，民再93条2項・93条の2第2項，会更49条2項・49条の2第2項）。

(3) 相殺禁止の適用範囲

上記(2)(a)のような相殺禁止は，倒産手続の開始後にされた相殺に適用されるのはもちろん，その趣旨からして，手続開始前にされたものにも適用される。すなわち，手続開始前にされた相殺については，その時点においては民法等の相殺の制限規定（民505条1項ただし書・510条等）に抵触しない限り有効であるが，その後に手続開始決定がされると，遡及的に無効とされることになる。→【判例①】参照

また，法定相殺（民法の規定する一方的意思表示による相殺）のみならず，相殺合意（相殺契約）にも適用され，当事者間において相殺禁止の適用を排除するような合意がされても，そのような合意は特段の事情がない限り無効である。→【判例②】参照

(4) 相殺禁止を巡る訴訟における主張の構造

相殺禁止が問題となる訴訟は，主として倒産債務者側が倒産債権者に対して有する債権についてその弁済を求める給付訴訟であり，そのような訴訟の中で，相殺や相殺禁止，更にはその例外が主張される。

主張・立証責任は，相殺及び相殺禁止の例外についての要件事実は相殺権を行使する（した）者が，相殺禁止についての要件事実はそれを争う者が，それぞれ負担し，一般に，相殺が抗弁，相殺禁止が再抗弁，相殺禁止の例外が再々抗弁となる。

2．支払不能と支払停止

上記1(2)のとおり，倒産法は，手続開始時のほか，危機時期をもって相殺禁止を画する基準時としている。このうち手続開始時と手続開始申立て時は客観的に明確であるが，支払不能と支払停止については検討を要する。実務的に重要であるのも，後二者であるといえる。

(1) 支払不能

支払不能とは，債務者が，支払能力を欠くために，その債務のうち弁済期にあるものにつき，一般的かつ継続的に弁済することができない状態をいう（破2条11項，民再93条1項2号，会更49条1項2号）。ここで，「支払能力を欠く」とは，財産，信用，労務のいずれによっても，債務を支払う資力がないことをいうとされている。また，「一般的（に）」とは，一部の債務の弁済ではなく，全ての債務の弁済についての資力の有無を問題とする趣旨であり，「継続的に」とは，一時的な資金不足を除外する趣旨である。→【判例③】参照

相殺の可否が問題となる訴訟において支払不能の事実についての主張・立証責任を負うのは，相殺禁止を主張する側である。支払不能は規範的な概念であるから，その評価根拠事実の主張・立証が必要になる。具体的には，倒産債務者の債務総額と各債務の履行期，融資状況（借入条件，担保権設定状況，メインバンクの支援状況等），資産内容（資産総額，固定資産等の換価可能性等），労務・事業内容，履行請求に対する反応等を総合的に主張・立証していくことになろう。

支払不能の事実について相殺権者が悪意であったことの主張・立証責任

も，相殺禁止を主張する側が負担する。倒産債務者の資金繰り等についての相殺権者の認識を主張・立証するほか，相殺権者と倒産債務者との関係，債務負担行為又は債権取得行為自体の合理性，前後の取引状況，債務負担又は債権取得と相殺の意思表示との時間的近接性等の間接事実を主張・立証することになろう。

(2) 支払停止

支払停止については倒産法に定義はないが，債務者が支払不能になったものと考えてその旨を明示的又は黙示的に外部に表示する行為をいう。支払不能が客観的な状態であるのに対し，支払停止は，債務者の主観的な認識を前提とする債務者の行為である（なお，破産手続開始原因については，支払停止から支払不能が法律上推定されることとされている（破15条2項））。弁護士による破産手続等の受任通知のような明示的なもののほか，黙示的なものでもよい。典型的には，銀行取引停止処分，営業の停止，夜逃げ等が黙示の支払停止に当たるが，いずれにしても，支払不能である旨を外部に表示する行為でなければならない。→【判例④⑤】参照

支払停止についても，相殺権者の悪意を含めて，相殺禁止を主張して相殺の効力を争う側が主張・立証責任を負担する。

なお，支払停止を基準時とする相殺禁止は，支払停止がされたにもかかわらず客観的には支払不能ではなかったという場合には適用されない（破71条1項3号ただし書・72条1項3号ただし書，民再93条1項3号ただし書・93条の2第1項3号ただし書，会更49条1項3号ただし書・49条の2第1項3号ただし書）。支払不能ではなかったことの主張・立証責任は相殺を主張する側が負担するが，客観的に支払不能の状態であったため支払停止をしたものの後にその状態が解消されたという場合も含め，支払停止後に支払不能の状態でない場合は現実には稀であるといえよう。

IV 相殺禁止について注意しておくのはどのような点か

上記Ⅲ1(1)(2)でみたとおり，倒産法における相殺権の取扱いにおいては，

相殺の担保的機能に対する期待（相殺に対する合理的期待）の保護が重要な視点となっているが，これは，単に倒産債権者の利益をどのように保護するかという問題にとどまるものではない。項目**12**「相殺権の意義」においても触れたように，取引社会においては，倒産法の下における相殺権の取扱いを前提に取引がされていることが少なくなく，むしろ，金融機関による融資取引においては，相殺の担保的機能を前提とした与信が極めて重要となっている。その意味で，倒産法における相殺権の取扱いは金融の在り方を大きく左右するものであり，相殺禁止とその例外の規定の解釈・適用においては，そのような点も念頭に置いた検討が必要であることには注意しておくべきであろう。

〔太田　雅之〕

参照判例

【判例①】
　　大判昭4・5・14民集8巻523頁は，破産宣告前に相殺禁止の規定に反してした相殺の意思表示は，当然無効なものではないものの，後日破産宣告があった場合には，当初に遡って無効となるとする。

【判例②】
　　最三小判昭52・12・6民集31巻7号961頁は，旧破産法104条2号の規定に違反してされた相殺を有効とする合意は，破産管財人と破産債権者との間でされた場合であっても，特段の事情のない限り無効であるとする。

【判例③】
　　東京高決昭33・7・5金法182号3頁は，（支払不能の判断要素について）人の弁済力は，財産，信用及び労務の三者から成立するとする。

【判例④】
　　最二小判平24・10・19判時2169号9頁は，
　1　支払停止とは，債務者が，支払能力を欠くために一般的かつ継続的に

債務の支払をすることができないと考えて，その旨を明示的又は黙示的に外部に表示する行為をいう。
2　債務者の代理人である弁護士が債権者一般に対して債務整理開始通知を送付した行為は，上記通知に，上記債務者が自らの債務整理を弁護士に委任した旨及び当該弁護士が債権者一般に宛てて債務者等への連絡及び取立て行為の中止を求める旨の各記載がされており，上記債務者が単なる給与所得者であり広く事業を営む者ではないなどの事情の下においては，上記通知に上記債務者が自己破産を予定している旨が明示されていなくても，支払停止に当たる，とする。

【判例⑤】
　最一小判昭60・2・14判時1149号159頁は，債務者が債務整理の方法等について債務者から相談を受けた弁護士との間で破産申立ての方針を決めただけでは，他に特段の事情のない限り，いまだ内部的に支払停止の方針を決めたにとどまり，債務の支払をすることができない旨を外部に表示する行為をしたとすることはできないとする。

14-2 相殺の制限② 受働債権に関する相殺禁止

I 受働債権に関する相殺禁止について学ぶのはどうしてか

　倒産法における相殺禁止の概要は項目**14-1**「相殺の制限①相殺禁止」においてみたとおりであり，倒産法は，債権債務の対立状態が発生した時期に着目し，それが危機時期以降に発生した場合に一定の要件の下で相殺を禁止しているのであるが，その規定は，倒産債権者が後に債務を負担した場合に関するものと，倒産債務者に債務を負担していた者が後に倒産債権を取得した場合に関するものとに分けられている。

　いずれの倒産法においても，前者（受働債権の負担時期による相殺禁止）と後者（自働債権の取得時期による相殺禁止）の大まかな構成は同一である。しかし，その性質に応じて要件に若干の相違があり，それらの内容について，それぞれ理解しておく必要がある。

　そこで，本項目では，まず，倒産債権者が危機時期以降に債務を負担した場合における相殺禁止，すなわち，受働債権に関する相殺禁止について考察することとする。

II 受働債権に関する相殺禁止について問題となるのはどのような点か

1．相殺禁止

　倒産法においては，基準時ごとに制限される債務負担の態様に差異が存在し，相殺権者の主観的要件の要否も異なっている。そこで，各基準時におけ

る相殺禁止の具体的内容（要件）やその主張・立証等について考察する。

2．相殺禁止の例外

倒産手続開始時以外の基準時（すなわち，危機時期）後における相殺禁止には，重要な例外も設けられている。そこで，危機時期を基準時とする相殺禁止に関する3つの例外について考察する。

Ⅲ 受働債権に関する相殺禁止について実務はどう取り扱っているか

1．相殺禁止

以下においては，まずは倒産手続の開始時を基準時として例外を認めない相殺禁止，次いで危機時期のうち比較的明確な破産手続開始申立て時及び支払停止時を基準時とする相殺禁止，更に危機時期のうち支払不能時を基準時とする相殺禁止について，順に考察していくこととする。

(1) 1号禁止

　(a) 1号禁止の内容

相殺権は，倒産手続の開始時において存在する相殺の担保的機能に対する期待を保護するためのものであるところ（破67条1項・2項，民再92条1項，会更48条1項），倒産債権者が手続開始後に債務を負担した場合には，そのような相殺期待は存在しない。そのため，そのような場合における相殺は許されない（破71条1項1号，民再93条1項1号，会更49条1項1号。これらは「1号禁止」などと呼ばれており，2号以下についても同様である）。他人の債務を引き受けた場合や，破産管財人等との取引によって債務を負担した場合なども含まれる。この相殺禁止は，倒産債権者が倒産手続開始の事実について善意であっても適用され，2号禁止ないし4号禁止のような例外も存在しない。

　(b) 停止条件付債権と1号禁止

停止条件付債権は条件成就時に債権として発生するという一般的な理解を前提とすると，受働債権が倒産手続開始時には停止条件付であったがその後

に条件が成就したものである場合には，1号禁止に抵触するのではないかという問題が生じる（なお，ある債権が停止条件付債権であるか否かについては，必ずしも明確な場合ばかりではなく，それ自体が争われることも少なくない）。

　この点，破産手続においては，そのような相殺は1号禁止の適用対象とはならず，特段の事情がない限り破産法67条2項後段によって許容される（項目**13**「相殺の要件」Ⅲ2(2)(b)参照。なお，「特段の事情」としては相殺権の濫用に当たるような場合が考えられる（項目**15**「相殺の効果」Ⅲ4(3)参照））。そのため，条件不成就の利益を放棄することなく自働債権となるべき破産債権全額について債権届出をしておき，その後に受働債権の停止条件が成就した時点で相殺をするということも許される。→【判例①】参照

　他方，民事再生法等においては，破産法67条2項後段に相当する規定がないため，結局，1号禁止に抵触して相殺が許されないことになると解されている。→【判例②】参照

(2) 4号禁止，3号禁止

　倒産手続の開始前であっても，その申立てがあった場合には，手続開始に至る蓋然性が高く，倒産債権者間の公平・平等を確保すべき要請が強くなる。また，更にその前の段階として，支払停止があった場合でも，倒産債務者の経済的な破綻が表面化することによって倒産債権の実質的な価値が低下し，その全額の回収はほぼ不可能になることを考慮すると，やはり倒産債権者間の公平・平等を確保すべきであるといえる。

　そこで，倒産法は，倒産手続の開始申立て後（4号禁止）又は支払停止後（3号禁止）に，倒産債権者がそれらの事実について知りながら債務を負担した場合には，相殺を許さないこととしている（破71条1項3号・4号，民再93条1項3号・4号，会更49条1項3号・4号）。もっとも，支払停止を基準時とする相殺禁止は，客観的には支払不能状態でなかった場合には適用されない（破71条1項3号ただし書，民再93条1項3号ただし書，会更49条1項3号ただし書）。

　倒産手続の開始申立ての事実が手続的に明確であるのに対し，支払停止の事実は必ずしも明確でない場合もあり得るが，いずれの事実についての主張・立証責任も相殺禁止を主張する側が負担する。また，倒産債権者の悪意

についても，倒産債権者側の主観の問題であるが，やはり相殺禁止を主張する側が主張・立証責任を負う（なお，倒産手続の開始申立ての受任等の際に倒産債務者の代理人等から金融機関に対していわゆる受任通知等をする主な理由は，倒産債権者である金融機関を悪意にし，後に第三者によって振込入金されたことによる預金払戻債務を受働債権とする相殺を封じるためである）。これに対し，支払停止はあったものの支払不能の状態ではなかった事実の主張・立証責任は相殺を主張する側が負う。いずれも項目**14−1**でみたとおりである。

(3) 2号禁止
　(a) **相殺禁止の支払不能時への拡張**
　支払停止前に受働債権を負担した場合における相殺を禁止する規定がなかった新破産法等施行前と異なり，新破産法等は支払不能をも基準時に追加して相殺禁止の範囲を拡張している（この点は自働債権の取得についても同様である）。これは，倒産債務者は支払停止の前に実質的に経済的破綻に至っている場合がほとんどであって，そのような時期にされた債務負担等に基づく相殺を無制限に許容すると倒産債権者間の公平・平等を確保できないと考えられたためである。
　もっとも，支払不能は，支払停止と比較しても基準としてかなり不明確な面がある。そこで，相殺に対する正当な期待が裏切られるおそれから取引の委縮効果が生じ，かえって経済的苦境にある者を追い込む（その経済的破綻を早める）結果になってしまうことを回避するため，支払不能を基準時とする相殺禁止には厳格な要件が設けられている。すなわち，①債務負担の原因が(i)倒産債務者の財産の処分を内容とする契約であって，契約によって負担する債務を専ら倒産債権をもってする相殺に供する目的でしたもの，又は(ii)倒産債務者に対して債務を負担する者の債務を引き受けることを内容とする契約であり，②その当時支払不能であることについて倒産債権者が悪意であったことが要件とされている。
　なお，支払不能の事実及び倒産債権者の悪意についての主張・立証責任を負担するのは相殺禁止を主張する側であることは，項目**14−1**においてみたとおりである。

(b) 専ら相殺に供する目的でした財産処分行為

上記(a)の「専ら……相殺に供する目的」(①(i)) の要件は、契約締結の目的が相殺に供する目的のみであることまでも要求するものではなく、相殺に供する目的がなければ契約を締結しなかったであろうという場合を捕捉しようとするものである。これは相殺権者についての主観的な要件ではあるが、相殺を巡る訴訟においては、相殺禁止を主張する側が、契約締結に至る経緯、倒産債権者の業務内容と契約内容との関連性、契約締結と相殺意思表示との時期的な近接性、財産取得の経済的必要性・合理性等から主張・立証することになる。

このような要件に該当するとされる典型例は、倒産債権者が、実質的には偏頗的な代物弁済を受けるのと同様の利益を得るために、倒産債務者の財産を買い受けて売買代金債務を負担し、それと倒産債権とを直ちに相殺する場合が挙げられる。このような場合には、倒産債権者間の公平・平等を確保するため、相殺の効力を否定する必要がある。これに対し、否定される例としては、製造業者である倒産債権者が、自らの業務に必要な原材料等を従前と同様の態様で倒産債務者から買い受ける場合や、金融機関である倒産債権者が、日常の業務の一環として倒産債務者から預金口座への入金を受ける場合などが挙げられよう。このような場合には、相殺に供する目的がないわけではないものの、そのような目的が「専ら」であるとはいえない。

(c) 債務引受け

債務引受けについては、財産処分行為の場合と異なり、取引の委縮効果を考慮する必要性に乏しいため、「専ら……相殺に供する目的」があることは要件とされていない。

2. 相殺禁止の例外

危機時期を基準時とする2号禁止ないし4号禁止については、いずれの倒産法においても、以下のとおり3つの例外が定められている（破71条2項、民再93条2項、会更49条2項）。

(1) 法定の原因

2号禁止ないし4号禁止の規定に定める受働債権の負担が法定の原因に基づく場合には，相殺禁止の例外となり，相殺が許容される（破71条2項1号，民再93条2項1号，会更49条2項1号）。法定の原因に基づいて受働債権を負担した場合には倒産債務者や倒産債権者の作為が介在することがなく，相殺を禁止する必要性が乏しいためである。法定の原因の具体例としては，相続や事務管理，不当利得が挙げられるが，これらのほかに合併も含まれるというのが一般的な考えであるといえる。

(2) 悪意時より前に生じた原因
(a) 例外の趣旨
　受働債権の負担が，倒産債権者が支払不能，支払停止又は倒産手続開始申立ての事実を知った時より前に生じた原因に基づく場合も，相殺禁止規定は適用されない（破71条2項2号，民再93条2項2号，会更49条2項2号）。債権債務の対立状態が危機時期について知った時以降に発生したとしても，その原因がそれより前に存在しているものである場合には，濫用的に対立状態が作出されたものではなく，倒産債権者において，相殺に対して保護に値するような正当な期待を有しており，倒産債権者間における公平・平等を害するものとはいえないからである。

(b) 前に生じた原因と「相殺に対する合理的期待」
　受働債務の発生とどの程度の関連性（原因性）がある場合にここにいう「原因」に当たるのかは必ずしも明確ではなく，相殺の可否が争われる訴訟においても，その点が問題とされることが多い。相殺禁止の例外とされた趣旨からすると，相殺に対する具体的な期待を生じさせる程度に直接的な原因（すなわち，将来的に債権債務の対立状態が発生することがほぼ確実に予期できるような原因）でなければならないとされており，訴訟においては，相殺に対する期待が合理的なものであって保護に値するか否か（相殺の当事者間のみならず，他の一般債権者との関係でも「相殺に対する合理的期待」を有していたといえるか否か）という基準によって判断されている。

　前に生じた原因に基づくとされた例としては，手形取立金の扱いに関する取引約定に基づく取立金引渡債務の負担のほか，いわゆる強い振込指定に基

づく預金返還債務や代理受領に基づく取立金返還債務等の負担が挙げられる。他方，当座勘定取引契約や普通預金契約の存在自体は，前に生じた原因に当たらないと解されている。→【判例③～⑧】参照

(3) 開始申立てより1年以上前の原因

受働債権の負担が，倒産手続開始申立てより1年以上前の原因に基づくものである場合にも，相殺禁止規定は適用されず，相殺は許容される（破71条2項3号，民再93条2項3号，会更49条2項3号）。相殺禁止が問題となるのは倒産手続開始後であるところ，危機時期から倒産手続開始に至るまでの間に長期間が経過することも稀ではなく，相殺が禁止されるのか否か（遡及的に無効とされるのか否か）が不確定な状態が長期間にわたって継続するのでは倒産債権者の地位が不安定になってしまうため，相殺禁止の適用に時間的な制限を設けたものである。倒産手続間の移行があった場合には，移行前の倒産手続についての開始申立てが基準となる（民再93条2項3号・93条の2第2項3号（93条1項4号）・252条1項・3項，会更49条2項3号・49条の2第2項3号（49条1項4号）・254条1項・3項）。

Ⅳ 受働債権に関する相殺禁止について注意しておくのはどのような点か

破産手続における停止条件付債権を受働債権とする相殺については，破産法71条1項各号と同条2項，同法67条2項後段との関係を整理しておく必要がある。

まず，上記Ⅲ1(1)(b)のとおり，停止条件付債権について破産手続の開始後に条件が成就した場合には，破産法71条1項1号ではなく，同法67条2項後段が適用され，相殺が許容される（これに対し，破産法67条2項後段に相当する規定のない民事再生法等の下では1号禁止に抵触して相殺は禁止される）。すなわち，破産手続開始時点においても停止条件が付されたままの状態である場合には，同項後段による規律の対象となる。

他方，当初は停止条件付債権であったものの破産手続開始前の危機時期に

既に条件が成就していたという場合には，上記Ⅲ2(2)でみた破産法71条1項2号ないし4号の相殺禁止の例外規定である同条2項2号の対象となり，相殺が許容されることになる。

なお，受働債権の負担時期による相殺禁止及びその例外の要件等についてまとめると，**別表**のとおりである。

（別表）　受働債権の負担時期による相殺禁止（破71条，民再93条，会更49条）

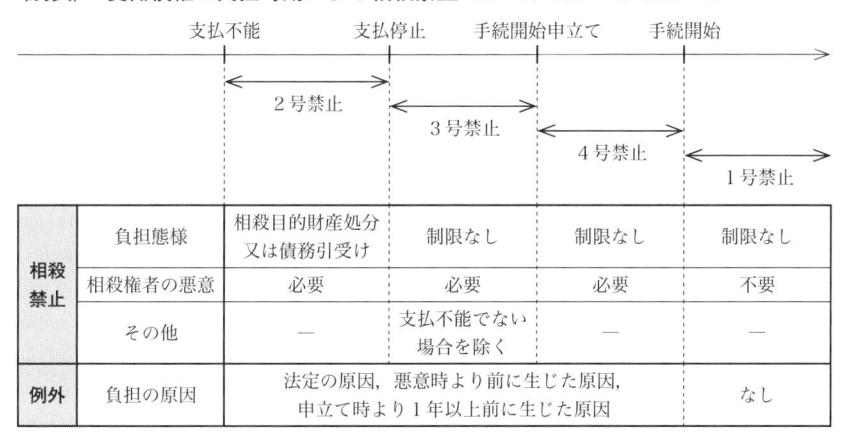

		支払不能〜支払停止	支払停止〜手続開始申立て	手続開始申立て〜手続開始	手続開始後
		2号禁止	3号禁止	4号禁止	1号禁止
相殺禁止	負担態様	相殺目的財産処分又は債務引受け	制限なし	制限なし	制限なし
	相殺権者の悪意	必要	必要	必要	不要
	その他	—	支払不能でない場合を除く	—	—
例外	負担の原因	法定の原因，悪意時より前に生じた原因，申立て時より1年以上前に生じた原因			なし

〔太田　雅之〕

参照判例

【判例①】

　　最二小判平17・1・17民集59巻1号1頁は，破産債権者は，破産者に対する債務がその破産宣告の時において期限付又は停止条件付である場合には，特段の事情のない限り，期限の利益又は停止条件不成就の利益を放棄したときだけでなく，破産宣告後に期限が到来し又は停止条件が成就したときにも，旧破産法99条後段の規定により，その債務に対応する債権を受働債権とし，破産債権を自働債権として相殺をすることができるとする。

【判例②】
　　最一小判昭47・7・13民集26巻6号1151頁は、（破産法67条2項後段に相当する規定のなかった会社整理の事案において）株式会社の債権者が会社に対しその整理開始前に停止条件付債務を負担した場合でも、整理開始後に条件が成就したときは、整理開始後に債務を負担したものとして、旧商法403条1項、旧破産法104条1号により相殺が禁止されるとする。

【判例③】
　　最三小判昭63・10・18民集42巻8号575頁は、破産債権者が、破産者が債務の履行をしなかったときには破産債権者の占有する破産者の手形の取立て又は処分をしてその取得金を債務の弁済に充当することができる旨の条項を含む取引約定を締結した上、支払の停止又は破産の申立てのあったことを知る前に破産者から手形の取立てを委任されて裏書交付を受け、支払の停止等の事実を知った後破産宣告前に上記手形を取り立てたことにより負担した破産者に対する取立金引渡債務は、旧破産法104条2号ただし書にいう「支払ノ停止若ハ破産ノ申立アリタルコトヲ知リタル時ヨリ前ニ生シタル原因ニ基」づき負担したものに当たるとする。

【判例④】
　　名古屋高判昭58・3・31判時1077号79頁は、金融機関が貸付をするに際し、金融機関、債務者、債務者の加入する共済組合との間において、将来発生する債務者の退職手当金について金融機関に開設された債務者名義の預金口座に振込みを受ける旨の合意をし、その振込みによる預金債権と貸金債権とを相殺することを前提として貸付が実行され、債務者の使用者においてもその合意内容を了知していた場合には、金融機関が退職手当金の振込みによって負担した預金債務は、同振込みが金融機関において債務者による自己破産申立ての事実を知った後であっても、旧破産法104条2号ただし書の「前ニ生ジタル原因」に基づき負担したものに当たるとする。

【判例⑤】
　　横浜地判昭35・12・22判夕122号18頁は、支払停止前に破産者からその売掛金について代理受領の委任を受けていた金融機関が、同委任に基づき売掛金を代理受領したことにより破産者に対して負担した同額の支払債務を受働債権とし、破産者に対する貸付金債権を自働債権としてした相殺は、（上記委任の契約は破産者側から解除することができず、金融機関において代理受領に係る金員の支払債務と貸付金債権との相殺を予定したなどの事情の下では）相殺禁止のいずれの場合にも当たらないとする。

【判例⑥】

最三小判昭52・12・6民集31巻7号961頁は，（金融機関が，破産者との間で当座勘定取引契約を締結し，支払停止の事実を知った後に同契約を解約した上で別段預金を開設した事案において，同預金口座に振り込まれた預金に係る預金払戻債務を受働債権とし，破産者に対する手形貸付金債権を自働債権としてした相殺について）本件相殺が旧破産法104条2号本文による相殺禁止の場合に当たることは明らかであるとする。

【判例⑦】

最三小判昭60・2・26金法1094号38頁は，金融機関が，第三者からの振込入金によっても預金が成立することを内容とする普通預金契約を締結した上，支払停止の事実を知った後に，破産者名義の口座に第三者から振込入金がされたことにより破産者に対して負担した預金払戻債務が，支払停止の事実を知った時より前に生じた原因に基づいて負担したものとはいえないとした原審の判断は，正当として是認することができるとする。

【判例⑧】

最一小判平26・6・5金判1444号16頁は，再生債務者Xが，その支払停止の前に，投資信託委託会社と信託会社との信託契約に基づき設定された投資信託の受益権をその募集販売委託を受けた再生債権者Yから購入し，上記信託契約等に基づき，上記受益権に係る信託契約の解約実行請求がされたときにはYが上記信託会社から解約金の交付を受けることを条件としてXに対してその支払債務を負担することとされている場合において，次の(1)〜(3)など判示の事情の下では，Yがした債権者代位権に基づく解約実行請求により，Yが，Xの支払停止を知った後に上記解約金の交付を受け，これにより上記支払債務を負担したことは，民事再生法93条2項2号にいう「支払の停止があったことを再生債権者が知った時より前に生じた原因」に基づく場合に当たるとはいえず，Yが有する再生債権を自働債権とし上記支払債務に係る債権を受働債権とする相殺は許されないとする。

(1) 上記解約実行請求は，YがXの支払停止を知った後にされた。

(2) Xは，Yの振替口座簿に開設された口座で振替投資信託受益権として管理されていた上記受益権につき，原則として自由に他の振替先口座への振替をすることができた。

(3) Yが上記相殺をするためには，他の債権者と同様に，債権者代位権に基づき，Xに代位して上記解約実行請求を行うほかなかったことがうかがわれる。

14-3 相殺の制限③ 自働債権に関する相殺禁止

I 自働債権に関する相殺禁止について学ぶのはどうしてか

　前項目においては受働債権に関する相殺禁止について考察したので，本項目においては，自働債権に関する相殺禁止について考察する。

II 自働債権に関する相殺禁止について問題となるのはどのような点か

1．相殺禁止

　自働債権に関する相殺禁止についても，受働債権に関する相殺禁止と同様に，各基準時における相殺禁止の具体的内容（要件），その主張・立証等についてみていく。

2．相殺禁止の例外

　自働債権に関する相殺禁止のうち，危機時期を基準時とする相殺禁止に対する4つの例外についてみていく。

III 自働債権に関する相殺禁止について実務はどう取り扱っているか

1．相殺禁止

(1) 1号禁止

倒産債務者に対して債務を負担する者が，倒産手続の開始後に他人の倒産債権を取得した場合には，それを自働債権とする相殺は禁止される（破72条1項1号，民再93条の2第1項1号，会更49条の2第1項1号）。倒産手続の開始によって既に実質的な価値が低下した倒産債権を廉価で買い受け，自己の債務の負担を不当に免れようとすることを許容せず，破産財団や再生債務者財産，更生会社財産の充実を確保する趣旨である。倒産債権を取得した者において倒産手続の開始を知っていたことは要件とされておらず，2号禁止ないし4号禁止のような例外規定も設けられていない。なお，債権取得の時期は，対抗要件の具備を基準として判断される。

ところで，倒産債務者が倒産債権者に対して債務を負担していたところ，倒産債務者に対して債務を負担する者が，倒産手続の開始後に倒産債務者の上記債務を弁済したという場合，弁済によって代位する原債権を自働債権とする相殺については1号禁止に抵触するが，求償権による相殺はこれとは取扱いが異なる。まず，倒産債務者の委託に基づく保証人が弁済した場合には，倒産手続の開始時点において将来の請求権（停止条件付債権）であった事後求償権が現実化したものとして，相殺が許容される（ただし，民事再生手続，会社更生手続の場合には債権届出期間の満了までに現実化したものでなければならない）。これに対し，弁済をしたのが全くの第三者である場合又は保証人であっても倒産債務者の委託に基づかない保証である場合には，求償権の取得は「他人の」債権の取得ではないから1号禁止が直接適用されることはないものの，1号禁止が対象とする相殺と類似するものであり，類推適用によって相殺が禁止される。→【判例①】参照

(2) 4号禁止，3号禁止，2号禁止

倒産手続の開始後に倒産債権を取得した場合の相殺禁止の趣旨は，倒産手続の開始前であっても，危機時期における取得の場合には同様に妥当する。そこで，倒産債務者に対して債務を負担する者が危機時期（支払不能，支払停止又は倒産手続開始申立ての後）に悪意で倒産債権を取得した場合には，それを自働債権とする相殺は禁止される（破72条1項2号〜4号，民再93条の2第1項2

号~4号，会更49条の2第1項2号~4号）。この場合には，1号禁止の場合と異なり，他人の債権の取得には限られない。

　なお，自働債権に関する相殺禁止においては，支払不能を基準時とする場合であっても，受働債権の負担態様に関する限定のような限定は存在しない。（下記2の例外に当たる場合を除き）支払不能後に悪意で倒産債権を取得することに経済的合理性が認められず，相殺を保護すべき必要性に乏しいからである。

2．相殺禁止の例外

　危機時期を基準時とする2号禁止ないし4号禁止については，受働債権の負担時期による相殺禁止の場合と同様，倒産法に例外が定められているが，自働債権の取得時期による相殺禁止に特有の例外も存在する（破72条2項，民再93条の2第2項，会更49条の2第2項）。

(1) 法定の原因

　受働債権の負担の場合と同様，自働債権の取得が相続，合併，事務管理等の法定の原因に基づく場合には，相殺禁止の例外となる（破72条2項1号，民再93条の2第2項1号，会更49条の2第2項1号）。

(2) 悪意時より前に生じた原因

　やはり受働債権の負担の場合と同様，自働債権の取得が，相殺権者が支払不能，支払停止又は倒産手続開始申立ての事実を知った時より前に生じた原因に基づく場合にも，相殺は禁止されない（破72条2項2号，民再93条の2第2項2号，会更49条の2第2項2号）。

　典型例としては，危機時期前に締結された保証契約に基づいて危機時期後に保証債務を履行して主債務者である破産者に対して求償権を取得した場合が挙げられる。このほか，危機時期前に買戻特約付きで割り引いた手形について危機時期後に買戻請求をして割引依頼人に対して買戻代金を取得した場合なども，相殺禁止の例外となる。→【判例②~④】参照

(3) 開始申立てより1年以上前の原因

　自働債権の取得が倒産手続開始申立てより1年以上前の原因に基づくものである場合に相殺禁止規定が適用されないことも，受働債権の負担の場合と同様である（破72条2項3号，民再93条の2第2項3号，会更49条の2第2項3号）。

(4) 契　　約

　上記(1)ないし(3)のほか，自働債権の取得に関する相殺禁止については，取得が倒産債務者との間の契約を原因とする場合も例外とされている（破72条2項4号，民再93条の2第2項4号，会更49条の2第2項4号）。危機時期にある倒産債務者に対して既に債務を負担している者が新たに倒産債務者と契約を締結して債権を取得しようとする場合には，弁済を受けられないリスクはあるものの，既に負担している債務との相殺が可能であることを前提にしているものといえる。このような場合において相殺が禁止されるとなれば，経済的な苦境にある者の取引の可能性が大きく制限され，破綻に追い込むことになりかねない。他方で，そのような場合に取得される債権は，当初から担保付きのものと考えることができ，そもそも倒産債務者の無資力のリスクにさらされていないものであって，相殺を許容しても倒産債権者間の公平・平等を害するとはいえない。そこで，偏頗行為否認において同時交換的行為が否認の対象から除外されている（破162条1項，民再127条の3第1項，会更86条の3第1項の各柱書の括弧書参照）のと同様の趣旨で，相殺禁止の例外とされている。

IV　自働債権に関する相殺禁止について注意しておくのはどのような点か

　自働債権に関する相殺禁止のみではなく，受働債権に関する相殺禁止にも共通するところであるが，新破産法等の相殺禁止規定についても類推適用の余地があることには注意を要する（→【判例①】参照）。
　すなわち，新破産法等の制定に当たっては支払不能を基準時とする相殺禁止を新たに創設するなどの整理がされたところであり，相殺禁止規定に抵触しない相殺が明文の規定なく不当に制限されるようなことがあってはならな

いが，相殺適状をあえて作出するなど相殺禁止の趣旨である倒産債権者間の公平・平等の確保という観点から許容し難いものであり，相殺禁止規定に抵触する相殺と相応の類似性を有するものについては，類推適用による制限も検討する必要がある。

なお，自働債権の取得時期による相殺禁止及びその例外の要件等についてまとめると，**別表**のとおりである。

(別表) **自働債権の取得時期による相殺禁止**（破72条，民再93条の2，会更49条の2）

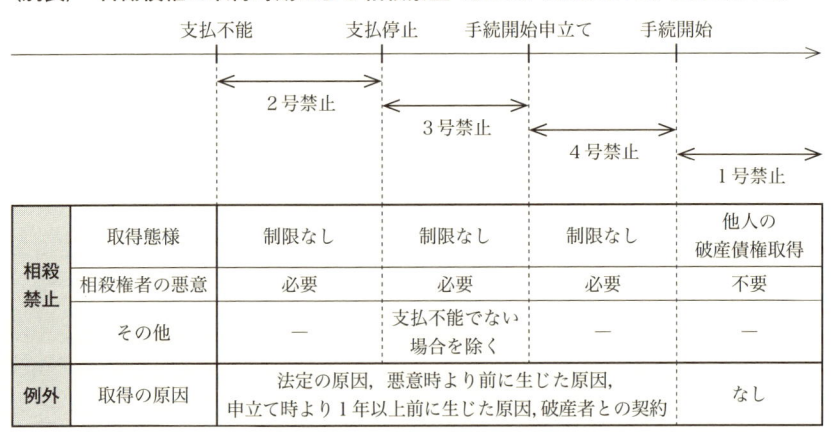

		支払不能〜支払停止（2号禁止）	支払停止〜手続開始申立て（3号禁止）	手続開始申立て〜手続開始（4号禁止）	手続開始後（1号禁止）
相殺禁止	取得態様	制限なし	制限なし	制限なし	他人の破産債権取得
	相殺権者の悪意	必要	必要	必要	不要
	その他	—	支払不能でない場合を除く	—	—
例外	取得の原因	法定の原因，悪意時より前に生じた原因，申立て時より1年以上前に生じた原因，破産者との契約			なし

〔太 田 雅 之〕

参照判例

【判例①】
　最二小判平24・5・28民集66巻7号3123頁は，保証人が主たる債務者の破産手続開始前にその委託を受けないで締結した保証契約に基づき同手続開始後に弁済をした場合において，保証人が取得する求償権を自働債権とし，主たる債務者である破産者が保証人に対して有する債権を受働債権とする相殺は，破産法72条1項1号の類推適用により許されないとする。

14-3 相殺の制限③ 自働債権に関する相殺禁止

【判例②】

　最三小判昭40・11・2民集19巻8号1927頁は，銀行が，買戻の特約を含む手形割引契約に基づき手形を割り引いた後，割引依頼人の支払停止を理由として同人に対して当該手形の買戻請求をした場合に取得した割引依頼人に対する買戻代金債権は，旧破産法104条3号ただし書にいう「支払ノ停止若ハ破産ノ申立アリタルコトヲ知リタル時ヨリ前ニ生シタル原因ニ基」づき取得したものと解すべきであるとする。

【判例③】

　最三小判平10・4・14民集52巻3号813頁は，連帯債務関係が発生した後に連帯債務者の1人が和議開始の申立てをした場合において，同申立てを知って和議開始決定前の弁済により求償権を取得した他の連帯債務者は，同求償権をもって和議債務者の債権と相殺することができるとする。

【判例④】

　東京高判平17・10・5判タ1226号342頁は，元請業者が，下請業者との間で締結した請負契約約款中の立替払条項に基づき，下請業者についての民事再生手続開始の申立ての事実を知った後に，下請業者の孫請業者に対する請負代金債務を立替払したことによって下請業者に対して取得した立替払金請求権は，旧民事再生法93条4号ただし書中段の「再生債権者が支払の停止等があったことを知った時より前に生じた原因に基づ」き取得した債権に当たるとする。

15 相殺の効果

I　相殺の効果について学ぶのはどうしてか

　相殺が倒産時において担保的機能という重要な機能を有していることについては項目12「相殺権の意義」においてみたとおりであり、倒産債権者は、相殺により、事実上の債権回収を図ることができる。これは相殺の事実上の効果ともいうべきものであるが、法律上の効果はその前提となるものであるから、法律上の効果等についても理解しておく必要がある。

II　相殺の効果について問題となるのはどのような点か

1．債務の遡及的消滅

　相殺の効果である債務の遡及的消滅については民法の規定するところであるが、その内容を確認しておく必要がある。

2．相殺充当

　相殺適状にある債権債務が複数存在する場合には、債務の遡及的消滅という効果がどの債権債務について発生するのかが問題となるが、これについても民法が規定する内容を確認しておく。

3．付遅滞の時期

　自働債権の額と受働債権の額とが同一でない限り、相殺後にいずれかの債権が一部残存することになるが、当該債権について履行遅滞の責任を負うことになる時期も問題となり得る。

4. 倒産手続における相殺の効果等

相殺が倒産手続においてされた場合にも，その効果は民法上の相殺と同一であるが，相殺の効果に関連する倒産手続上の問題として，相殺と開始時現存額主義との関係や，相殺禁止以外に相殺の効果が否定される場合なども理解しておくことが有益である。

Ⅲ 相殺の効果について実務はどう取り扱っているか

1. 債務の遡及的消滅

相殺は民法に規定された債権の消滅事由の1つであり，相殺の意思表示がされると，自働債権及び受働債権は，相殺適状時に遡って対当額の範囲内で消滅する（民505条1項・506条2項）。

なお，相殺の遡及効は，相殺の計算をするに当たっては相殺適状時を基準として双方の債権額を定めるという趣旨であり，相殺の意思表示の前に既に生じていた法律効果を覆すものではない。→【判例①～③】参照

2. 相殺充当

自働債権又は受働債権のうち対当額を超える部分は相殺後も残存することになるが，自働債権又は受働債権となるべき債権が複数存在する場合（債権は1個であるが，元本のほかに利息や損害金が存在する場合も含む）には，いずれの債権が消滅し，いずれが残存することになるのかという問題が生じる。民法は，このような場合，弁済充当の規定（民488条～491条）を準用して相殺されるべき債権を決定することとしている（民512条）。→【判例④】参照

3. 付遅滞の時期

自働債権及び受働債権が同額ではなく，相殺後にいずれかの債権が一部残存する場合，その債務者は，相殺適状を生じた日の翌日から履行遅滞による責任を負う。もっとも，両者が同時履行の関係にあった場合において相殺が

されたときは，残存する債権の債務者は，相殺の意思表示がされた日の翌日から履行遅滞の責任を負うことになる。→【判例⑤】参照

4．倒産手続における相殺の効果等

倒産手続における相殺権は，倒産債権の手続外行使禁止原則の例外として民法上の相殺が許容されたものにすぎないから，倒産手続において相殺権が行使されたことによる効果は，民法上の相殺の効果と同一である。→【判例⑥】参照

以下においては，民法上の相殺の効果が倒産手続における倒産債権の通常の取扱いに影響を及ぼす場合について触れるとともに ((1))，相殺の効果に関連する問題として，項目**14-1～14-3**（「相殺の制限①～③」）でみた相殺禁止以外に相殺の効果が否定され得る場合についても若干触れておく ((2), (3))。

(1) 相殺と開始時現存額主義

数人の全部義務者（連帯債務者，主債務者と連帯保証人など）の全員又は一部について倒産手続が開始された場合，倒産債権者は，手続開始時において有する倒産債権の全額について各手続に参加することができ，手続開始後に他の全部義務者が債務の弁済等の債務消滅行為をしたときであっても，当該倒産債権の全額が消滅した場合を除き，倒産債権者は，手続開始時において有する倒産債権の全額について権利を行使することができる（破104条1項・2項，民再86条2項，会更135条2項）。

この開始時現存額主義との関係で，手続開始後に倒産債権者の債権と他の全部義務者の債権とが相殺された場合の効果が問題となる。相殺も弁済等と同じく債務を消滅させる行為であるが，手続開始前に既に相殺適状にあった場合には，相殺の意思表示が手続開始後であっても，相殺の遡及効により，倒産債権の額は手続開始前に相殺の限度で消滅していることになる。そのため，手続開始時における倒産債権の額は，相殺による債務消滅後の債権額となる。

(2) 相殺権の行使等に対する否認

倒産手続においては倒産債権者間の公平・平等の観点から相殺が禁止される場合があることは項目**14－1～14－3**においてみたとおりであるが，倒産法の相殺禁止規定に抵触しない相殺であっても，上記観点からは許容し難く，否認の要件を満たすのではないかと考えられるものもあり得ないではない（もっとも，新破産法等においては相殺禁止の基準時として支払不能が追加されたことから，問題となるような相殺があり得るとしても，ごく限られたものにとどまるといえる。また，相殺禁止規定の類推適用について項目**14－3**のⅣ参照）。

　しかし，倒産法の相殺禁止規定に抵触しない相殺については，否認の要件を満たす場合であっても，否認の対象となることはない。→【判例⑦⑧】参照

(3) 相殺権の濫用による相殺の効果の否定

　相殺権の行使についても，その他の権利の行使と同様，権利の濫用にわたるようなものは許されない。これは，必ずしも倒産手続に特有の問題ではないが，倒産手続においては，その判断に当たり，倒産債権者間の公平・平等という基本理念が考慮されることになる。

　学説において主として問題とされているいわゆる同行相殺について最高裁が相殺権濫用の法理を適用しなかった例はあるものの（→【判例⑨】参照），自働債権の取得及び受働債権の負担の原因・時期や，債権債務の対立状態が生じた経緯等によっては，相殺権の濫用として，その効力が否定されることもあり得る。→【判例⑩⑪】参照（なお，特段の事情がある場合に相殺権の行使が制限されることを示唆するものとして，【判例⑫】参照）

Ⅳ　相殺の効果について注意しておくのはどのような点か

　相殺の法律上の効果については，倒産手続における相殺に固有の問題ではないが，相殺後の具体的な債権債務の内容を正確に把握するためにも，民法上の相殺の効果を理解しておく必要がある。特に倒産手続との関連では，相殺禁止やその例外など相殺の可否に目を奪われがちになるため，その意味でも注意を要するものといえよう。

第4章　相殺権関係

〔太　田　雅　之〕

参照判例

【判例①】
　最二小判昭53・7・17判時912号61頁は，相殺の計算をするに当たっては，双方の債権について弁済期が到来し，相殺適状となった時期を標準として双方の債権額を定め，その対当額において差引計算をすべきものであるとする。

【判例②】
　最二小判昭32・3・8民集11巻3号513頁は，賃貸借契約が賃料不払のため適法に解除された以上，たとえその後，賃借人の相殺の意思表示により上記賃料債務が遡って消滅しても，解除の効力に影響はないとする。

【判例③】
　最三小判昭54・7・10民集33巻5号533頁は，転付債権者に転付された債務者の第三債務者に対する甲債権と第三債務者の転付債権者に対する乙債権との相殺適状が甲債権と第三債務者の債務者に対する丙債権との相殺適状より後に生じた場合であっても，第三債務者が丙債権を自働債権とし甲債権を受働債権とする相殺の意思表示をするより先に，転付債権者の甲債権を自働債権とし乙債権を受働債権とする相殺の意思表示により甲債権が消滅していた場合には，第三債務者による上記相殺の意思表示はその効力を生じないとする。

【判例④】
　最一小判昭56・7・2民集35巻5号881頁は，自働債権又は受働債権として複数の元本債権を含む数個の債権があり，当事者のいずれもが上記元本債権について相殺の順序の指定をしなかった場合には，まず元本債権相互間で相殺に供し得る状態となった時期の順に従って相殺の順序を定めた上，その時期を同じくする元本債権相互間及び元本債権とこれについての利息，費用債権との間で民法489条，491条の規定の準用により相殺充当を行うべきであるとする。

15 相殺の効果

【判例⑤】
　最三小判平9・7・15民集51巻6号2581頁は，請負人の報酬債権に対し注文者がこれと同時履行の関係にある瑕疵修補に代わる損害賠償債権を自働債権とする相殺の意思表示をした場合，注文者は，相殺後の報酬残債務について，相殺の意思表示をした日の翌日から履行遅滞による責任を負うとする。

【判例⑥】
　大判昭7・8・29民集11巻2385頁は，相殺権に関する破産法の規定は，破産債権者が相殺をするにつき相殺に関する民法の規定をある場合に拡張し，ある場合に制限したものであって，破産法に特別の規定のない場合は，全て民法によるべきであるとする。

【判例⑦】
　最一小判昭40・4・22判時410号23頁は，破産債権者の相殺権の行使は，旧破産法104条の制限に服するのみであって，同法72条各号の否認権の対象となることはないものと解すべきであるとする。

【判例⑧】
　最二小判昭41・4・8民集20巻4号529頁は，破産債権者の相殺権の行使は，否認権の対象とならないとする。

【判例⑨】
　最三小判昭53・5・2判時892号58頁は，不渡りとなった手形の所持人が当該手形を手中にとどめて振出人に対し手形上の権利を行使するか，手形の買戻請求権ないし遡求権を行使するかは，手形所持人の自由に選択し得るところであり，手形所持人が前者を選択して振出人に対する上記手形債権と振出人の所持人に対する債権とを対当額において相殺することにより権利の満足実現を図ったため，裏書人において買戻請求権ないし遡求権の行使を免れ，結果において利得することがあったとしても，上記利得と手形振出人が上記相殺によって手形所持人に対する債権の一部を失った損失との間に，民法703条の予定する法律上の因果関係があるとはいえないとする。

【判例⑩】
　大阪地判平元・9・14判時1348号100頁は，反社会的，犯罪的な商法を

営業内容とする法人の元営業担当者が，同法人との報酬支払合意が公序良俗違反により無効であるとして同法人から支払われた報酬相当額について不当利得返還債務を負う場合において，同債務を受働債権とし，同法人に対する未払報酬請求権，立替金請求権等を自働債権とする相殺をすることは，上記商法の被害者である破産債権者らの犠牲において優先弁済を受けるのと同様の結果をもたらすものであって，権利の濫用として許されないとする。

【判例⑪】
　東京高判平17・10・5判夕1226号342頁は，元請業者が，下請業者との間で締結した請負契約約款中の立替払条項及び相殺条項に基づき，下請業者について民事再生手続開始の申立てがされたことを知った後に下請業者の孫請業者に対する請負代金債務を立替払し，それによって下請業者に対して取得した立替払金請求権を自働債権とし，下請業者に対する請負代金債務を受働債権としてする相殺は，工事続行の必要性がないにもかかわらずあえて立替払及び相殺がされるなど社会的相当性を欠くものである場合には，相殺権の濫用として許されないとする。

【判例⑫】
　最二小判平17・1・17民集59巻1号1頁は，破産債権者は，破産者に対する債務がその破産宣告の時において期限付又は停止条件付である場合には，特段の事情のない限り，期限の利益又は停止条件不成就の利益を放棄したときだけでなく，破産宣告後に期限が到来し又は停止条件が成就したときにも，旧破産法99条後段の規定により，その債務に対応する債権を受働債権とし，破産債権を自働債権として相殺をすることができるとする。

第 5 章

別除権関係

16 ● 別除権の意義
17 ● 別除権の行使
18 ● 別除権協定
19 ● 不足額の権利行使

16 別除権の意義

I 別除権について学ぶのはどうしてか

1．別除権とは

　別除権とは，破産（民事再生）手続開始の時において破産財団に属する財産（再生債務者の財産）につき抵当権等の担保権を有する者がその目的である財産について行使することができる権利をいう（破2条9項，民再53条1項）。

2．別除権を巡る状況

　破産・民事再生の手続開始決定を受ける者は，価値のある財産を有していても，それを担保に供して借入れ等をしており，手続の利害関係者として別除権者（別除権を有する者）が存在していることが多い。そして，担保権は債務者による債務の弁済を確保するための制度であり，優先弁済的効力や留置的効力があるから，破産・民事再生手続においてこれがどのように取り扱われるかを確認する必要がある（別除権は破産法・民事再生法によって創設された権利ではない）。

　他方で，別除権が存在しているのは破産財団に属する破産者の財産（再生債務者の財産）であり，これについては破産管財人が管理処分権（換価権等）を有し，又は再生債務者が所有権（使用権等を含む）を有しているから，この管理処分権や所有権と別除権との調整が必要となる（項目**17**「別除権の行使」及び**18**「別除権協定」参照）。

　また，別除権の被担保債権が破産債権である場合には，無担保の債権とは異なった規律が設けられている（項目**19**「不足額の権利行使」参照）。

3．まとめ

以上のように，別除権に関する特有の問題があり，特別の規律が設けられていることに照らすと，その適用範囲を正確に理解するために，別除権の意義について学ぶ必要がある。

なお，会社更生法では，別除権に関する規律は設けられておらず，一定の担保権の被担保債権を更生担保権と位置付けている（会更2条10項）。ただ，更生担保権の内容は別除権と変わりないから，以下，別除権に関する規律との相違点を中心に説明する。

II 別除権について問題となるのはどのような点か

1．典型担保

上記Iで述べたとおり，別除権の意義については法律上規定が設けられており，例えば，破産者・再生債務者が自らの債務を被担保債権として自らの財産に抵当権（民369条）や質権（民342条）といった典型担保を設定していた場合がこれに当たることは明らかである。なお，議論はあるが，破産者や再生債務者に対して債権を有していない物上保証人も別除権者に当たると解されている（逆に，破産債権者・再生債権者が第三者の財産に担保権を有している場合，別除権は成立しない）。

また，特別の先取特権（民311条・325条，建物の区分所有等に関する法律7条等）は別除権に当たるが，一般の先取特権（民306条以下）は破産者や再生債務者の個々の財産に成立する担保権でないことから，別除権に含まれていない（ただし，破98条1項，民再122条1項参照）。

さらに，商法又は会社法の規定による商事留置権（商521条等）について，破産法では破産財団に対しては特別の先取特権とみなしつつ，他の特別の先取特権に後れるとされている（破66条1項・2項）のに対し，民事再生法では別除権に含まれている（民再53条1項）（なお，民法上の留置権について破66条3項参照）。

2．非典型担保

譲渡担保や所有権留保等の非典型担保が別除権に当たるかについては，民法に非典型担保に関する規定が設けられていない上に，破産法・民事再生法にも明文の規定がないこともあって（ただし，仮登記担保契約に関する法律19条参照），議論がある。これは，民法（実体法）上，これらの非典型担保の法的性質をどのように考えるか（担保権として捉えるか）という問題と関連する問題である。

Ⅲ　別除権について実務はどう取り扱っているか

1．譲渡担保

譲渡担保については，民法上，債務者から債権者に所有権を移転させるものと解する見解もあるが（所有権的構成），学説上は，担保権と解する見解（担保的構成）が多い。

判例は，基本的には所有権的構成を採りつつも，同時に譲渡担保の担保的性質を考慮し，両者の調和を図るという立場であるといわれているが，倒産実務上，譲渡担保権は担保権として取り扱われ，別除権又は更生担保権が成立すると解するのが一般的である。その結果，債権者はその対象財産について取戻権を有しないことになる（もちろん，手続開始決定前に譲渡担保権を実行していた場合には，取戻権を行使することができる）。→【判例①②】参照

構成部分の変動する集合物動産譲渡担保や集合債権譲渡担保については，その対象となる動産や債権をどのように特定するか，どのように対抗要件を具備するのか（後記4参照）等を巡って議論されているが，これは民法の問題であるので，これ以上は立ち入らない。→【判例③～⑤】参照

2．所有権留保

所有権留保についても，倒産実務上，売買代金債権等に関する担保権であり，債権者は別除権を有すると解するのが一般的である。→【判例⑥】参照

ただし，債権者は，手続開始決定前に債務不履行等を理由に売買契約等を解除していれば，取戻権を行使することができる。なお，契約当事者が倒産手続開始決定を受けたこと等を解除事由と定めても，その特約は無効と解されている（もっとも，破産手続に関しては判例がなく，同手続における特約の効力について議論が分かれている）。→【判例⑦⑧】参照

3．リース

　民事再生手続を中心としてリースが別除権に当たるかが議論されており，ファイナンス・リース契約について，その実質は金融上の便宜を付与するものであるから，リース料債権を被担保債権とする担保権として別除権が成立するとの見解が有力である。この見解によると，別除権者は手続外で別除権を行使可能であるから，再生債務者がリース物件を使用し続けるためには，別除権協定の締結等が必要となる（項目**17**「別除権の行使」及び**18**「別除権協定」参照）。→【判例⑨】参照

　もっとも，リース契約を双方未履行双務契約に当たるとして，別除権の成立を否定し，履行が選択された場合の未払リース料債権を財団債権（民事再生の場合は共益債権）と解する見解もあり（破148条1項7号，民再49条4項），実務上，そのように取り扱われた例もあるようである。また，ファイナンス・リース以外のリースについては，リース契約の実体を踏まえて別除権の成否が検討されるべきとの指摘もされている。

4．対抗要件の要否

　別除権者が公示手段（登記等）の定められている担保権をもって破産管財人や再生債務者等に対抗するためには，対抗要件を具備していることが必要である（民再45条参照）。→【判例⑥】参照

Ⅳ　別除権について注意しておくのはどのような点か

　上述のとおり，担保権イコール別除権ではないので，個々の担保権ごとに，別除権に当たるかどうかの確認・検討が重要である。

また，非典型担保については，民法における議論を踏まえて別除権の成否を検討する必要があり，上述したように，取戻権行使の可否，項目**18**「別除権協定」の必要性等という点に議論の実益があるという点を押さえておく必要がある。

〔野上　誠一〕

参照判例

【判例①】
　最一小判昭41・4・28民集20巻4号900頁は，会社更生手続に関し，譲渡担保権者は更生担保権者に準じて更生手続によって権利行使すべきであって，取戻権を有しないとする。

【判例②】
　最一小判平18・7・20民集60巻6号2499頁は，民事再生手続に関し，動産譲渡担保が同一の目的物に重複して設定されている場合，後順位譲渡担保権を観念した上で，その後順位者は私的実行をすることができないとする。

【判例③】
　最一小判昭54・2・15民集33巻1号51頁は，集合物動産譲渡担保であっても，その種類，所在場所及び量的範囲を指定するなどの方法により目的物の範囲が特定される場合には，1個の集合物として譲渡担保の目的となりうるとする。

【判例④】
　最三小判昭62・11・10民集41巻8号1559頁は，集合物動産譲渡担保権の設定者は占有改定の方法によって対抗要件を具備することができ，その対抗要件具備の効力は，新たにその構成部分となった動産を包含する集合物にも及ぶとする。

【判例⑤】
　最一小判平13・11・22民集55巻6号1056頁は，将来発生すべき債権を含む集合債権譲渡担保契約に係る債権の譲渡を第三者に対抗するには，指名債権譲渡の対抗要件の方法によることができるとする。

【判例⑥】
　最二小判平22・6・4民集64巻4号1107頁は，自動車の立替払契約による所有権留保に関し，民事再生手続において留保所有権が別除権として取り扱われることを前提としつつ，この別除権を行使するためには，民事再生手続が開始した時点で，自動車について自己を所有者とする登録がされていることが必要であるとする。

【判例⑦】
　最三小判昭57・3・30民集36巻3号484頁は，買主たる株式会社に更生手続開始の申立ての原因となるべき事実が生じたことを売買契約の解除事由とする旨の特約を無効とする。

【判例⑧】
　最三小判平20・12・16民集62巻10号2561頁は，いわゆるフルペイアウト方式によるファイナンス・リース契約中の，ユーザーについて民事再生手続開始の申立てがあったことを契約の解除事由とする旨の特約を無効とする。

【判例⑨】
　最二小判平7・4・14民集49巻4号1063頁は，いわゆるフルペイアウト方式によるファイナンス・リース契約について，その実質はユーザーに対して金融上の便宜を付与するものであるから，双方未履行双務契約には当たらないとした上で，同契約によりリース物件の引渡しを受けたユーザーにつき会社更生手続の開始決定があった場合，未払のリース料債権は，その全額が更生債権になるとする（ただし，これは別除権の成否が直接問題となった判例ではない）。

17 別除権の行使

I 別除権の行使について学ぶのはどうしてか

1．別除権者からの視点

担保権の性質に照らせば，担保権者は，債権を回収するために担保権を行使するかどうか及びその行使時期について，自由に選択することができるはずである。したがって，破産・民事再生手続が開始された場合も同様に考えられるかを確認する必要がある。

もっとも，一般的に，競売手続で競落される価格は通常の不動産市場の売買価格よりも低くなるといわれており，通常の売買で処分した方が別除権者にとっても得となる（たくさん債権を回収できる）ことが多く，売却価格によっては別除権者も通常の売買での処分を望むものと考えられる。

また，別除権者としては，別除権の対象財産からできるだけ多くの債権を回収することを望むものと考えられる。

2．破産管財人・再生債務者・債権者からの視点

別除権の対象財産について，破産管財人はその管理処分権を有しているし，破産手続の場合，債権者は破産財団が増殖されること（その結果，自らへの配当額が増えること）を望むから，破産管財人としてもその期待に応えるべく換価手続を行う必要がある。

また，民事再生手続において，別除権の対象財産が現に事業のために使用されている場合，別除権が行使されると，事業の継続に支障を来しかねないから，再生債務者はもちろん，他の債権者も，別除権の行使の行方について関心を持つことが多い。

3. まとめ

以上のように，別除権者と破産管財人・再生債務者・債権者の利害・意向が対立する場合が少なくなく，別除権の行使について学ぶ必要がある。

II 別除権の行使について問題となるのはどのような点か

1. 原則

破産法65条1項及び民事再生法53条2項において，別除権は破産・民事再生手続によらないで行使することができるとされている。これは，手続開始決定前に成立した担保権の効力を維持し，別除権者は別除権の対象財産から債権の回収をすることができるということであり，具体的には，別除権者は担保権実行としての競売の申立てや約定に基づく任意処分（例えば，譲渡担保権者が対象財産を引き揚げて，これを換価すること）等が可能である。

また，別除権者は，債務者や担保権設定者が破産・民事再生手続開始決定を受けたとしても，物上代位権（民304条・350条・372条）を行使することが可能と解されている。→【判例①②】参照

2. 破産手続における任意売却

他方で，別除権者によって別除権の対象財産が不当に廉価に処分されると，本来なら破産管財人に引き渡されるべき剰余金が発生しなかったり，不必要な破産債権の行使がされたりするおそれがある。そこで，破産管財人は，別除権の対象財産を評価し，受け戻したり，自ら強制執行の方法により換価したりすることができる（破78条2項14号・154条・184条）。破産管財人による強制執行の申立ては別除権者の意向にかかわらずすることができるから（破184条2項後段），その意味では別除権者による別除権行使時期の選択権は制約されているといえる。

もっとも，実務上，破産管財人が自ら強制執行を申し立てることは想定し難く，オーバーローン（目的物の価格よりも被担保債権額が高い）の場合も含め，

任意売却の可能性が探られ，別除権者には一定の支払と引換えに担保権の消滅（対象財産の受戻し）を了解してもらった上で，任意売却が実施されることが多い（破78条2項1号〜4号・7号・8号参照）。実務上は，そもそも買主が現れるか，どのようにして別除権者の了解を取り付けるか等が問題となることが多い。

3．破産法上の担保権消滅請求

破産管財人が別除権者に対して合理的な売却金額等を提案しているにもかかわらず，別除権者が任意売却に同意しなかったり，過度な要求をしたりすること（下記Ⅲ1参照。例えば，自らの取り分を必要以上に多くするよう求めること，後順位抵当権者が後述するハンコ代として高い額を要求することなど）もあり得る。

そこで，破産管財人が換価手続（特に任意売却）を円滑に実施し，破産財団の処分価値を最大化するための制度として，担保権消滅請求の制度が設けられており（破186条以下），売得金の一部を破産財団に組み入れることも可能とされている（同条1項）。詳しくは**第9章**を参照されたい。

なお，条文上は典型担保を前提とした規定となっているため，非典型担保がこの制度の対象となるかが議論されている（下記4についても同じ）。

4．民事再生法上の担保権消滅請求

民事再生手続においても担保権消滅請求の制度が設けられているが（民再148条以下），破産手続とは異なり，事業継続のための制度として位置付けられている。

5．民事再生手続における担保権実行手続の中止命令

民事再生手続において，再生債権者の一般の利益に適合し，かつ，競売申立人に不当な損害を及ぼすおそれがないものと認めるときは，裁判所は，相当の期間を定めて，担保権実行手続の中止を命ずることができる（ただし，被担保債権が共益債権又は一般優先債権であるときを除く）（民再31条1項）。

これは，別除権が行使されて再生債務者がその対象財産を使用することができなくなり，事業の継続が不可能又は著しく困難となるのを回避するため

に，再生債務者等に，別除権者との間で別除権協定（項目**18**「別徐権協定」参照）の交渉をし，又は担保権消滅許可決定を受ける機会を与えるための制度である。

非典型担保がこの制度の対象となるかということのほか，競売以外の方法による担保権の実行についても中止命令が可能かについて議論されている。

6．会社更生手続における取扱い

会社更生法では担保権の被担保債権が更生担保権とされ，担保権の手続外での行使は禁止されている（会更50条1項）。そのため，同法の担保権消滅請求の制度（会更104条以下）は事業継続のための制度ではなく，主に事業譲渡や遊休資産の処分に際して担保権の存在が妨げとなる場合等に，これを消滅させるために用いられる。

Ⅲ　別除権の行使について実務はどう取り扱っているか

1．破産手続における任意売却

競売手続による場合，オーバーローンであれば，別除権者が競売手続において配当を受けるだけで，破産財団が増殖することはない。

これに対し，破産管財人が任意売却を実施する場合（実務上，担保権を消滅させた上で任意売却するのが通例である），別除権者に売買代金の大半が支払われるが（例えば，抵当権者が複数いる場合には，売買代金の大半が先順位の抵当権者に支払われ，競売手続によると配当を受けられないような後順位抵当権者には，いわゆるハンコ代（承諾料）として低額の支払をするにとどめるのが一般的である），オーバーローンであっても，破産管財人が別除権者と交渉して，売買代金の一部（5パーセントから10パーセント程度）を破産財団に組み入れて破産手続における配当等の原資とするのが通例である。

実務上，買主がなかなか見付からずに任意売却が難航することもあるが，別除権者が買主を探してきて任意売却を強く希望することもある。

また，別除権者との間の交渉では，破産財団への組入額について意見が対

立することが少なくないが，一般的に，任意売却の方が高い値で売却することができ，別除権者にとっても早期に多くの債権を回収することができるなどというメリットがあることから，別除権者との交渉はまとまることが多い。

なお，実務上，別除権者による競売申立てに委ねられることもあり，この場合，破産管財人は対象財産を破産財団から放棄して（破78条2項12号参照），破産手続を終了させることになる。

2．破産法上の担保権消滅請求

この制度の活用事例もあるようだが，それほど多いわけではなく，実務上は，破産管財人が任意売却の交渉の際，別除権者に対してこの制度の存在を指摘し，譲歩を引き出している例が多いといわれている（破186条2項も参照）。

また，この制度に関する規定が非典型担保に類推適用されると解する見解があり，実務上も譲渡担保権について消滅許可決定がされた例があるようである（ただし，判例はない）。

3．民事再生法上の担保権消滅請求

実務上，別除権者との間で別除権協定の交渉をしないまま，いきなり担保権消滅請求がされることはなく，再生債務者としては，まず別除権協定の締結を目指すべきである（別除権者は大口債権者であることが多く，再生計画案について賛成を得る必要もある）。

4．民事再生手続における担保権実行手続の中止命令

競売以外の方法による担保権の実行，特に非典型担保の実行についても中止命令が可能かについて議論されており，これらに中止命令の規定が類推適用されるとの見解も主張されている。実務上も譲渡担保権の実行について中止命令がされた例があり，どのような場合に中止命令の発令要件を満たすものと考えるべきかについて議論されている。→【判例③④】参照

Ⅳ 別除権の行使について注意しておくのは どのような点か

　別除権は手続外で行使可能とされているが，実務上，破産手続においては任意売却が実施されることが多く，任意売却が果たしている役割の大きさを理解しておく必要がある。そして，破産法上の担保権消滅請求の制度の存在意義については，上述した任意売却の実態を踏まえて理解する必要がある。
　また，民事再生手続においては，再生債務者の事業継続に対する配慮が必要であり，その趣旨との関係で，中止命令や担保権消滅請求の制度の存在意義や要件等を理解しておく必要がある。

〔野 上　誠 一〕

参照判例

【判例①】
　最一小判昭59・2・2民集38巻3号431頁は，債務者が破産宣告（破産手続開始決定）を受けた場合であっても，先取特権者が目的債権を差し押えて物上代位権を行使することができるとする。

【判例②】
　最二小決平11・5・17民集53巻5号863頁は，譲渡担保権設定者が破産宣告（破産手続開始決定）を受けた場合であっても，譲渡担保権者が物上代位権を行使することができるとする。

【判例③】
　大阪高決平21・6・3金判1321号30頁は，集合債権譲渡担保について，担保権の実行により再生債務者の事業に不可欠な財産が失われて事業再生が困難となり，再生債権者一般の利益に反する事態が起こり得ると想定できる場合には，民事再生法31条1項を類推適用して，その実行手続の中止

命令を発することができるとする。

【判例④】
　福岡高那覇支決平21・9・7判タ1321号278頁は，債権の譲渡担保について，その実行により事業再生が困難となる結果，再生債権者の一般の利益に反する事態が想定される限り，中止命令の対象とすることができるとする。

18 別除権協定

I 別除権協定について学ぶのはどうしてか

1．事業継続のための別除権協定

　別除権者は，民事再生手続が開始された場合でも，手続外で別除権を行使することができるが，再生債務者が事業のために現に使用している財産（工場の土地建物や事業用機械・自動車，在庫商品等）について競売等が実施されると，事業の継続が困難となるなどして，その結果，再生に大きな支障となることがあり得る。

　そこで，このような事態を回避するため，再生債務者等（再生債務者又は管財人が選任されている場合は管財人）が別除権者との間で別除権の取扱い（被担保債権の弁済方法や対象財産の処分時期・処分方法等）について交渉し，通常は再生計画案の提出までに，再生債務者が被担保債権の全部又は一部を一括又は分割で弁済することを条件として別除権の不行使を約束する内容の別除権協定をして，別除権の行使を回避することが行われている（なお，住宅資金特別条項（民再196条以下）も別除権の行使を回避するための制度である）。

2．任意売却のための別除権協定

　特に破産手続において，別除権が付されている財産とそうでない財産とを一体的に売却した方が高い値がつくような場合に，破産管財人が別除権者と交渉し，担保権の消滅を了解してもらった上で，まとめて換価することがある（民事再生手続においても，弁済資金を捻出するためにこのような任意売却が実施されることがある）。これも別除権協定と呼ばれることがあるが，あくまでも有利な条件で任意売却を実施するための手法にすぎない。

3．配当のための別除権協定

　破産・民事再生手続において，配当を可能とするために，別除権者との間で被担保債権の範囲を限定する旨合意するなどして，不足額を確定させることがあり（項目**19**「不足額の権利行使」参照。なお，上記1のような別除権協定でも同様のことが定められるのが通例である），これも別除権協定と呼ばれている。

4．まとめ

　以上のように，別除権協定には様々なものがあり，特に民事再生手続における事業継続のための別除権協定は重要な役割を果たしており，これについて学ぶ必要がある。

Ⅱ　別除権協定について問題となるのはどのような点か

1．事業継続のための別除権協定の内容

　別除権協定の内容は，大まかにいえば，再生債務者が別除権者に対して別除権の対象財産の評価額（別除権者は，別除権を行使すればこの部分について他の債権者に優先して支払を受けることができる）を一括又は分割で支払うこととし（なお，残りの債権は再生債権として再生計画の対象となり減額又は免除される），別除権者はその弁済がされている限り，別除権を行使せず，再生債務者は弁済終了時に別除権の対象財産を受け戻す（例えば抵当権であれば，これを抹消する）というものである。

　そもそも事業の継続にとって確保しておく必要性が乏しい財産については別除権協定をする必要がないから，財産確保の必要性を検討する必要があるのは当然であるが，実務上問題となることが多いのは，別除権の対象財産の評価や別除権者に対する弁済金額・弁済方法である。

　協定内容は再生債務者等と別除権者との間の交渉によって決まるが，両者の希望・意見が対立することも少なくなく，実務上は，協定内容についてどのように交渉を進めていくべきかが問題となる。

2. 事業継続のための別除権協定で定められた支払債権の法的性質

　別除権協定で定められた別除権者の再生債務者に対する債権について，共益債権（民再119条5号）であり，再生手続によらずに随時弁済することができる（民再121条1項）と解する見解がある一方で，このように解すると，牽連破産の場合（民事再生手続が終了され，破産手続に移行する場合）に財団債権（民再252条6項前段）となってしまい不合理であるなどとして，別除権協定を別除権の対象財産の受戻しに関する合意の一種にすぎず，別除権者の債権は再生債権にすぎないと解する見解もある。

3. 再生債務者が他人の所有物を使用して事業をしている場合の処理

　再生債務者の事件では，再生債務者が使用しているにすぎない他人の所有物について，中止命令や担保権消滅請求をすることはできない。しかし，実務上，会社（再生債務者）がその役員所有の不動産を事業のために使用している例もみられ，この場合は役員所有の不動産にも抵当権が設定されているのが通例である。そうすると，会社が事業のために使用している役員の物件について別除権が行使されてしまう可能性があり，会社の事業継続が不可能又は著しく困難となってしまう。そこで，このような場合にどのように対応すべきかが問題となる。

4. 配当のための別除権協定の不履行

　別除権協定を締結したものの，再生債務者が協定で定められた弁済を怠った場合，別除権協定による被担保債権額確定の効果が維持されるのか（固定説），それともその効果は失われ，もとの被担保債権額が復活するか（復活説）が議論されている。

　これは主に，破産手続に移行した場合や別除権者が担保権を実行した場合に問題となり，固定説によると，別除権の目的物について競売の申立てがされた場合，別除権者はその競売手続において別除権協定で定めた被担保債権額の限度でしか配当を受けられないことになる。

Ⅲ　別除権協定について実務はどう取り扱っているか

1．事業継続のための別除権協定の内容

(1)　別除権者からの視点

　別除権者は，別除権の対象財産を高く評価して，できるだけ多くの債権を回収しようとするであろうし（対象財産の評価額を超える部分は再生債権として減額又は免除の対象になってしまう），評価額を一括又は短期の分割で支払うこと，将来の利息を付して支払うこと等を希望するものと思われる。

(2)　再生債務者・債権者からの視点

　別除権の対象財産を不当に高く評価することは再生債務者の公平誠実義務（民再38条2項）等に反するし，別除権者に対して多額の弁済をしなければならないとすると，債権者に対する弁済率が低くなったり，無理のある再生計画案になったりしてしまうことも考えられる。それだけでなく，別除権者に対する弁済金額や弁済方法によっては，他の再生債権者の理解が得られず，再生手続が紛糾することもあり得る。また，別除権協定は別除権の受戻し又は和解に当たるところ，監督委員の同意等の対象とされる場合（民再41条1項6号・9号・54条2項），不合理な協定内容ではその同意等が得られない可能性もある。

(3)　実務上の取扱い

　別除権の対象財産の評価に関し，実務上は，不動産鑑定士等の専門家による評価が実施されていることが多い。別除権協定における評価額は再生債務者等が評定した価額（民再124条1項）には拘束されないと解されているが，両者の額があまりにも食い違うのは監督委員や他の債権者の理解が得られない可能性がある。

　また，再生債務者等としては，再生計画の遂行可能性等も見据えながら，別除権者に対してある程度長期の分割払にするとともに，将来の利息を付さ

ないよう求めるなど，弁済金額や弁済方法についても，別除権者と粘り強く交渉していく必要がある（必要があれば項目17「別除権の行使」の中止命令を申し立てる必要がある）。

他方で，別除権者があまりに強硬な態度を貫くと，再生債務者が再生を断念せざるを得ないことになりかねないが，別除権者にとっても破産に至るよりは再生を前提とした方が得策であることが通常であろう。また，担保権を実行したとしても，そもそも競落する人が現れなかったり，安い値で競落されたりしてしまう可能性もあるし，競落されるまで時間がかかってしまう場合もある。そこで，別除権者としては，担保権実行の容易さや早期回収のメリット等も考慮しながら，適宜譲歩すべきところは譲歩していくのが通例である（項目17「別除権の行使」で述べた担保権消滅請求の制度の存在も別除権者との交渉材料になる）。

なお，別除権者が別除権協定の締結に応じないことが確実である場合，株式会社であれば，事業を継続するために担保権の手続外行使が禁止されている会社更生手続を選択することができる。

2．事業継続のための別除権協定で定められた支払債権の法的性質

実務上，再生債務者が別除権協定で定めたとおり別除権者に対して支払をすることは問題視されておらず（共益債権と解すれば随時弁済可能であるし，再生債権と解したとしても，別除権の対象財産の受戻しのための支払であるから，支払が正当化される），別除権協定が締結された民事再生手続の中でその債権の法的性質が正面から問題とされることは考えにくいこともあって，議論が分かれている。→【判例①】参照

実務上は，別除権協定の中で，破産手続に移行する場合には協定が将来に向かって失効するなどと定めることによって，破産手続において財団債権として扱われることのないような手当がされることが多い。

3．再生債務者が他人の所有物を使用して事業をしている場合の処理

上記Ⅱ3のような事例では，実務上，役員も会社と一緒に民事再生手続開

始の申立てをし，役員についても別除権協定を締結して対応している（なお，中止命令をするためには，当該役員についてその要件を満たす必要がある）。

4．配当のための別除権協定の不履行

別除権協定によって不足額が確定した（項目**19**「不足額の権利行使」参照）ものと取り扱う以上，復活説を採ることはできないなどとして，固定説も有力であるが，別除権協定の解釈の問題であるとの指摘もされている。→【判例②】参照

Ⅳ　別除権協定について注意しておくのはどのような点か

まずは，民事再生手続における事業継続のための別除権協定の必要性について，事業の再生という民事再生法1条の趣旨に遡って理解しておく必要がある。

その上で，別除権者と再生債務者・債権者の利害や意向がどのような形で対立するのかを踏まえた上で，別除権協定の締結に向けた交渉のポイントを押さえるとともに，中止命令や担保権消滅請求の制度（項目**17**「別除権の行使」参照）との関係について改めて理解を深める必要がある。

〔野　上　誠　一〕

参照判例

【判例①】
　東京地判平24・2・27金法1957号150頁は，原告が再生債務者と締結した別除権協定について，その内容に照らすと，民事再生法41条1項9号の別除権の目的である財産の受戻しに関する合意の一種と解するのが相当であり，その協定によって再生債権者と再生債務者との間に新たな権利が発生し，かつ，これが共益債権に該当するとは解されないとする。

【判例②】
　　最一小判平26・6・5金判1445号14頁（民集登載予定）は，再生計画認可後に再生債務者が破産手続開始決定を受けた事案について，別除権協定の解除条件に関する合意を，再生債務者が再生計画の履行完了前に再生手続廃止の決定を経ずに破産手続開始決定を受けた時から別除権協定がその効力を失う旨の内容をも含むものと解釈し，その結果，被担保債権の額が別除権協定締結前の額から弁済済みの金額を控除した額になるとする。

19 不足額の権利行使

I 不足額の権利行使について学ぶのはどうしてか

1．不足額責任主義とは

　別除権者は破産債権者・再生債権者であることが多いが（なお，別除権者には物上保証人のように破産者・再生債務者に対して債権を有していない者も含まれるが，本項の対象とはならない），そのような別除権者が手続外で別除権を行使して被担保債権を回収しようとし，それと同時に破産手続内の配当や再生計画による弁済によって被担保債権を回収することができるだろうか。

　この点について，手続外及び手続内の双方で同時に全額の権利行使をすることを認めると，他の破産債権者・再生債権者との関係で公平性を欠くことから（別除権者は別除権の対象財産から優先的に回収することができるだけであり，別除権の手続外行使を認めつつ，さらに同時に別の方法による回収を認めるまでの必要はないということである），破産法108条1項本文及び民事再生法88条本文は，別除権者は別除権の行使によって弁済を受けることができない債権の額（部分）（不足額という）についてのみ，破産債権者・再生債権者としてその権利を行使することができるとされている（民394条1項も参照）。これを不足額責任主義という。

　なお，会社更生手続では，担保権の手続外での行使は禁止され，更生担保権者はその有する更生担保権をもって更生手続に参加することができる（会更135条1項）から，不足額の権利行使ということは問題とならない。

2．別除権者と他の債権者との利害の対立

　別除権者にとって，不足額の権利行使は，いくらの債権を回収することが

できるかという問題であるから，別除権者がこれに関心があるのは当然である。また，他の債権者にとっては，別除権者が破産手続内で配当を受け，又は再生計画による弁済を受けることができるとすると，自らへの配当率が低下したり，再生計画の遂行可能性に影響を与えたりすることもあり得るから，不足額の権利行使について利害を有している。

3．まとめ

以上述べたように，不足額の権利行使は，単に別除権者の手続参加を認めるかという問題ではなく，他の債権者の利害にも関連する問題であるから，不足額の権利行使について学ぶ必要がある。

II　不足額の権利行使について問題となるのはどのような点か

1．別除権者による権利行使

(1) **債権届出等**

別除権者は，破産・民事再生手続で債権を行使しようとする場合には，債権届出をする必要があり（なお，債権届出をしなくても手続外で別除権を行使することはできる），通常の届出事項に加えて，別除権の対象財産及び別除権の行使によって弁済を受けることができないと見込まれる債権の額（予定不足額）をも届け出る必要がある（破111条1項・2項，民再94条）。このように，債権届出の場面では，別除権者であることによる制約はみられない。そのほか，債権者集会への出席，債権認否の場面等についても，別除権者と他の債権者との間に違いはみられない（予定不足額の認否につき下記III 1参照）。

(2) **破産手続における配当**

別除権者が配当手続に参加して現に配当を受けるためには，除斥期間内に不足額を証明しなければならない（破198条3項・205条。なお，中間配当につき破210条1項・213条参照）。除斥期間内にこの証明をすることができなかった場合

には，別除権者は破産手続において配当を受けることができないのである（不足額が確定するまでに除斥期間が経過してしまった場合には，別除権の行使によって債権を回収することができるだけということである）。後述のように民事再生手続では，再生計画認可後に不足額が確定した場合であっても，再生計画によって弁済を受けることができるとされており，それと比べると厳しいようにも思われるが，配当手続を迅速に進めるためにやむを得ないことである。別除権者としては，以上のことも考慮して，任意売却に応じて不足額を確定させた方が得策かどうか（下記2(1)参照）を検討する必要がある。

また，根抵当権については，不足額を証明しなくても，極度額を超える部分の額が不足額とみなされる（破198条4項）。

(3) 再生計画による弁済

別除権者は，不足額が確定した場合に限り，その不足額について再生計画の定めに従って権利を行使し，弁済を受けることができる（民再182条本文）。そのため，不足額が確定していない別除権者がいるときは，再生計画においていわゆる適確条項を定めなければならないこととされており（民再160条1項），不足額が確定したときに再生計画の一般的基準（民再156条）を適用することや，その時点で弁済期が到来している未払額の支払時期・支払方法を定めるのが一般的である。

なお，根抵当権の元本が確定している場合には，極度額を超える部分について再生計画の一般的基準に従い仮払に関する定めをすることができる（民再160条2項・165条2項）。

(4) 議決権の行使

民事再生手続において別除権者が届け出た予定不足額を再生債務者等が認めた場合等には，別除権者は，その額に応じて議決権を行使することができ，予定不足額について争いがある場合には，裁判所が定めた額に応じて議決権を行使することができる（民再170条2項・171条1項）。

なお，破産手続においても予定不足額に応じて議決権を行使することができる（破140条1項2号）。

2．不足額の確定方法

上記1で述べたとおり，配当・再生計画による弁済や議決権行使の場面では，不足額の権利行使が問題となり，どのような場合に不足額が確定するのかを確認する必要がある。

(1) **担保権が消滅した場合**

担保権の実行が完了して残債務額が確定した場合のほか，任意売却（別除権の対象財産の受戻し）や担保権消滅請求によって担保権が消滅した場合，別除権協定で定められた債務の弁済が完了して担保権が消滅した場合がこれに当たる。また，別除権者が担保権を全部放棄した場合もこれに当たる。なお，別除権者が担保権を一部放棄する（被担保債権の一部について被担保債権でないようにする）ことによって不足額が確定する場合もある。

(2) **不足額について合意された場合**（破108条1項ただし書，民再88条ただし書参照）

別除権協定によって別除権の対象財産の評価額の支払とともに不足額が定められ，それによって不足額が確定することもある。また，別除権者と破産管財人・再生債務者等との間で，別除権によって担保される被担保債権の範囲を限定する旨合意されることもある（ただし，実務上，破産手続でこれが行われるのは，債権者が別除権者だけであって，このような合意をしないと配当を実施することができない場合に限られる）。

3．別除権放棄等について登記等をする必要があるか

別除権者が破産管財人や再生債務者等に不足額が確定したことを主張するために，別除権放棄や被担保債権の範囲の限定の登記等を必要とすべきかが議論されている。

4．不足額の算定方法

不足額は別除権の行使によって弁済を受けた額や別除権の行使による回収

見込額を被担保債権に充当して算出されるが，どのように充当されるべきかを確認しておく必要がある。

Ⅲ 不足額の権利行使について実務はどう取り扱っているか

1．不足額の確定方法

実務上，破産財団に属する破産者の財産や再生債務者の財産について別除権が成立していたとしても，配当の実施までに別除権の対象財産について任意売却が完了したり，再生計画案の提出までに事業継続のための別除権協定が締結されたりして，不足額が確定している事例が多い。

なお，破産法では債権者集会の決議事項が限定されており，決議がされることはほとんどないため，破産管財人は予定不足額の認否を留保する（認否しないまま破産手続を終了させる）のが通例である。

2．別除権放棄等について登記等をする必要があるか

手続を明確にする必要があるなどとして登記等を必要とする見解がある一方で，対抗問題は生じないとしてこれを不要とする見解もあり（登記等をするのに費用がかかることから，別除権者にこれをするよう求めても難色を示されることもある），実務上は，裁判所や監督委員がどのような見解を採るかを踏まえつつ，手続が進められることになる。

3．不足額の算定方法

別除権者が弁済を受けた金額等を元本に充当することができれば，破産債権や再生債権として行使される金額が少なくなる。

しかし，この問題は，民法の法定充当の規定（民489条～491条）の適用の問題であるといわれており，弁済の充当の指定や合意のない限り，利息や遅延損害金から充当されることになる。→【判例①】参照

実務上は，任意売却や別除権協定の際に，破産管財人・再生債務者等と別

除権者との間で，元本から充当する旨合意している事案もみられるが（この場合には別除権者が元本の債権届出を一部取り下げることになる），別除権者がそのような交渉に応じず，民法の法定充当による処理がされる事案も少なくない。

IV 不足額の権利行使について注意しておくのはどのような点か

　別除権者による権利行使に不足額の確定を要求する趣旨を押さえるとともに，どのような場合に不足額が確定するかを，具体例とともに理解しておく必要がある。実務上は，これまで述べてきた任意売却や事業継続のための別除権協定によって不足額が確定される場合が多く，被担保債権の範囲に関する合意をすることによって不足額を確定させる場合もあり，合意が果たす役割が大きいことも認識しておく必要がある。
　特に配当や再生計画による弁済の場面では，不足額の権利行使が問題となることから，法律上の規律の内容を正確に把握するとともに，実務上は，不足額の算定方法等が問題となることから，任意売却や別除権協定の際に，その点も詰めておくべきである。

〔野上　誠一〕

参照判例

【判例①】
　最三小判平22・3・16裁判集民事233号205頁は，債権者が弁済を受けてから1年以上経過した時期に初めて，特約（債権者において任意の時期に弁済充当の指定ができるというもの）に基づく充当指定権を行使する旨を主張するに至ったなど判示の事実関係のもとにおいては，充当指定権の行使は法的安定性を著しく害するものとして許されないとする。

第6章

取戻権関係

20-1 ● 取戻権の意義①一般の取戻権
20-2 ● 取戻権の意義②特別の取戻権
21 ● 取戻しの要件
22 ● 取戻しの制限
23 ● 取戻しの効果

20-1 取戻権の意義① 一般の取戻権

I 一般の取戻権について学ぶのはどうしてか

　破産法，民事再生法及び会社更生法（以下，併せて「倒産処理法」という）において，目的物が破産財団（現有財団）・再生債務者財産・更生会社財産に属さないことを主張する権利を取戻権という。取戻権は，倒産処理法において，破産債権・再生債権・更生債権と扱われる一般債権と異なり（破100条1項，民再85条1項，会更135条1項），破産・再生・更生手続（以下「倒産処理手続」という）によらずに行使することができる（破62条，民再52条1項，会更64条1項）。また，担保権は，破産法及び民事再生法においては，別除権として，破産・再生手続によらずに行使することができるのに対し（破65条，民再53条。ただし，民事再生法においては，別除権の行使について一定の制約がある（民再31条1項・148条以下・196条以下参照）），会社更生法においては，更生担保権として，更生手続において権利行使しなければならず（会更135条・2条13項・138条2項），担保権消滅請求の対象ともなりうる（会更104条以下）ことから，取戻権は，特に会社更生手続において，別除権との取扱いに差異がある。こうした取戻権には，大別すると，一般の取戻権（破62条，民再52条1項，会更64条1項），特別の取戻権（破63条。民事再生法52条2項及び会社更生法64条2項で破産法63条を準用），代償的取戻権（破64条。民事再生法52条2項及び会社更生法64条2項で破産法64条を準用）があり，その趣旨，意義（性質），要件，効果には差異があり，一般の取戻権に属する実体法上の権利も多岐にわたる。また，近時，資産の証券化に伴って，投資家を企業の倒産から保護する必要性が増大し，倒産隔離を行う手法として，取戻権の活用が要請されている。したがって，取戻権の意義を明らかにし，どのような権利が，倒産処理法において取戻権と扱われる権利に該当するか，どのような場合に取戻権が発生するかを把握し

ておくことは実務上重要な意義を有する。本稿では，一般の取戻権の意義について述べ，次稿（項目**20－2**「取戻権の意義②特別の取戻権」）において，特別の取戻権及び代償的取戻権の意義について検討する。なお，取戻権について，民事再生法及び会社更生法は，破産法と同旨の規定を置いているので，破産法上の取戻権を前提に記載をするが，断りのない限り民事再生法及び会社更生法においても同様である。

II 一般の取戻権について問題となるのはどのような点か

　破産者に属しない財産を，破産財団（現有財団）から取り戻す権利（破62条。民再52条1項，会更64条1項参照）を，一般の取戻権という。破産者に属しない財産は，破産手続の対象外であり，破産管財人も管理処分権を取得せず（破78条），その財産に関する実体法上の権利は，破産手続の開始によって影響を受けない。こうした実体法上の権利を有する者は，破産管財人が破産者から引き継いで管理を開始した（破79条）破産財団（現有財団）に当該財産が混入しているときは，破産管財人に対してその権利を行使することができる。この取戻権は，実体法上の権利に基づくものであって，破産法が特別な権利を定めたものではない。

　一般の取戻権について問題となるのは，いかなる実体法上の権利が，一般の取戻権に該当するのかという点である。

III 一般の取戻権について実務はどう取り扱っているか

1. 総　論

　一般の取戻権は，実体法上の権利に基づき，特定の財産が倒産処理手続に供せられる倒産者の責任財産でないことを主張し，事実上管財人や再生債務者の支配下にある当該財産を第三者が取り戻す権利であるから，どのような権利が取戻権を基礎づけることになるかは，民法・商法等の実体法の一般原則により定まる。実務上，一般の取戻権として扱われるか否かが問題となる

のは，次のような権利である。

2．所有権

物の使用，収益，処分をする排他的な支配権である所有権（民206条）は，一般の取戻権の典型であり，所有権に基づく返還請求権・妨害排除請求権は，取戻権として扱われるが，破産者に破産財団を構成する正当な占有権原（賃借権・質権など）があるときは，取戻権は認められない。

3．その他の物権

用益物権や担保物権が取戻権の基礎となるかどうかは，権利の性質によることとなる。目的物の占有を権利の内容とする地上権や永小作権などの用益物権，質権・留置権などの目的物の占有を伴う担保物権のほか，占有権も取戻権の基礎となる。これに対し，抵当権や先取特権のような占有を伴わない担保物権は取戻権を基礎づける権利とはならない。

4．債権的請求権

破産管財人の管理処分権に服する破産財団に属する財産の給付を求める債権的請求権は，破産手続上，原則として，破産債権として，当該手続内での行使が認められるにすぎず（破2条5項・100条1項。民再84条1項・85条1項，会更2条8項・135条1項参照），通常は取戻権の基礎とならない。これに対し，破産財団（法定財団）に属しない財産で，破産管財人の占有管理する現有財産に属する財産の給付を内容とする債権的請求権は，取戻権の基礎となる。賃貸借・使用貸借契約上の貸主，転貸借契約上の転貸人，寄託契約上の寄託者らの破産者に対して有する目的物の返還請求権がこれに該当する。→【判例①】参照

また，形成権である詐害行為取消権，否認権も取戻権の基礎となる。

5．受託者破産の場合の新受託者等の権利（信託関係上の権利）

(1) 信託法上の取扱い

受託者について破産が開始された場合，原則として，受託者の任務は終了

し（信託56条1項3号），受託者の破産財団に属しない（信託25条1項）信託財産の管理処分権は新受託者等に引き継がれ，信託財産について，新受託者等が受託者の破産管財人に対する破産財団（現有財団）からの取戻権を有する。受託者について破産が開始された場合であっても，受託者の任務が終了しない場合には（信託56条1項柱書ただし書），受託者の任務が終了しない破産者が，信託財産について，破産財団（現有財団）から取戻権を有する。受託者について破産が開始された場合，破産により任務が終了した破産者の破産管財人は，信託財産の保管等の義務を負うが（信託60条4項），破産管財人がこの義務に違反して信託財産の処分をしようとするときは，受益者は，破産管財人に対し，当該財産の処分をやめることを請求することができる（信託60条5項本文）。この受益者の有するに権利は，破産法上の取戻権に該当する。これに対し，民事再生手続・会社更生手続においては，原則として，受託者に手続開始の決定がなされても任務は終了せず（信託56条5項・7項），再生債務者又は更生会社が任務を継続することとなるから，再生債務者財産ないし更生会社財産を構成しない（信託25条4項・7項）信託財産についても取戻権は発生しない。ただし，手続開始の決定により任務が終了する旨の定めがあるために，任務が終了する場合には（信託56条5項ただし書・7項），破産の場合と同様に，新受託者は受託者であった更生会社の更生管財人等に対し信託財産に関する取戻権を行使することができる。

(2) 信託該当性が問題となる法律関係

　手形の隠れた取立委任裏書は，裏書人が自己の有する手形債権の取立てのため，その手形上の権利を信託的に被裏書人に移転するものと解されることから，裏書人は，被裏書人の破産管財人に対する取戻権を有するものと解される。→【判例②③】参照

　また，特定の目的のために専用で利用されている普通預金口座が，信託財産に当たるとして，取戻権の対象となる場合がある。→【判例④⑤】参照

6．問屋破産の場合の委託者の権利

(1) 買入委託を受けた問屋の破産

問屋が委託者のために物品を買い入れた後に破産手続開始決定を受けた場合，委託者が代金を支払っているときには，問屋・委託者の関係に代理の規定が準用され（商552条2項），目的物の所有権が委託者に帰属すること，当該物品は経済的には委託者に帰属し，問屋債権者の責任財産として期待すべきではないこと，問屋の債権者は問屋と一体であることなどを理由に委託者に目的物の取戻権が認められる。→【判例⑥】参照

これに対し，委託者が代金を支払っていない場合は，委託者を保護すべき実質的理由に乏しいので，取戻権は否定され問屋と委託者との間の契約関係は，代金支払義務と物品引渡義務の双方が未履行の双務契約に該当し，破産法53条1項が適用される。

(2) 販売委託を受けた問屋の破産

問屋が販売委託を受け商品販売前に破産した場合は，委託者は目的物の所有権を有するので，取戻権を行使できる。販売委託者（委託者兼受益者）と問屋（受託者）との間に信託契約が成立したと認められる場合には，問屋が委託販売後代金回収前に破産した場合であっても，販売委託者は代償的取戻権に基づいて，破産管財人に対し，代金債権の移転請求又は破産管財人が回収した代金の給付請求をできると解される。

これに対し，問屋に対する更生手続が開始された場合には，破産手続の場合とは異なって，委任関係が当然に終了することはないが（民653条参照），当事者間の特約によってそれが終了すれば，目的物の所有権が委託者に残っているから，委託者の取戻権が認められる。

7．分与義務者破産の場合の財産分与請求権

離婚に伴って発生する配偶者の一方が他方に対して有する財産分与請求権（民768条・771条）には，①共同財産の清算のほかに，②離婚後の扶養，③離婚の慰謝料の要素が含まれることがある（→【判例⑦】参照）が，①の要素を含む財産分与請求権が破産時点において協議，審判，判決によって確定していても（財産分与請求権は，1個の私権たる性格を有するものではあるが，協議あるいは審判などによって具体的内容が形成されるまでは，その範囲及び内容が不確定・不明

確であると解されている）（→【判例⑧】参照），これが金銭債権である場合には破産債権となり，取戻権は発生しないが，特定財産の給付を内容とする場合には，財産分与によって当該財産は被分与者に帰属するに至っていることとなるから，取戻権となる。→【判例⑨】参照

8．非典型担保権

　譲渡担保・所有権留保・仮登記担保・再売買の予約・買戻し特約など，所有権移転，留保，移転の予約などの法形式を利用した非典型担保は，別除権（ないし更生担保権）として扱われ，取戻権には該当しない。→【判例⑩】参照

　ただし，破産手続開始決定時点で，非典型担保権の実行が終了し，担保権者（帰属清算型）又は第三者（処分清算型）に確定的に目的物の所有権が移転していれば，取戻権の対象となる。

9．特別目的会社等が資産証券化に伴って譲渡された資産に対して有する権利

　「オリジネーター」と呼称される資産譲渡人が，特別目的会社（Special Purpose Company＝SPC）等に特定の資産を譲渡し，その資産を引当財産として証券を発行して，特別目的会社等経由で資金調達を受ける証券化取引において，資産譲渡人が破産した場合，当該譲渡が真正譲渡と認められれば，特別目的会社等が当該資産につき取戻権を有する。

Ⅳ　一般の取戻権について注意しておくのはどのような点か

　一般の取戻権は，倒産者の財産を構成せず債権者の引当てとならない財産を取り戻すための実体法上の権利を基礎とし，こうした権利を倒産処理手続によらずに行使することを明確にするために，これを総称するものとして，倒産処理法において確認的に定められた権利である。これに該当するか否かの判定は，倒産処理手続によらずに権利行使することが可能かどうかという意味において，決定的に重要な意義を有する。その判別は，所有権のような

典型的な取戻権においては容易であるが，かつて非典型担保権が別除権か取戻権かで問題となったように，他の破産法上の権利（別除権，財団債権，破産債権等）との区別が必ずしも容易ではない場合もあるから，目的物に関する権利の実体法上の法的性質を分析して，判別を誤らないように注意する必要がある。

〔藤井　聖悟〕

参照判例

【判例①】
　静岡地浜松支判平5・3・4判夕825号270頁は，差押債権者の執行行為が第三者の権利を実体法上違法に侵害する場合には，第三者の権利が債権的請求権であっても，第三者異議訴訟における異議事由となるとする。

【判例②】
　最三小判昭31・2・7民集10巻2号27頁は，隠れたる取立委任裏書により，手形上の権利は，裏書人から被裏書人へ移転するものと解すべきであるとする。

【判例③】
　最一小判昭44・3・27民集23巻3号601頁は，訴訟行為をさせることを主たる目的としてされた手形の裏書は，隠れた取立委任のためにされたものにほかならないが，右の場合には，（改正前の）信託法2条の規定により，たんに手形外の取立委任の合意が無効となるにとどまらず，裏書自体も無効となり，すべての手形債務者は，被裏書人たる所持人が手形上無権利者であることを主張してその手形上の請求を拒絶することができるとする。

【判例④】
　最一小判平14・1・17民集56巻1号20頁は，地方公共団体甲から公共工事を請け負った者乙が保証事業会社丙の保証の下に前払金の支払を受けた場合において，甲と乙との請負契約には前払金を当該工事の必要経費以外

に支出してはならないことが定められ，また，この前払の前提として甲と乙との合意内容となっていた乙丙間の前払金保証約款には，前払金が別口普通預金として保管されなければならないこと，預金の払戻しについても預託金融機関に適正な使途に関する資料を提出してその確認を受けなければならないこと等が規定されていたなど判示の事実関係の下においては，甲と乙との間で，甲を委託者，乙を受託者，前払金を信託財産とし，これを当該工事の必要経費の支払に充てることを目的とした信託契約が成立したと解するのが相当であるとする。

【判例⑤】
　名古屋高金沢支判平21・7・22判時2058号65頁は，公共工事の請負者が，保証事業会社の保証の下に地方公共団体から前払金の支払を受け，預託金融機関に預金していたところ，工事続行が不可能となり請負契約が解除され，請負者が破産宣告を受けた場合，破産宣告後に行われた公共工事の出来高確認により地方公共団体へ返還されるべき前払金が存在しないことが確認されるまでは，前払金に係る預金払戻請求権が破産財団に帰属したものとはいえないから，預金払戻請求権と当該金融機関の請負者に対する破産債権たる貸金債権との相殺は，破産法71条1項1号の相殺禁止条項により行うことができないとする。

【判例⑥】
　最一小判昭43・7・11民集22巻7号1462頁は，問屋が委託の実行としてした売買により権利を取得した後これを委託者に移転しない間に破産した場合には，委託者は，右権利につき取戻権を行使することができるとする。

【判例⑦】
　最二小判昭58・12・19民集37巻10号1532頁は，離婚における財産分与は，夫婦が婚姻中に有していた実質上の共同財産を清算分配するとともに，離婚後における相手方の生活の維持に資することにあるが，分与者の有責行為によって離婚をやむなくされたことに対する精神的損害を賠償するための給付の要素をも含めて分与することを妨げられないとする。

【判例⑧】
　最二小判昭55・7・11民集34巻4号628頁は，協議あるいは審判等によって具体的内容が形成される前の財産分与請求権を保全するために債権者代位権を行使することは許されないとする。

【判例⑨】
　最一小判平2・9・27判時1363号89頁は，財産分与の分与者が破産した場合において，その相手方は，破産管財人に対し，取戻権の行使として，財産分与金の支払を目的とする債権の履行を請求することはできないとする。

【判例⑩】
　最一小判昭41・4・28民集20巻4号900頁は，会社更生手続の開始当時において，更生会社と債権者間の譲渡担保契約に基づいて債権者に取得された物件の所有権の帰属が確定的でなく両者間になお債権関係が存続している場合には，当該譲渡担保権者は，物件の所有権を主張して，その取戻しを請求することはできない。
　前項の場合において，譲渡担保権者は，更生担保権者に準じて，その権利の届出をし，更生手続によってのみ権利行使をすべきであるとする。

20-2 取戻権の意義② 特別の取戻権

I 特別の取戻権（代償的取戻権を含む。以下同じ）について学ぶのはどうしてか

　代償的取戻権（破64条。民事再生法52条2項及び会社更生法64条2項で破産法64条を準用）を含む特別の取戻権（破63条。民事再生法52条2項及び会社更生法64条2項で破産法63条を準用）は，実体法上の権利とはかかわりなく，利害関係人の公平や取引の安全といった見地から破産法が特に認めた取戻権であるから，その意義を正確に把握しておくことは実務上重要な意義を有する。

II 特別の取戻権について問題となるのはどのような点か

1．特別の取戻権

(1) 総　論

　実体法上の権利に基づく一般の取戻権に対し，実体法上の権利とはかかわりなく，利害関係人の公平や取引の安全といった見地から破産法が特に認めた取戻権を特別の取戻権という。このような特別の取戻権には，後記(2)の売買目的物の買主への運送中に買主が破産した場合の売主の取戻権（破63条1項。民再52条2項，会更64条2項参照）と後記(3)の買入委託を受けた物品の委託者への運送中に委託者が破産した場合の問屋の取戻権（破63条3項。民再52条2項，会更64条2項参照。なお，民事再生法及び会社更生法においては，問屋の取戻権についても，破産法63条2項が準用されている）がある。

(2) 売主の取戻権

隔地者間の売買で，売主が目的物を発送した後，未だ買主がこれを受け取る前に，買主につき倒産手続が開始された場合，代金全額を受け取っていない売主は目的物を取り戻すことができる（破63条1項）。

売主の取戻権は，通信・交通の不便であった時代に，買主の信用状態を知り得ない売主を保護する趣旨で創設された特別の取戻権であり，売主が目的物についての所有権など実体法上の支配権を持っているかどうかを問題としないところに意義が認められるが，通信・交通手段の発達等により，隔地者間の売買における売主保護の必要性は解消されてきていること，売主は商法582条等により対処することも可能であること，売主は動産売買の先取特権（民311条5号・321条，破2条9項）を有することなどから，売主の取戻権を認める実務上の意義は乏しい。

売主の取戻権については，その法的性質をどうみるかが問題となる。

(3) 問屋の取戻権

物品の買入れの委託を受けた問屋がその物品を委託者に発送した後に，委託者が報酬及び費用の全額を弁済せず，到達地でその物品を受け取らない間に，委託者が破産した場合に，売主の取戻権と同様の取戻権を問屋に認めた（破63条3項）。買入委託の委託者と問屋の関係は，代理関係（商552条2項）であり，買入物品の所有権は委託者に属するが，問屋は，売買の売主と同様に，報酬及び費用の支払と物品の引渡しにつき同時履行の抗弁権を有することから，物品発送後到達地受領前の問屋にも取戻権を認めた。売主の取戻権と同趣旨の特別の取戻権であるが，実務上の意義が乏しい点，その法的性質が問題となる点は，売主の取戻権と同様である。

2．代償的取戻権

取戻権の目的は，破産管財人の支配に属する目的物を取戻権者に返還させるところにあるが，目的物が既に破産者又は破産管財人によって第三者に譲渡され破産財団中に現存していなければ，返還は不可能になる。この場合に，取戻権者が，破産債権（破産者が譲渡した場合）又は財団債権（破産管財人が譲渡した場合）しか行使できないのでは，その保護に欠けることから，目的

物に代わる反対給付の請求権について取戻権を認めてこれを強化するのが，代償的取戻権の制度である。

　代償的取戻権も法が創設的に定めた「特別の取戻権」の1つであるが，代償的取戻権については，代償的取戻権が認められるのはどのような場合か，また，特別の取戻権についても代償的取戻権が認められるかが問題となる。

Ⅲ　特別の取戻権について実務はどう取り扱っているか

1．特別の取戻権

(1)　売主又は問屋の取戻権

　売主又は問屋の取戻権の法的性質は，売主又は問屋に，目的物の占有権限の回復する形成権（占有権限回復説）又は破産管財人に対抗しうる法定の占有権限（占有回復権限説）を与えたものと解される。

(2)　そ の 他

　破産法の規定が定める以下の請求権は，特別の取戻権に該当する。
　① 　破産管財人によって双方未履行双務契約が解除された場合の相手方の破産管財人に対する反対給付の返還請求権（破54条2項）。
　② 　詐害行為が破産管財人により否認された場合の相手方の破産管財人に対する反対給付の返還請求権（破168条1項1号）。

2．代償的取戻権

(1)　一般の取戻権

(a)　反対給付が未履行の場合

　取戻権者は，破産者が一般の取戻権の対象となる目的物を譲渡（例えば，売買）したことによって発生した目的物に代わる反対給付に係る請求権（例えば，売買代金債権）が未履行である場合，反対給付に係る請求権について代償的取戻権を有する（破64条1項前段）。破産管財人が目的物を譲渡した場合も同様である（同条同項後段）。なお，転貸人・所有権を有しない賃貸人など

の目的物についての価値支配権を有しない取戻権者には，代償的取戻権は認められない。

(b) 反対給付が既履行の場合

代償的取戻権の対象となる反対給付が履行されてしまえば，代償的取戻権は原則として消滅するが，破産管財人が反対給付の履行を受けた場合には，取戻権者は，破産管財人が受けた反対給付（ただし，特定物である場合に限る）について代償的取戻権を有する（破64条2項）。

(2) 特別の取戻権

代償的取戻権の対象となるのは，文言上，一般の取戻権であるため（破62条括弧書・64条），特別の取戻権については，代償的取戻権の発生は認められない。

Ⅳ 特別の取戻権について注意しておくのはどのような点か

1．特別の取戻権

売主又は問屋の取戻権の実務上の意義は乏しくなっており，特別の取戻権に該当する場合であっても，他の法律構成によって解決が可能かどうかについて注意を払う必要がある。また，破産法第2章（破産手続の開始）第3節（破産手続開始の効果）第3款（取戻権）中の規定以外の破産法の規定（破54条2項・168条1項1号）に基づいて，特別の取戻権が発生する場合がある点にも注意する必要がある。

2．代償的取戻権

代償的取戻権は，多岐にわたる一般の取戻権を基礎としてこれに代わるものとして倒産処理法において認められる特別の取戻権であり，これが認められれば，取戻権とほぼ同様の利益を確保することができることとなるが，余り馴染みのない権利であることから，その意義・要件・効果を正確に把握し

て，代償的取戻権に該当するかどうかの判別を正確に行う必要がある。

〔藤井　聖悟〕

21 取戻しの要件

I 取戻しの要件について学ぶのはどうしてか

　取戻権には，一般の取戻権から特別の取戻権まで，制度趣旨・性質が異なる多様なものが含まれ，その要件も異なることから，それぞれの取戻権がいかなる場合に認められるのか，取戻権の種類に応じた取戻しの要件を把握しておくことは重要である。

II 取戻しの要件について問題となるのはどのような点か

1．一般の取戻権

　一般の取戻権は，実体法上の権利の性質から認められるものであるため，これに該当する権利の発生ないし取得要件が取戻しの要件ということになる。関係者間の利害対立が先鋭化する倒産処理手続において一般の取戻権と認められる権利には，信託関係上の権利など，通常時には，その要件が問題となることが少ない馴染みのない権利もあるため，こうした実体法上の権利の発生ないし取得要件を正確に把握しておく必要がある。

　こうした観点から，取戻しの要件が問題となるのは，信託関係上の権利，問屋破産の場合の委託者の権利，分与義務者破産の場合の財産分与請求権，特別目的会社等が資産証券化に伴って譲渡された資産に対して有する権利等である。

2．特別の取戻権

　特別の取戻権は，倒産処理法が特別に認めたものであり，発生根拠となる

規定の要件が取戻しの要件ということになるから、各規定の内容を把握しておく必要がある。

Ⅲ　取戻しの要件について実務はどう取り扱っているか

1．一般の取戻権

(1)　所有権，その他の物権，債権的請求権

　一般の取戻権のうち，所有権，その他の物権，取戻権の根拠となる債権的請求権（賃借権等）については，当該権利の発生ないし取得要件が取戻しの要件である。

　例えば，所有権については，その取得原因事実（通常は，元所有と取得原因事実）が取戻しの要件となる。

　なお，管財人の第三者性との関係で，取戻権を主張するために，対抗要件を備えていることを要するかが問題となるが，別稿（項目**22**「取戻しの制限」）において検討する。

(2)　受託者破産の場合の新受託者等の権利（信託関係上の権利）

　受託者破産の場合，信託財産について取戻権が発生することがあるため，取戻しの要件として，信託ないし信託財産の意義が問題となる。

　信託とは，委託者（信託2条4項）が，信託法3条各号に掲げる方法のいずれかによる信託行為（信託2条2項）により，受託者（同条5項）が一定の目的に従い財産の管理又は処分及びその他の当該目的の達成のために必要な行為をすべきものとすることをいい（同条1項），信託財産とは，受託者に属する財産であって，信託により管理又は処分をすべき一切の財産をいう（同条3項）。委託者が，受託者との間で，受託者に対し財産の譲渡，担保権の設定その他の財産の処分をする旨並びに受託者が一定の目的に従い財産の管理又は処分及びその他の当該目的の達成のために必要な行為をすべき旨の信託契約を締結する方法による場合（信託3条1号）がその典型であるが，信託契約は，委託者となるべき者と受託者となるべき者との間の信託契約の締結によ

って効力を生ずる諾成契約である（信託4条1項）。

　このように信託は，諾成契約たる信託契約の締結を要件とするが，明示の信託契約が締結された場合に限らず，当事者が法的な意味で信託契約であるという認識を有していなくとも，信託関係の成立を基礎づける事実関係を認識していれば信託契約は成立することから，信託の要件を実質的に満たすか否かの検討が必要である。

　判例上，①隠れた取立委任裏書のされた手形（→【判例①②】参照），②地方公共団体が保証事業会社の保証の下に建築請負業者に対して交付する前払金を原資とする建築請負業者の別口預金口座が，信託財産に該当すると解されている（→【判例③④】参照）。

　①隠れた取立委任裏書のされた手形については，人的抗弁としての性質を有する裏書の原因関係が取立委任であることが，信託契約の成立の要件となり，②前払金を原資とする建築請負業者の別口預金口座については，地方公共団体と建築請負業者との請負契約において，前払金を当該工事の必要経費以外に支出してはならないことが定められ，前払の前提として地方公共団体と建築請負業者との合意内容となっていた建築請負業者・保証事業会社間の前払金保証約款において，前払金が別口普通預金として保管されなければならないこと，預金の払戻しについても預託金融機関に適正な使途に関する資料を提出してその確認を受けなければならないこと等が定められていたことが，信託契約の成立を認める要素として考慮されている。

(3) 問屋破産の場合の委託者の権利

(a) 買入委託を受けた問屋の破産

　①問屋が委託者のために物品を買い入れた後に破産手続開始決定を受けた場合に委託者に目的物の取戻権が認められるためには，②委託者が代金を支払っていることを要し，委託者が代金を支払っていない場合は，取戻権は認められない。→【判例⑤】参照

(b) 販売委託を受けた問屋の破産

　①目的物の所有権を有する委託者は，②問屋が販売委託を受けた商品販売前に破産した場合，取戻権を有する。

問屋が委託販売後代金回収前に破産した場合には，後記3の代償的取戻権の成否が問題となるが，委託者が破産管財人に対し，代償的取戻権に基づいて代金債権の移転請求又は破産管財人が回収した代金の給付請求を行うためには，販売委託者（委託者兼受益者）と問屋（受託者）との間に信託契約が成立していたと認められることが必要である。

問屋に対する更生手続が開始された場合に，目的物の所有権を有する委託者が取戻権を行使するためには，当事者間の特約によって委託契約が終了することを要する。

(4) 分与義務者破産の場合の財産分与請求権

分与権利者（夫婦の一方）が，分与義務者（夫婦の他方）が破産した場合に，財産分与請求権に基づいて取戻権を行使するためには，共同財産の清算の要素を含む財産分与請求権が破産時点において協議，審判，判決によって確定しており，かつ，それが特定財産の給付を内容とするものであることを要する。

(5) 非典型担保権

別除権又は更生担保権と扱われる非典型担保の担保権者又は担保権の実行によって目的物の所有権を取得した第三者が，破産財団に対し，取戻権を行使するためには，破産手続開始決定時点で，非典型担保権の実行が終了し，担保権者（帰属清算型）又は第三者（処分清算型）に確定的に目的物の所有権が移転していることを要する。

(6) 特別目的会社等が資産証券化に伴って譲渡された資産に対して有する権利

資産譲渡人が，特別目的会社（SPC）等に特定の資産を譲渡し，その資産を引当財産として証券を発行して，特別目的会社等経由で資金調達を受ける証券化取引において，資産譲渡人が破産した場合に，特別目的会社等が当該資産につき取戻権を有するためには，資産譲渡人の特別目的会社等に対する当該資産の譲渡が担保権設定にとどまらない真正譲渡と認められる必要が

あり，担保権設定にとどまるか，真正譲渡に当たるか否かは，当事者の合意内容（買戻特約の有無），価格の均衡，貸借対照表における記載，信用補完措置の程度などに照らして，実質的に判断される。当該資産の所有権を特別目的会社等に移転する外観をとっていても，資産譲渡人がそれを使用管理し，一定時期後に買い戻すことができる旨の約定などが存在するときには，真正譲渡性が否定され，資産譲渡人の倒産処理手続において特別目的会社等の取戻権は否定され，別除権ないし更生担保権として扱われる。

２．特別の取戻権

(1) 売主の取戻権

①隔地者間の売買で，②売主が目的物を発送した後，未だ買主がこれを受け取る前に，買主につき倒産手続が開始された場合，③代金全額を受け取っていない売主は，目的物を取り戻すことができる（破63条1項，民再52条2項，会更64条2項）。

②でいう買主の受取りは，買主が目的物の現実の占有を取得することを意味し，貨物引換証や船荷証券などの有価証券の交付を受けただけでは足りず，また，本来の到達地でなされる必要があり，運送の途中で買主が目的物を受領しても，取戻権は成立する。

(2) 問屋の取戻権

①物品買入れの委託を受けた問屋が，②その物品を委託者に発送した後，委託者がこれを受領する前に倒産した場合も，③報酬及び費用全額の弁済を受けていない問屋は，その物品を取り戻すことができる（破63条3項，民再52条2項，会更64条2項）。

(3) 破産管財人によって双方未履行双務契約が解除された場合の相手方の破産管財人に対する反対給付の返還請求権

①双務契約について，②破産手続開始時点において，双方の義務の全部又は一部の履行が未了である場合に，③破産管財人が双務契約を解除した場合（破53条1項，民再49条1項，会更61条1項），④双務契約の相手方の既履行分の反

対給付の目的物が現存すれば，相手方は，反対給付の目的物を取り戻すことができる（破54条2項，民再49条5項，会更61条5項）。

(4) **詐害行為が破産管財人により否認された場合の相手方の破産管財人に対する反対給付の返還請求権**

①破産法160条1項ないし3項又は161条1項（民再127条1項～3項・127条の2第1項，会更86条1項～3項・86条の2第1項）に規定する行為が否認された場合，②破産者の受けた反対給付の目的物が現存すれば，相手方は，当該反対給付の返還を請求することができる（破168条1項1号，民再132条の2第1項1号，会更91条の2第1項1号）。

3．代償的取戻権

(1) **一般の取戻権**

(a) **総　論**

　破産者又破産管財人による一般の取戻権の目的物の譲渡によって，その返還が不能な場合に，目的物に代わる反対給付に係る請求権，又は，反対給付の目的物について取戻権を認める代償的取戻権の趣旨から，①返還不能となった目的物について一般の取戻権が成立すること，②破産者又破産管財人による一般の取戻権の目的物の譲渡（例えば，売買）によってその返還が不能であること，③破産者（破64条1項前段）又は破産管財人（同条同項後段）による目的物の譲渡によって，これに代わる反対給付に係る請求権（例えば，売買代金債権）が発生したこと，④ア目的物の譲渡によって発生した目的物に代わる反対給付に係る請求権が未履行であるか，イ既履行であっても，反対給付の目的物が特定物であってその返還が可能であることが，代償的取戻権の成立要件となる。

(b) **各　論**

　(ア)　代償的取戻権の本質は不当利得の返還にあり，対象財産の価値の帰属者に限って代償的取戻権を有するものと解すべきことから，①について，債権的請求権（例えば，賃借人破産の場合の賃貸人の目的物返還請求権）に基づいて一般の取戻権が成立する場合には，目的物の所有者たる賃貸人のみが代償的

取戻権を有し，所有権を有しない賃貸人・転貸人など，目的物についての価値支配権を有しない取戻権者には，代償的取戻権は認められない。

(イ) ②及び③について，譲渡以外の原因によって生じる第三者の不法行為による目的物の滅失によって生じた損害賠償請求権（民709条），附合，混和，加工に伴う償金請求権（民248条）については，取戻権者に直接当該請求権が帰属すると考えられるから，譲渡以外の原因によって代償請求権は発生しない。

(ウ) ②について，譲渡の効力いかんにかかわらず，代償請求権は発生し，目的物が動産で譲受人が即時取得しない場合（民192条）のように譲渡が無効の場合には，第三者に対して当該動産の返還を請求することもできるが，代償的取戻権も発生し，取戻権者はいずれかを選択して行使することができる。したがって，譲渡が有効であることを要しない。

(エ) ③について，代償請求権は，譲渡行為の反対給付に対して生じるから，譲渡が有償性を有するものであることを要するが，その目的物の財産的価値との等価性を要しない。

(オ) ④アのとおり，目的物の譲渡によって発生した目的物に代わる反対給付に係る請求権が未履行である場合，取戻権者は，反対給付に係る請求権について代償的取戻権を有する（破64条1項前段・後段）。

(カ) 代償的取戻権の対象となる反対給付が履行されれば，当該財産は一般債権者の引当てとなる破産者の責任財産となるから，原則として代償的取戻権は消滅するが，④イのとおり，反対給付の目的物が特定物である場合には，取戻権者は，破産管財人が受けた反対給付の目的物について代償的取戻権を有する（破64条2項）。

(キ) 反対給付が破産手続開始後に破産者に対して履行された場合，善意で破産者にした弁済は，破産手続の関係においてその効力を主張することができるから（破50条1項），既履行として扱われ，悪意で破産者に弁済がなされたのであれば，破産財団が利益を受けた限度においてのみ破産手続の関係においてその効力を主張することができるから（破50条2項），その限度で既履行として扱われることとなる。したがって，上記の規定により，既履行として扱われる場合には，取戻権者は，反対給付の目的物が特定物である場合

に限って，破産管財人が受けた反対給付の目的物について代償的取戻権を有する（破64条2項）。

上記の規定により破産者にした弁済の効力が破産手続の関係において否定される場合には，未履行として扱われるから，取戻権者は，反対給付に係る請求権について代償的取戻権を有することとなる。

(2) 特別の取戻権

特別の取戻権について，代償的取戻権の発生は認められないから，特別の取戻権が消滅しても，これに伴って代償的取戻権は発生しない。

Ⅳ 取戻しの要件について注意しておくのはどのような点か

1．一般の取戻権

一般の取戻権については，これに該当する実体法上の権利の成立ないし取得要件そのものが取戻しの要件に該当することとなるが，信託関係上の権利，問屋破産の場合の委託者の権利，特別目的会社等が資産証券化に伴って譲渡された資産に対して有する権利などについては，一般に馴染みがない権利であったり，要件ないし判断基準が明確ではなく，その要件該当性の有無の判断が深刻な問題となることがあることから，基礎となる事実関係・契約の内容を正確に把握した上で，要件該当性の判断を的確に行う必要がある。

2．特別の取戻権

特別の取戻権のうち，売主又は問屋の取戻権は，実務上の意義が乏しいため，その要件が特段問題となることはないと思われるが，破産法第2章（破産手続の開始）第3節（破産手続開始の効果）第3款（取戻権）中の規定以外の破産法の規定（破54条2項・168条1項1号）に基づいて特別の取戻権が発生する場合がある点には注意が必要である。

3．代償的取戻権

　一般の取戻権の目的物の返還が不能な場合であっても，目的物に代わる反対給付に係る請求権，又は，反対給付の目的物について代償的取戻権が認められる場合もあることから，目的物の返還が不能に陥った原因となる事実関係を調査して，代償的取戻権の要件を満たすかどうかを見落とさないようにする必要がある。

〔藤　井　聖　悟〕

参照判例

【判例①】
　　項目20 - 1「取戻権の意義①一般の取戻権」【判例②】参照。

【判例②】
　　同【判例③】参照。

【判例③】
　　同【判例④】参照。

【判例④】
　　同【判例⑤】参照。

【判例⑤】
　　同【判例⑥】参照。

22 取戻しの制限

I 取戻しの制限について学ぶのはどうしてか

　倒産者に属しない財産を，倒産財団から取り戻す実体法上の権利を基礎とする一般の取戻権は，倒産手続によらずに行使することができ（破62条，民再52条1項，会更64条1項），原則として制限を受けることはなく，特別の取戻権も，実体法上の権利とはかかわりなく，倒産処理法がとくに認めた権利であり，成立要件が認められる限り，制限を受けることはない。したがって，取戻しが制限されるのは，例えば，一般の取戻権について，管財人（公平誠実義務を負って管理処分権を行使する再生債務者を含む〔民再38条1項・2項〕。以下同じ）の第三者性によって，対抗要件の欠缺のような取戻権者に対する実体法上の抗弁事由が認められる例外的な場合に限られる。そこで，原則として制限を受けることのない取戻権が，どのような場合に制限を受けるのかを把握しておく必要がある。

II 取戻しの制限について問題となるのはどのような点か

　取戻権が原則として制限を受けることのない権利であることから，取戻しの制限について問題となるのは，取戻権がどのような場合に制限を受けるのかという点である。本稿においては，取戻権が制限を受ける場合として，主として，管財人の抗弁事由が認められる場合を取り上げる。

III 取戻しの制限について実務はどう取り扱っているか

1．一般の取戻権

(1) 占有権原の抗弁による制限

　所有権は，一般の取戻権の典型であるが，倒産者が正当な占有権原（質権・賃借権など）を有していた場合には，取戻権は認められない。

(2) 対抗要件の欠缺の抗弁による制限

　破産・会社更生手続の開始によって，破産者・更生会社の財産の管理処分権は管財人に専属し（破78条1項，会更72条1項），再生手続の開始によって，再生債務者は再生手続の機関として財産管理処分権等を行使し（民再38条1項・2項），個別執行も禁止されることとなるため（破42条1項，民再39条1項，会更50条1項），倒産手続の開始は，実質的に包括的な差押えと同視することができ，管財人は，差押債権者類似の地位を有する。そのため，実体法上，差押債権者が第三者として保護される場合には，これと類似の地位を有する管財人（実質的に保護されるのは総債権者である）も第三者として保護される。不動産又は動産の物権変動は，対抗要件を具備することなく，その欠缺を主張することについて正当な利益を有する第三者に対抗することができない（民177条・178条）。管財人は，差押債権者と同様に，第三者に該当するから，倒産者から倒産手続開始前に物権の移転等を受けたのに，対抗要件を具備していなかった者は，管財人に対し，物権変動を対抗することができない。したがって，倒産者との取引によって一般の取戻権の対象となる所有権等の物権を取得しても，当該物権変動について対抗要件を備えていない場合には，管財人に取戻権を主張することができない。→【判例①】参照

　また，登録を要する特許権などの無体財産権も同様に考えられ，信託財産であることの登記・登録をしておかなければ，信託財産に属することを，第三者に対抗できない（信託14条）信託財産も同様に，その旨の登記・登録なしに，信託財産に属することを，受託者の破産管財人に対抗できない。

なお，対抗力を有しない不動産登記法105条1号の仮登記を有する者は，同仮登記が物権変動は生じているのに手続要件が整わない場合になされること，仮登記には本登記の際に差押えを含む抵触する中間処分を排除する効力があること（同法109条2項），倒産手続開始決定は差押えと同様の効力があり，管財人は仮登記に基づく本登記の効力を承認せざるを得ないことから，取戻権の行使として，破産手続開始後に破産管財人に対し本登記の請求ができ，取戻権の行使は制限されない。また，所有権等の設定等に関する請求権を保全するときになされる同法105条2号の仮登記も本登記と内容的に抵触する中間処分を排除する効力がある点では1号仮登記とは区別がないことから，2号仮登記を有する者も，取戻権の行使として，倒産手続開始後に管財人に対し本登記の請求ができ，取戻権の行使は制限されない。→【判例②】参照

(3) **第三者保護規定による制限**
　通謀虚偽表示の無効（民94条1項）は，善意の第三者に対抗することができないところ（同条2項），第三者とは，虚偽の意思表示の当事者又はその一般承継人以外の者であって，その表示の目的につき法律上の利害関係を有するに至った者をいう。差押債権者類似の地位を有する管財人は，上記(2)と同様に，民法94条2項の第三者に当たり，一般の取戻権の対象となる所有権等を通謀虚偽表示によって破産者に移転した表意者は，倒産手続開始時に善意であった管財人に対し，通謀虚偽表示の無効を対抗し得ず，取戻権を行使することはできない。→【判例③】参照
　通謀虚偽表示と同様の第三者保護規定のある詐欺による意思表示（民96条3項），消費者契約の申込み又はその承諾の意思表示（消費者契約法4条5項）の場合も同様に考えられる。
　契約当事者は，契約解除した場合，原状回復義務を負うが，第三者の権利を害することはできず（民545条1項本文・ただし書），ここにいう第三者とは，解除された契約から法律効果を基礎として，解除までに新たな権利を取得した者をいう。契約に基づいて給付がされた場合には，解除により給付の客体について原状回復請求権が発生するが，契約に基づいて給付を受けた者の管

財人は，民法545条1項ただし書の第三者に当たり，原状回復請求権に基づく一般の取戻権は，管財人の権利を害することを得ず，制限を受ける。→【判例④】参照

2．特別の取戻権

(1) 総　　論

特別の取戻権は，倒産処理法がとくに認めた権利であるから，その成立要件が認められる限り，制限を受けることはないが，以下のとおり，特別の取戻権についても，法が管財人の抗弁事由を認めている場合がある。

(2) 売主・問屋の取戻権の制限

買主の管財人は，売主の取戻権行使に対し，代金の全額を支払って，また，委託者の破産管財人は，問屋の取戻権行使に対し，報酬及び費用の全額を払って，それぞれ取戻権を消滅させ，運送人などに対して目的物の引渡しを請求できる（破63条1項ただし書・3項）。

Ⅳ　取戻しの制限について注意しておくのは どのような点か

取戻しが制限されるのは例外であるが，実務上，一般の取戻権について，管財人の第三者性を基礎として取戻しの制限が認められるかどうかが問題となる場合は多いと考えられ，その肯否によって，権利関係は逆転するから，その検討を誤らないように注意する必要がある。

〔藤　井　聖　悟〕

参照判例

【判例①】
　　最二小判昭46・7・16民集25巻5号779頁は，抵当権の設定を受けた債権者がその登記を経由していない場合には，右抵当権設定をもつて破産債権者に対抗することができず，破産者が，右抵当債権者と通謀して，同人だけに優先的に債権の満足を得させる意図のもとに，その唯一の資産たる担保不動産を，売買代金債権と被担保債権とを相殺する約定で売却したときは，右売買は，否認権行使の対象となるとする。

【判例②】
　　最二小判昭42・8・25判時503号33頁は，売主の支払停止前になされた農地の売買について，知事の許可がなかつたため，買主において右支払停止後破産申立前に所有権移転請求権保全の仮登記を経たが，破産宣告が右仮登記後1年を超えてなされたときは，右仮登記についてもはや破産法74条1項（現破164条1項）による否認をし得なくなり，買主は，右仮登記に基づいて，破産管財人に対し知事の許可を条件とする本登記を求めることができるとする。

【判例③】
　　最一小判昭37・12・13判タ140号124頁は，破産者が相手方と通じてある財産についてなした虚偽の意思表示ある場合，破産管財人は，その選任によって当然に，右財産が破産財団に属するかどうかを主張するについて法律利害関係を有するに至り，民法94条2項の第三者となるとする。

【判例④】
　　東京地決昭55・12・25判時1003号123頁は，会社更生手続における保全管理人は，民法545条1項ただし書にいう第三者に当たるとする。

23 取戻しの効果

I 取戻しの効果について学ぶのはどうしてか

　倒産処理法において，目的物が倒産財団（現有財団）に属さないことを主張する権利である取戻権は，その意義，趣旨，要件，効果の差異に応じて，一般の取戻権，特別の取戻権，代償的取戻権に大別され，これらの取戻権による取戻しの効果は，類型ごとに異なるから，その差異を把握しておく必要がある。

II 取戻しの効果について問題となるのはどのような点か

1．一般の取戻権

　倒産者に属しない財産を，倒産財団（現有財団）から取り戻す一般の取戻権は，そのような効果を有する実体法上の権利の効果を倒産処理法においてそのまま肯定したものであるから，その取戻しの効果は，一般の取戻権に該当する実体法上の権利行使の効果に他ならない。一般の取戻権は，倒産手続によらずに行使することができるが，これに該当する実体法上の権利には多様なものがあり，倒産手続との関係で，多様な態様で行使されることから，取戻しの効果とともに，取戻しの方法についても取り上げる。

2．特別の取戻権

　代償的取戻権を含む特別の取戻権は，実体法上の権利とはかかわりなく，利害関係人の公平や取引の安全といった見地から倒産処理法が特に認めた取戻権であり，取戻しの効果は，その規定の内容に従って生じることから，規

定の内容及び解釈が問題となる。

III 取戻しの効果について実務はどう取り扱っているか

1．一般の取戻権

(1) 行使の方法

　一般の取戻権は，倒産手続の開始によって影響を受けず，倒産手続によらずに行使することができるから，取戻権者は，訴訟上又は訴訟外の適当な方法によって行使することができ，行使時期にも制限はない。倒産手続における一般の取戻権の行使は，民事執行手続における第三者異議の訴え（民執38条）と同様の機能を有するが，訴訟外の行使も可能である点で個別執行の場合と異なる。取戻権行使の相手方は，倒産財団（現有財団）の管理処分権を有する管財人（公平誠実義務を負って管理処分権を行使する再生債務者を含む〔民再38条1項・2項〕。以下同じ）である。取戻権者は，管財人に対し，取戻権の行使として，目的物の引渡しなどを求め，管財人がそれを争えば，給付訴訟などを提起することとなるが，争いがなければ，管財人から取戻権の客体の任意の引渡しを受ける。ただし，管財人は，取戻権を承認する場合には，裁判所の許可を得なければならない場合がある（破78条2項13号・3項1号，破規25条，民再41条1項8号，会更72条2項8号）。

　取戻権行使の態様には，取戻権者が取戻権の客体を占有する管財人に対して取戻権（攻撃的取戻権）を積極的に権利行使する場合（取戻権の積極的機能）と取戻権の客体を占有する取戻権者が管財人からの権利行使を排斥するために取戻権（防御的取戻権）を消極的に行使する場合（取戻権の消極的機能。この場合の事例として，【判例①】参照）とがあり，取戻しの実質的な効果として，前者の場合には，取戻権の客体の倒産財団（現有財団）からの離脱により法定財団の形成が進行し，後者の場合には，取戻権の客体の倒産財団への編入（混入）が阻止されて法定財団が維持されることとなる。前者の例としては，管財人に対する目的物の引渡請求，登記・登録の抹消・移転等の請求，特定物の所有権確認請求，特定物（特許権など）の使用差止請求などが挙げられ，

後者の例としては，管財人から提起された目的物の引渡請求，登記・登録の抹消・移転等の請求において，取戻権者が請求棄却を求める抗弁として取戻権の存在を主張する場合などが挙げられる。

(2) 取戻しの効果

　実体法上の権利に基づく一般の取戻権の権利行使の効果は，当該実体法上の権利行使の効果に他ならない。例えば，所有権であれば，文字どおり，目的物の取戻しを求めることができるが，用益物権などの制限物権の場合には，所有権のように目的物の倒産手続への編入を全面的に排除できるわけではなく，管財人がこうした権利を認めた上で管理・換価する場合には，取戻権として機能することはなく，こうした権利が倒産手続において考慮されない場合に限って，制限物権の効力の範囲内で取戻権として機能することとなる。

2．特別の取戻権

　売主又は問屋の取戻権の法的性質は，売主又は問屋に対し，目的物の占有権限の回復する形成権（占有権限回復説）又は破産管財人に対抗しうる法定の占有権限（占有回復権限説）を与えたものと解され，①売主又は②問屋は特別の取戻権を行使して，目的物の占有を回復ないし取得することができる。

　①売主の取戻権の行使の効果により，売主は占有権原を回復ないし取得することとなり，売買契約について目的物の引渡義務と代金支払義務との双方未履行関係が確定し，契約関係は双方未履行双務契約の規律によって処理されることとなる（破63条2項・53条1項・2項，民再52条2項，会更64条2項）。

　②問屋の取戻権の行使の効果によって，問屋は占有権原を回復ないし取得することとなり，留置権を回復し（商557条・31条），問屋は別除権（破66条1項・2条9項，民再53条1項）又は更生担保権（会更2条10項）を行使することができる。取戻権の行使によって問屋が物品の占有を回復した場合，双方未履行の双務契約に関する規定（破53条，民再49条，会更61条）の適用があるかについて，手続の開始によって委任契約が終了する破産法においては適用が否定され，手続の開始によって委任契約が終了しない民事再生法又は会社更生法

においては適用が肯定される。

3．代償的取戻権

(1) 行使の方法

代償的取戻権も，訴訟上又は訴訟外において，管財人を相手方に行使する。

(2) 取戻しの効果

反対給付が未履行の場合，取戻権者は，管財人に対し，反対給付についての請求権を自分に移転するよう請求できる（破64条1項，民再52条2項，会更64条2項）。管財人は，指名債権譲渡の方法で（民467条）その請求権を取戻権者に移転しなければならず，管財人が任意に応じなければ，訴えにより債権譲渡の意思表示と通知をなすべき旨の判決を求める（民事執行法174条により意思表示の擬制がなされる。→【判例②】参照）。

反対給付が既履行の場合，取戻権者は，反対給付が管財人に対してなされ，目的物が特定性をもって現存すれば，管財人に対し，目的物の引渡し，登記・登録名義の移転を請求できるが（破64条2項，民再52条2項，会更64条2項），特定性がなければ，不当利得返還請求権を財団債権ないし共益債権として行使できるにすぎない（破148条1項5号，民再119条6号，会更127条6号）。

反対給付が倒産者自身に対してなされた場合であっても，目的物が特定性をもって現存するときはその物の引渡しを請求できる。

Ⅳ　取戻しの効果について注意しておくのはどのような点か

実体法上の権利に基づく一般の取戻権に基づく取戻しの効果は，実体法上の権利の内容いかんによって異なること，こうした実体法上の権利とかかわりなく，倒産処理法がとくに認めた代償的取戻権を含む特別の取戻権に基づく取戻しの効果は，当該規定に基づいて発生し，一般の取戻権のそれとは異なる内容ないし法的性質を有することに注意しておく必要がある。

〔藤 井 聖 悟〕

参照判例

【判例①】
　項目**20－1**「取戻権の意義①一般の取戻権」【判例④】参照。

【判例②】
　大判昭15・12・20民集19巻23号2215頁は，債権譲渡の通知をなすべきことを命じた判決の執行については民事訴訟法736条（現民事執行法174条）を類推適用しうるとする。

第7章

債権確定関係

24●債権確定の意義
25●債権確定の手続
26●債権確定訴訟
27●債権確定の効果

24 債権確定の意義

I 債権確定の意義について学ぶのはどうしてか

　破産手続を始めとする各倒産手続においては，複数の債権者が手続上の権能を行使することが予定されているが，手続の局面ごとに債権の存否や内容が個別に争われるのでは，手続の円滑な進行を害することになる。そこで，法は，債権者が手続上の権能を行使する範囲を明らかにするため，その債権の存在等を集団的に確定する手続を設けている。以下では，各倒産手続の特徴を踏まえて比較・対照しながら，債権確定の意義について概観する。

II 債権確定の意義について問題となるのは どのような点か

1．債権確定の意義・目的

　まず，債権を確定するとはどういうことなのか，いかなる目的で債権を確定するのかについて，各倒産手続の趣旨・目的の違いを踏まえて把握する必要がある。

2．対象となる債権

　破産法第4章第2節・第3節は「破産債権」の届出，調査及び確定について規定し，同様に，民事再生法第4章第2節・第3節は「再生債権」について，会社更生法第5章第2節・第3節は「更生債権」及び「更生担保権」について，それぞれ規定している。そこで，これらの確定手続の対象となる債権とは何かを明らかにする必要がある。

3. 確定すべき事項

対象とされた債権の何を確定するのか，債権の額や優先順位等が問題となることから，これらについて検討する。

Ⅲ 債権確定の意義について実務はどう取り扱っているか

1. 債権確定の意義・目的

清算型の倒産手続である破産手続においては，破産債権者が破産財団から配当を受ける順位及び割合（破194条）を明らかにするため，その基礎となる破産債権を確定する必要がある。また，確定した破産債権の額は，債権者集会等における議決権の額を定める基準にもなる（破140条1項1号・141条1項1号）。

これに対し，再建型の倒産手続である再生手続・更生手続においては，配当の基礎を確定する必要はないが，再建計画の定めにより権利を行使することができる債権（民再179条2項，会更205条2項）を確定することにより，債権の内容を巡る事後的な紛争の発生を回避し，債務者の事業等の再建を確実にするなどの観点から，債権確定の手続が設けられている。確定した債権の議決権の額は，そのまま再建計画案の決議において議決権を行使し得る額となる（民再170条2項1号・171条1項1号，会更191条2項1号・192条1項1号）。ただし，再生手続のうち個人再生手続においては，手続の簡易化のため，再生債権を実体的に確定することはせず（民再238条・245条），議決権の額（民再230条8項），最低弁済額の算定（民再231条2項3号・4号・241条2項5号），未確定債権の劣後化（民再232条3項本文・244条）といった限られた事項との関係において手続内で確定するにすぎない。

2. 対象となる債権

(1) 概　　要

破産債権とは，破産者に対し破産手続開始前の原因に基づいて生じた財産

上の請求権（破97条各号の債権を含む）であって財団債権に該当しないものをいう（破2条5項）。

　再生債権とは，再生債務者に対し再生手続開始前の原因に基づいて生じた財産上の請求権（民再84条2項各号の債権等を含む）であって共益債権・一般優先債権に該当しないものをいう（同条1項）。

　更生債権とは，更生会社に対し更生手続開始前の原因に基づいて生じた財産上の請求権（会更2条8項各号の債権を含む）であって更生担保権・共益債権に該当しないものをいう（同項柱書）。なお，更生手続では，後述の更生担保権も債権確定手続の対象となり，更生債権と併せて「更生債権等」という。

(2) **共通事項**
　(a) **債務者に対する請求権であること**
　破産者等の債務者に対する人的な請求権であることが前提となるから，所有権に基づく返還請求権等の物権的請求権は，これに該当せず，取戻権（破62条，民再52条，会更64条）として行使される。
　(b) **財産上の請求権であること**
　破産債権は，金銭配当によって満足され得る財産上の請求権に限られ，再生債権・更生債権も，債務者の財産等により満足され得る請求権でなければならず，いずれも金銭に評価し得るものであることを要する。金銭に評価し得ない親族法上の権利は，これに該当しないが，手続開始までに履行期の到来した扶養料請求権や財産分与請求権は，該当する。代替的作為を目的とする債権は，代替執行の費用による金銭的評価が可能であるから該当するが，不代替的作為又は不作為を目的とする債権は，それ自体を金銭的に評価し得ないから破産債権とならず，再生債権・更生債権にもならないと解するのが一般的である。
　(c) **執行可能であること**
　倒産手続は，債務者の意思にかかわらず債権者に対して法的手続による満足を与えることを目的とするから，対象となる債権は，執行可能であることを要する。自然債務や不執行合意のある債権は，これに該当しないが，仮執行により満足を受けた債権は，債権の存在が未確定であり終局的満足を得た

ものではないから該当する。→【判例①】参照

　(d)　**手続開始前の原因に基づいて生じたこと**
　破産手続では，破産財団の範囲を手続開始時の財産に限定すること（破34条）との対応から，破産債権の範囲も手続開始前の原因に基づいて生じた請求権に限定される。再生手続・更生手続では，債務者財産の範囲が手続開始時の財産に限定されないが，再生債権・更生債権の範囲が手続開始前の原因に基づいて生じた請求権に限定され，手続開始後の原因に基づいて生じたものは，一部例外を除き開始後債権として劣後的に取り扱われる（民再123条，会更134条）。「手続開始前の原因に基づいて生じた」とは，債権発生原因の全部を手続開始時に具備している必要はなく，そのうちの基本的部分を具備していれば足りると解されており，期限未到来の債権，停止条件又は解除条件付債権，保証人の将来の求償権のような将来の請求権も，その債権の発生原因が手続開始前に生じていれば該当する。→【判例②③】参照

(3)　**付加される債権**
　以上の定義，とりわけ上記(2)(d)の要件に必ずしも当てはまらなくても破産債権とされるものとして，破産法97条は一群の債権を掲げており，例えば，破産手続開始後の利息請求権（1号）や双方未履行双務契約が解除された場合の相手方の損害賠償請求権（8号）等がある。
　民事再生法84条2項も，破産法97条1号・2号・7号に相当する請求権を再生債権としている。また，個別の規定により再生債権とされるものとして，民事再生法46条・49条5項・51条（破59条準用）・132条の2第2項2号によるものがあり，順に破産法97条11号・8号・10号・12号に相当する。同様に，会社更生法2条8項は，破産法97条1号・2号・7号・8号・10号・11号・12号に相当する請求権を更生債権としている。

(4)　**除外される債権**
　破産手続では，手続によらないで破産財団から随時弁済を受けることができる債権を財団債権といい（破2条7項），これに該当するものは破産債権から除外される。破産法148条1項各号の一般の財団債権のほか，他の規定に

よる特別の財団債権（破42条4項・149条，民再252条6項など）がある。手続開始前の原因に基づいて生じた租税債権のうち納期限から1年を経過しないもの（破148条1項3号），双方未履行双務契約につき履行が選択された場合の相手方の債権（同項7号），手続開始前3か月間の給料債権（破149条）等が重要である。→【判例④～⑧】参照

再生手続では，破産手続における財団債権に相当するものとして共益債権があり，これに該当するものは再生債権から除外される。民事再生法119条各号の一般の共益債権のほか，他の規定による特別の共益債権（民再49条4項・5項・50条2項・120条など）がこれに当たり，再生手続によらないで随時，再生債権に先立って弁済される（民再121条1項・2項）。更生手続における共益債権についても同様である（会更127条各号ほか・132条1項・2項）。→【判例⑨～⑪】参照

再生債権からは，一般優先債権も除外される。一般優先債権とは，一般の先取特権その他一般の優先権がある債権であって共益債権を除くものをいう（民再122条1項）。給料その他雇用関係に基づいて生じた債権（民306条2号・308条）や租税債権（国税徴収法8条）などがこれに当たる。一般の先取特権その他一般の優先権がある債権は，破産手続では優先的破産債権とされ（破98条1項），更生手続では優先的更生債権とされ（会更168条1項2号・3号），いずれも手続内で優先的に行使されるが，再生手続では，手続を簡素化するため共益債権と同様に手続外で随時弁済される（民再122条2項）。

更生債権からは，次に述べる更生担保権も除外される。

(5) 更生担保権

更生担保権とは，更生手続開始時に更生会社の財産につき存する担保権（特別の先取特権，質権，抵当権及び商事留置権に限る）の被担保債権であって手続開始前の原因に基づいて生じたもの又は会社更生法2条8項各号の権利（共益債権を除く）のうち，担保目的財産の価額が手続開始時の時価であるとした場合に当該担保権によって担保された範囲のものをいう（同条10項）。これらの担保権は，破産手続・再生手続では別除権として手続外で行使することができるが（破65条・66条1項，民再53条），更生手続では手続外で行使すること

ができず（会更50条1項），更生計画による被担保債権の権利変更等を受忍しなければならない（会更204条1項柱書・205条1項）ことから，これにより担保されていた債権である更生担保権が更生債権と並んで債権確定手続の対象となる。

　更生担保権となる被担保債権は，更生会社に対する債権だけでなく，第三者を債務者とするもの（物上保証の場合）を含むが，それ以外の点は，更生債権について既に述べてきたことが妥当する（更生担保権に該当しないことを除く）。更生担保権となる債権の範囲は，更生手続開始時の担保目的財産の時価に限定され，これを超える部分は，更生会社に対する債権であれば更生債権となる。なお，破産手続において別除権となる担保物権の被担保債権は，破産者を債務者とするものであれば破産債権となるが，権利を行使できる範囲が別除権の行使により弁済を受けられない債権額に制限される（破108条）。再生手続における別除権についても同様である（民再88条）。

3．確定すべき事項

(1) 債権の額について

　破産手続では，債権の額が確定の対象となる（破124条1項）。これは，清算型の手続である破産手続では，多種多様な破産債権につき金銭配当により公平・平等な満足を受けさせるべく，これらを等質化するため，期限付債権は手続開始時に弁済期が到来したものとみなし（現在化。破103条3項），非金銭債権や金額等が不確定な債権，外国通貨債権は手続開始時の評価額を債権の額とする（金銭化。同条2項）とされており，これにより破産債権の額が確定されることによる。確定した破産債権の額が債権者集会等における議決権の額を定める基準にもなることは，既に述べたとおりである。

　他方，再生手続・更生手続では，債権の額ではなく，債権の内容や議決権の額が確定の対象となる（民再104条1項，会更150条1項）。これは，再建型の手続である再生手続・更生手続では，再建計画において本来の期限や条件に従って弁済することができるので，現在化・金銭化が行われないことによる。議決権の額の定め方については，規定が置かれている（民再87条1項，会更136条1項）。なお，更生担保権については，担保目的財産の価額も確定の

24 債権確定の意義

対象となる。

(2) 債権の優先順位

(a) 破産債権

　破産債権は，配当を受ける順位に従い，優先的破産債権，一般の破産債権，劣後的破産債権，約定劣後破産債権の4種類に区別され，優先的破産債権であることと，劣後的破産債権又は約定劣後破産債権であることは，確定の対象となる（破124条1項）。

　優先的破産債権とは，破産財団に属する財産につき一般の先取特権その他一般の優先権がある破産債権のことであり，他の破産債権に優先する（破98条1項）。既に述べた再生手続における一般優先債権の範囲とおおむね一致する。→【判例⑫】参照

　劣後的破産債権とは，破産法99条1項各号の債権のことであり，他の破産債権（約定劣後破産債権を除く）に後れる（同項柱書）。破産手続開始後の原因に基づいて生じた租税債権（同項1号・97条4号）などがこれに含まれる。

　約定劣後破産債権とは，破産債権者と破産者との間で配当の順位が劣後的破産債権に後れるとの合意がされていた債権をいい，劣後的破産債権に後れる最後順位の破産債権となる（破99条2項）。

(b) 再生債権

　再生債権は，手続を単純化するため，一般の再生債権と約定劣後再生債権の2種類に区別されるだけであり，約定劣後再生債権か否かの別は，確定の対象となる（民再99条2項）。なお，一般の再生債権であっても民事再生法84条2項各号の再生債権等は，議決権を否定され（民再87条2項），再生計画における劣後的取扱いが許容される（民再155条1項ただし書）。

　約定劣後再生債権とは，再生債権者と再生債務者の間で破産配当の順位が劣後的破産債権に後れるとの合意がされていた債権（民再35条4項）をいい，再生計画の内容に差を設けられる（民再155条2項）ほか，一般の再生債権との間に一定の区別を受ける（民再87条3項・172条の3第2項本文・174条の2第1項・2項）。

(c) 更生債権等

更生債権は，優先的更生債権，一般の更生債権，約定劣後更生債権の3種類に区別され，優先的更生債権又は約定劣後更生債権であることは，確定の対象となる（会更150条1項）。一般の更生債権であっても劣後的取扱いを受けるものがあることは，再生債権について述べたのと同様である（会更136条2項・168条1項柱書ただし書）。

優先的更生債権とは，更生会社財産につき一般の先取特権その他一般の優先権がある更生債権のことであり，更生計画において一般の更生債権より優遇される（会更168条3項）。なお，更生担保権は，優先的更生債権より更に優遇される（同条項）。

約定劣後更生債権については，約定劣後再生債権について述べたのと同様である（会更43条4項1号・136条2項・168条3項・200条1項・2項）。

(3) 予定不足額について

別除権付きの破産債権・再生債権についても，債権全体が確定の対象とされ，別除権の行使により弁済を受けることができないと見込まれる債権額（予定不足額）は，届出事項等ではあるものの，確定の対象とならない。予定不足額を確定するための特段の手続はなく，担保権の行使・放棄等による消滅や破産管財人・再生債務者等との合意（別除権協定）により，不足額が確定される。別除権者は，破産手続では，最後配当に関する除斥期間内に確定不足額を証明しなければ配当に参加することができない（破198条3項）が，再生手続では，再生計画において未確定の再生債権の行使に関する措置が定められ（民再160条1項），確定後に再生計画に基づく権利行使をすることができる（民再182条）。別除権者の議決権の額の定め方については，別に規定が置かれている（破140条1項2号・3号・141条1項2号，民再170条2項2号・3号・171条1項2号）。

これに対し，更生会社財産を目的とする担保権の被担保債権で更生会社を債務者とするものは，目的財産価額の範囲内の部分は更生担保権となり，目的財産の価額が確定の対象とされ，これを超える部分は更生債権となり，債権の額が確定の対象とされる。

Ⅳ 債権確定の意義について注意しておくのは どのような点か

　以上，債権確定の意義について概観してきたが，債権確定の意義・目的に関連して，注意しておく点が2つある。

　1つは，個別的権利行使の禁止（破100条1項，民再85条1項，会更47条1項）や免責（破253条1項，民再178条1項，会更204条1項柱書）など，債権者が手続に参加するか否かにかかわらず生じ，債権確定とは直接の関係を有しない効果があることである。

　もう1つは，債権確定それ自体の効果ではなく，確定手続の第1段階である債権の届出が意味を持つ場合があることであり，届出の効果として次項目 **25**「債権確定の手続」で取り扱う。

〔芹澤　俊明〕

参照判例

【判例①】
　東京地判昭56・9・14判時1015号20頁は，手形債権者が手形判決に基づく仮執行により満足を得た後，手形債務者の更生手続が開始された場合，手形債権者は，満足を受けた手形債権につき更生債権としての届出を要するとする。

【判例②】
　最一小判平25・7・18判タ1394号133頁は，民事訴訟法260条2項の裁判を求める申立ての相手方につき破産手続が開始された場合，同申立てに係る請求権は破産債権であるとする。

【判例③】
　最二小判平7・4・14民集49巻4号1063頁は，フルペイアウト方式によ

るファイナンス・リース契約によりリース物件の引渡しを受けたユーザーにつき更生手続が開始された場合，未払のリース料債権は，その全額が更生債権となるとする。

【判例④】
　最一小判昭43・6・13民集22巻6号1149頁は，破産財団に属する建物が他人の土地を不法占有することによる損害金債権は，財団債権（破148条1項4号）であるとする。

【判例⑤】
　最一小判昭43・12・12民集22巻13号2943頁は，株式の取戻権者が株券引渡しの訴えを提起した後に破産管財人が配当金及び割当て新株を取得した場合，取戻権者は管財人に対し財団債権（破148条1項5号）として配当金及び新株の給付を請求することができるとする。

【判例⑥】
　最三小判昭48・10・30民集27巻9号1289頁は，賃借人が破産して賃貸借が解約されない場合，破産宣告後の賃料債権は財団債権（破148条1項7号）となるとする。

【判例⑦】
　東京地判平17・3・9金法1747号84頁は，財団債権である租税債権を代わって弁済しても，弁済による代位により租税債権を取得することはできず，破産管財人に対し財団債権たる不当利得返還請求権を有するともいえないとする。

【判例⑧】
　最三小判平23・11・22民集65巻8号3165頁は，弁済による代位により財団債権を取得した者は，破産者に対して取得した求償権が破産債権であっても，当該財団債権を行使することができるとする。

【判例⑨】
　東京地判平23・2・8判時2115号63頁は，再生手続開始前に委託を受けた弁護士の報酬請求権及び費用償還請求権のうち手続開始前に発生したものは，共益債権（民再119条1項2号）にならないとする。

【判例⑩】
　最一小判平23・11・24民集65巻8号3213頁は，弁済による代位により民事再生法上の共益債権を取得した者は，再生債務者に対して取得した求償権が再生債権であっても，当該共益債権を行使することができるとする。

【判例⑪】
　東京高決平22・11・10，同22・11・11金判1358号22頁は，更生手続開始後に定年退職によって発生する退職手当請求権は，共益債権（会更127条2号）に該当しないとする。

【判例⑫】
　札幌高判平10・12・17判時1682号130頁は，社内預金払戻請求権は雇用関係に基づいて生じた債権ではなく，優先的破産債権に当たらないとする。

25 債権確定の手続

I 債権確定の手続について学ぶのはどうしてか

債権確定の手続は，いずれの倒産手続においても債権の届出，調査及び確定の流れからなるが，それぞれの段階において各手続に共通して問題となる事項や手続の特質を反映した相違点がある。以下では，これらの点を検討しながら，債権確定の手続について概観する。

II 債権確定の手続について問題となるのはどのような点か

1．債権の届出

破産手続が開始されると，同時に破産債権の届出期間が定められ（破31条1項1号），手続に参加する破産債権者は，その期間内に所定の事項を裁判所に届け出なければならない（破111条1項）。この点は，再生手続・更生手続においても同様である（民再34条1項・94条1項，会更42条1項・138条）。ただし，破産手続では，裁判所が異時廃止のおそれがあると認めて債権届出期間等の決定を留保することがあり（破31条2項・3項），他の手続と異なり得る点である。また，個人再生手続では，届出の負担を軽減するため，再生債務者が提出した債権者一覧表に記載された再生債権者は，自ら届出をする場合を除き，債権届出期間の初日に債権の届出をしたものとみなされる（民再225条・244条）。

債権の届出については，届出権者，届出事項，届出期間，届出の取下げ・届出事項の変更，届出の効果が問題となる。

2．債権の調査

 破産債権の届出があると，裁判所書記官は破産債権者表を作成し（破115条），破産管財人の認否及び破産債権者・破産者の異議に基づいて裁判所が破産債権の調査をする（破116条）。この大きな流れ自体は，再生手続・更生手続においても同様であるが（民再99条・100条，会更144条・145条），後述のとおり調査の方法が大きく異なる。また，破産管財人等の認否や債権者・債務者の異議についても，様々な問題がある。

3．債権の確定とその効果

 破産債権は，債権の調査において破産管財人が認め，かつ，届出破産債権者が異議を述べなかったときは確定し，裁判所書記官が調査の結果を破産債権者表に記載すると，その記載が破産債権者の全員に対して確定判決と同一の効力を有する（破124条）。他方，破産管財人が認めず，又は届出破産債権者が異議を述べた場合は，次項目**26**「債権確定訴訟」で述べるように，破産債権査定申立て及び同申立てに係る破産債権査定異議の訴えの提起をすることが可能となり（ただし，破産手続開始当時訴訟が係属していた場合は同訴訟を受継し，執行力ある債務名義又は終局判決のある債権（有名義債権）の場合は破産者がすることのできる訴訟手続により異議主張をする。破125条以下），その結果に従って債権が確定される。これらの点は，再生手続・更生手続においても同様である（民再104条・105条以下，会更150条・151条以下）。ここでは，債権の内容等が争われない場合の債権の確定とその効果について検討する。

III 債権確定の手続について実務はどう取り扱っているか

1．債権の届出

(1) 届出権者

 債権の届出は，債権について管理処分権を有する者が行い，通常は債権者本人（代理人でもよい）である。債権が差し押えられた場合は，差押債権者が

取立権に基づき届出をするが，差押債権者が届出をしない場合は，差押債務者が保存行為として届出をすることができる（配当金等は受領できず，執行供託される）。→【判例①】参照

　特定の債権について，倒産手続法上，手続に参加し得る者やその範囲が規律されている場合があり，債権の届出もこれに従う。例えば，連帯債務者などのように数人が各自全部の履行をする義務を負う場合にその1人又は数人につき破産手続が開始されたとき，債権者は手続開始時の債権全額につき手続参加することができ（破104条1項），その後に他の全部義務者から弁済等がされても債権の全額が消滅しない限り影響を受けず（同条2項），反面，将来の求償権者の手続参加は制限される（同条3項・4項）。破産法104条2項の規定は，物上保証人が弁済等をした場合に準用される（同条5項）が，複数の被担保債権の一部の債権が全額弁済された場合は，その一部債権につき手続参加することができないと解される。以上は，再生手続・更生手続においても同様である（民再86条2項，会更135条2項）。→【判例②】参照

(2) **届出事項等**

　届出事項は，前項目**24**で検討した債権確定において確定すべき事項（破産債権の額，再生債権・更生債権等の内容・議決権の額，更生担保権の担保目的財産の価額，各債権の優先順位に関する事項）のほか，債権の原因，有名義債権であるときはその旨，債権に関し手続開始当時訴訟が係属するときは同訴訟に関する情報，別除権の目的財産・予定不足額等である（破111条，破規32条，民再94条，民再規31条，会更138条，会更規36条）。債権の原因については，債権の同一性を認識するに足りる範囲で発生原因事実を表示すればよい。→【判例③】参照

　なお，財団債権である旨の主張が認められない場合に備えて予備的に破産債権の届出をするなどの予備的届出をすることも可能である。

(3) **届出期間**

　債権届出期間は，手続開始日から2週間以上4か月以下の範囲内で定めるとされている（破規20条1項1号，民再規18条1項1号，会更規19条1項1号）。ただし，個人再生手続では，2週間以上1か月以下の範囲内で定める（民再規116

条2項1号・138条2項)。

　破産手続では，債権届出期間経過後であっても，後述の一般調査期間の満了前又は一般調査期日の終了前に届出があれば，調査の対象となり（破119条1項・122条1項），その後は，破産債権者の責めに帰することのできない事由により一般調査期間の経過又は一般調査期日の終了までに届出をすることができなかった場合やその後に破産債権が生じた場合であれば，その事由の消滅又は権利の発生後1か月以内に限り届出をすることができる（破112条1項・3項)。

　これに対し，再生手続・更生手続では，再建計画案を立案するため早期に債権を確定する必要があるから，債権届出期間経過後は，債権者の責めに帰することのできない事由により同期間内に届出をすることができなかった場合やその後に債権が生じた場合に限り，その事由の消滅又は権利の発生後1か月以内かつ再建計画案の付議決定前に届出をすることが許されるにすぎない（民再95条1項・3項・4項，会更139条1項・3項・4項)。

(4) 届出の取下げ・届出事項の変更

　届出の取下げは，債権確定の前であれば自由にすることができるが，確定後は，その後の手続への関与を放棄する意思表示として扱われ，再生手続・更生手続における再建計画の認可確定後の取下げは，することができない。

　届出事項の変更は，他の債権者の利益を害すべき変更の場合は，新たな届出と同じであるから，上記(3)の届出期間内に変更の届出をする必要がある（破112条4項，民再95条5項，会更139条5項)。この趣旨に照らすと，再生債権・更生債権として届出をした債権につき再建計画案の付議決定後に共益債権として手続外で行使することは許されないと解される。→【判例④】参照

　他の債権者の利益を害しない変更の場合は，このような期間制限に服しないが，債権額の減額は，届出の一部取下げとして扱われ，債権者の変更は，新債権者が届出名義の変更を受けるが（破113条，民再96条，会更141条)，再生手続・更生手続では再建計画の認可確定までに行う必要がある。→【判例⑤】参照

(5) 届出の効果

　届出債権者は，他の債権に対する異議の申述（破118条1項・121条2項，民再102条1項・103条4項，会更147条1項・148条4項），債権者集会等における議決権の行使（破140条1項・141条1項，民再170条2項・171条1項，会更191条2項・192条1項），再建計画案の作成・提出（民再163条2項，会更184条2項）等の手続上の権能を行使し得るほか，再建計画の定めによる権利変更（民再179条1項（民再181条1項参照），会更205条1項）等の手続上の効果を受ける。

　また，実体法上の効果として，債権の届出には，手続終了時までの時効中断の効力があり，債権者が届出を取り下げ，又は届出が却下されたときは，その効力を生じないが（民152条），催告（民153条）としての効力は認められる。債権の調査において異議を述べられただけでは，時効中断の効力が維持されるが，債権が確定しないまま手続が廃止されたときは，その効力を生じない。債権の届出がされた主たる債務の全額を保証人が弁済し，届出名義の変更を届け出た場合，保証人の求償権についても時効中断の効力が生じる。
→【判例⑥〜⑧】参照

2．債権の調査

(1) 調査の方法（期間方式と期日方式）

　破産手続における債権の調査には，破産管財人が一般調査期間前の期限までに作成・提出する認否書と破産債権者・破産者が一般調査期間内に書面で述べる異議に基づいてする方法（期間方式。破117条・118条）と，破産管財人が一般調査期日に出頭して行う認否と破産債権者・破産者が同期日に出頭して述べる異議に基づいてする方法（期日方式。破121条）がある。債権届出期間経過後に届出又は届出事項の変更があった債権の調査についても，特別調査期間を定めて期間方式で行う場合（破119条）と，特別調査期日を定めて期日方式で行う場合（破122条）がある。清算を目的とする破産手続では，資料の散逸等により破産管財人が期間内に認否をするのが難しい事案もあること等から，期日の続行が可能な期日方式を選択し得ることとされた。破産法上は，「必要があると認めるとき」に期日方式で行うことができるとされるが（破116条2項・122条1項），実務上は，期日方式を採用するのが通例である。

他方，再生手続・更生手続では，債権を早期に確定する必要があり，帳簿等により迅速に調査して認否を行い得ること等から，債権の調査は，一般調査・特別調査のいずれについても期間方式で行われる（民再100条以下，会更145条以下）。なお，個人再生手続では，通常の再生手続における債権調査の規定は適用されず（民再238条・245条），再生債務者・債権者が一般異議申述期間内に書面で異議を述べる方式（特別調査については特別異議申述期間が定められる）が採られている（民再226条・244条）。

(2) **調査の対象となる債権**

　破産手続（期日方式の場合）では，債権届出期間内に届出があった債権（破121条1項）と同期間経過後に届出又は届出事項の変更があった債権で一般調査期日において調査することにつき破産管財人・破産債権者の異議がないもの（同条7項）が同期日における調査の対象となり，このような異議があったもの（破122条1項本文）や同期日終了後に破産法112条の規定による届出等があった債権（破122条2項・119条2項）は，裁判所が特別調査期日を定め，同期日における調査の対象となる。

　再生手続・更生手続では，債権届出期間内に届出があった債権（民再101条1項，会更146条1項）や同期間経過後に民事再生法95条，会社更生法139条の規定により届出等があった債権で再生債務者等・管財人が認否書に認否を記載したもの（民再101条2項，会更146条2項）が一般調査期間における調査の対象となり，このような認否の記載がないものは，裁判所が特別調査期間を定め，同期間における調査の対象となる（民再103条1項，会更148条1項）。また，通常の再生手続では，再生債務者等が届出のされていない再生債権があることを知っている場合は自認する内容等を認否書に記載しなければならず（民再101条3項），このように認否書に記載された自認債権も一般調査期間における調査の対象となる（民再102条）。個人再生手続では，債権届出期間内に届出があった債権（上記Ⅱ1で述べたみなし届出に係る債権を含む）が一般異議申述期間における調査の対象となり（民再226条1項・244条），債権届出期間経過後に民事再生法95条の規定により届出等があった債権は，裁判所が特別異議申述期間を定め，同期間における調査の対象となる（民再226条2項・3項・244

条)。

(3) 認　否

　届出債権について，破産手続では破産管財人が，再生手続では再生債務者等が，更生手続では管財人が，それぞれ調査を行い，調査の方式に応じた認否をすることとなる。破産手続の実務では，配当の可能性が明らかとなるまで認否を留保し，一般調査期日を続行することで対応する扱いもある。

　認否の対象となる事項は，上記1(2)の届出事項のうち，債権確定において確定すべき事項と別除権に係る予定不足額である（破117条1項・121条1項，民再101条1項，会更146条1項）。予定不足額の認否は，議決権の額を定める際に必要となるものであり，破産手続の実務では，その必要が生じるまで認否を留保する扱いもある。再生手続における自認債権については，議決権の額を記載する必要がなく（民再101条3項），債権の内容のみが確定の対象となる（民再104条1項）。

　破産管財人の認めない旨の認否には，実務上，最終的に認否事項を否定して争う場合のほか，調査未了のため後に撤回する可能性を留保しつつ述べる暫定的異議や，認否事項を必ずしも否定しないものの債権者間の実質的な衡平を図るために述べる戦略的異議などもある。

　認める旨の認否は，後にこれを認めない旨に変更することができない。他方，認めない旨の認否は，後にこれを認める旨に変更（撤回）することができるが，その時的限界については争いがある。破産手続の実務では，配当の除斥期間が満了するまではいつでも変更することができ，破産債権査定申立てがされずに申立期間を経過した後は原則として変更し得ないが，認めない旨の認否が証拠に照らして誤りであるなど合理的な理由があれば変更し得るとの見解が有力である。再生手続では，再生債権査定申立てがされずに申立期間を経過した後や査定の裁判に対する異議の訴えが提起された後は変更し得ないとの見解が有力であり，更生手続では，債権が確定するまでは変更し得るとの見解が有力であるが，他の見解もある。また，議決権の額に対する認否の変更については，別途考える必要がある。

(4) 異　　議
(a) 届出債権者の異議
　届出債権者は，上記(3)の認否の対象となる事項につき，調査の方式に応じた異議を述べることができる。再生手続では，自認債権の債権者は異議権者に含まれないが，個人再生手続のみなし届出に係る債権者は異議権者に含まれる。更生手続では，株主も手続に参加することができ（会更165条1項），更生債権者等と同様に異議を述べることができる（会更145条）。
　届出債権者による異議の撤回の可否・時的制限については，破産管財人等による認否の変更について既に述べたのと同様である。
(b) 債務者の異議
　債務者（破産者，管財人が選任されている場合の再生債務者，更生会社）も異議を述べることができるが，異議の対象は破産債権の額，再生債権・更生債権等の内容に限られ，また，届出債権者による異議と異なり，債権確定を妨げる効力はなく，手続終了後に債権者表の記載が債務者に対し効力を有するのを妨げる効果を持つにすぎない（破221条2項，民再185条1項ただし書等，会更235条2項等）。

3．債権の確定とその効果

(1) 債権の確定
　上記1(2)の債権確定において確定すべき事項は，債権の調査において破産管財人等が認め，かつ，届出債権者が異議を述べなかったときは確定し，確定した事項について裁判所書記官が破産債権者表等に調査結果を記載した内容は，破産債権者等（更生手続では株主を含む）の全員に対して確定判決と同一の効力を有する（破124条，民再104条，会更150条）。破産管財人等の認めない旨の認否・届出債権者の異議が撤回された場合や，異議者が自らの債権の届出を取り下げるなどして異議権を喪失した場合も，これにより債権が確定する。ただし，個人再生手続では，このような規定の適用が除外され（民再238条・245条），無異議債権についての議決権の額（民再230条8項）や計画弁済における非劣後化（民再232条2項・3項・244条）といった個別的な定めが置かれている。

(2) 確定の効果

　上記の「確定判決と同一の効力」の意義や法的性格については争いがあるが，確定された内容は手続内で争えず，議決権の判定や配当表・再建計画案の作成の基礎となること，確定した債権の不存在を理由に他の債権者が配当金等の不当利得返還請求をし得ないこと，他の債権者のみならず破産管財人等にも効力が及び，否認権を行使し得ないこと等については，おおむね争いがない。争いがあるのは，上記の効力が既判力であるか否か，当該手続を離れた局面にも及ぶか否か等であり，例えば，債権の帰属を争う第三者による自らが債権者であることの確認訴訟や，手続終了後の強制執行等において債権者が競合した場合における配当異議訴訟といった場面で問題となる。→【判例⑤】参照

Ⅳ　債権確定の手続について注意しておくのはどのような点か

　以上，債権確定の手続について概観してきたが，対象となる債権の種類により異なる扱いがされる例があるので注意を要する。すなわち，更生手続では，債権届出期間経過後に退職した者の退職手当請求権について，債権の届出期間・調査方法の特例が定められている（会更140条・149条）。また，各倒産手続において，租税等の請求権や罰金等の請求権については，債権の届出期間・届出事項や調査・確定について特例が設けられている（破114条・134条，民再97条・113条，会更142条・164条）。

〔芹澤　俊明〕

参照判例

【判例①】
　　東京地判平13・3・29判時1750号40頁は，取締役が破産した場合，株主

は，株主代表訴訟に代えて，会社に対し破産債権の届出を請求し，会社が届け出ない場合は，会社のために債権の届出をなし得るとする。

【判例②】
　最三小判平22・3・16民集64巻2号523頁は，債務者の破産手続開始後に物上保証人が複数の被担保債権のうちの一部の債権につきその全額を弁済した場合，当該債権については，破産法104条5項が準用する同条2項の「その債権の全額が消滅した場合」に該当し，債権者は破産手続においてその権利を行使し得ないとする。

【判例③】
　大判昭11・10・16民集15巻1825頁は，破産債権の届出をするには，その原因として債権の同一性を認識するに足りる範囲で発生事実を表示すれば足りるとする。

【判例④】
　最一小判平25・11・21民集67巻8号1618頁は，民事再生法上の共益債権につきその旨の付記もなく再生債権として届出がされただけで，この届出を前提として作成された再生計画案を決議に付する旨の決定がされた場合には，当該債権を再生手続によらずに行使することは許されないとする。

【判例⑤】
　東京地判昭32・4・10下民集8巻4号736頁は，更生債権として届出・確定した債権を更生計画認可前に譲り受けた場合には，届出名義の変更を受け，争いがあれば債権確定手続で争うべきであり，譲渡人及び管財人を相手方として別訴で当該債権の帰属を争うことはできないとする。

【判例⑥】
　最二小判昭57・1・29民集36巻1号105頁は，無名義破産債権者の届け出た債権に対し調査期日に破産管財人又は他の債権者が異議を述べても，債権届出による時効中断の効力に影響を及ぼさないとする。

【判例⑦】
　福岡地小倉支判平20・3・28判時2012号95頁は，破産債権につき異議が述べられ，確定前に破産手続が廃止されたときは，民法152条の「届出が却下されたとき」に当たるとする。

【判例⑧】
　最一小判平7・3・23民集49巻3号984頁は，主たる債務者の破産手続において債権者が債権の届出をし，その保証人が債権調査期日終了後に債権全額を弁済し，債権者の地位を代位により承継した旨の届出名義の変更の申出をした場合の求償権の消滅時効は，上記変更の時から破産手続の終了に至るまで中断するとする。

26 債権確定訴訟

I 債権確定訴訟について学ぶのはどうしてか

　債権の調査において債権の内容等が争われた場合，これを確定する手続が必要となる。その中心となるのが債権確定訴訟（査定異議の訴え，異議等のある債権に関する訴訟の受継，有名義債権に対する異議の主張）であるが，法は，これに加えて訴訟手続以外の簡易な確定手続も設けている。以下では，債権確定訴訟を含む確定手続の全体を概観する。

II 債権確定訴訟について問題となるのはどのような点か

1．各手続の位置付け

　項目**24**で検討した債権確定において確定すべき事項（破産債権の額，再生債権・更生債権等の内容・議決権の額，更生担保権の担保目的財産の価額，各債権の優先順位に関する事項）について，破産管財人等が認めず，又は他の債権者が異議を述べた場合，異議等のない債権として確定することは妨げられ，別の方法により確定することが必要となる。法は，そのための手続として，債権査定申立て（破125条，民再105条，会更151条），査定異議の訴え（破126条，民再106条，会更152条），担保目的財産の価額決定（会更153条以下），異議等のある債権に関する訴訟の受継（破127条，民再107条，会更156条），有名義債権に対する異議の主張（破129条，民再109条，会更158条），議決権の額の決定（民再170条・171条，会更191条・192条），再生債権の評価（民再227条・244条）の各制度を設けている。そこで，これらの手続がいかなる場合に用いられるのかが問題となる。

2．債権査定申立て

　債権査定申立てについては，申立て，審理（審尋・主張制限），決定等，倒産手続終了の各段階における手続の規律や実務の運用が問題となるほか，更生担保権に係る担保目的財産の価額決定についても理解する必要がある。

3．査定異議の訴え

　査定異議の訴えについては，訴えの提起（当事者，訴額等），審理，判決等，倒産手続終了の各段階における手続の規律等が問題となる。

4．異議等のある債権に関する訴訟の受継

　異議等のある債権に関する訴訟の受継については，受継の申立て，受継後の手続（訴えの変更等），倒産手続終了の各段階における手続の規律等が問題となる。

5．有名義債権に対する異議の主張

　有名義債権に対する異議の主張については，異議者等がとり得る訴訟手続の内容や訴訟の受継，両手続の申立て・審理等，倒産手続終了の各段階における手続の規律等が問題となる。

6．議決権の額の決定

　再生債権・更生債権等の議決権の額が異議等の対象となった場合の手続について概観する。

7．再生債権の評価

　個人再生手続における簡易な確定手続である再生債権の評価について概観する。

III 債権確定訴訟について実務はどう取り扱っているか

1．各手続の位置付け

　査定異議の訴えに前置される簡易な手続として，債権査定申立てがある。この申立てをすることができるのは，①異議等の対象が上記II1の確定すべき事項のうち再生債権・更生債権等の議決権の額以外のものであり，②当該債権に関し手続開始当時訴訟が係属しておらず，③執行力ある債務名義又は終局判決のない場合（無名義債権）に限られる。②の当該債権に関する訴訟とは，届出債権を訴訟物とする訴訟をいい，給付訴訟だけでなく積極・消極の確認訴訟等を含む。③の執行力ある債務名義とは，直ちに強制執行を実施することが可能な文書をいい，執行文を要するもの（民執25条本文）は執行文を付されている必要がある。終局判決は，未確定でもよい。→【判例①】参照

　債権査定申立てについての裁判所の決定に不服がある場合は，査定異議の訴えを提起することができる。また，異議等の対象が更生担保権の担保目的財産の価額である場合，更生債権等査定申立てをした上で担保目的財産の価額決定の申立てをすることもできる。

　異議等の対象が上記①のとおりであり，手続開始当時②の訴訟が係属し，③当該債権が無名義債権の場合は，中断している同訴訟の受継を申し立てなければならず，債権査定申立てや別訴提起をすることはできない。係属する訴訟の一部が異議等のある債権に関する場合もあり，注意を要する。→【判例②】参照

　異議等の対象が上記①のとおりであり，③当該債権が有名義債権の場合は，異議者等が，債務者がすることのできる訴訟手続によってのみ異議の主張をすることができ，特に手続開始当時②の訴訟が係属する場合は，異議者等が同訴訟を受継しなければならない。

　他方，異議等の対象が再生債権・更生債権等の議決権の額である場合は，これらの確定手続の対象とならず，議決権行使の方法の定めに応じて裁判所が議決権の額を定めるなどする。

また，個人再生手続では，以上の手続が全て適用されず，再生債務者・債権者が債権の額又は担保不足見込額について異議を述べた場合，再生債権の評価の申立てをすることができる。

2．債権査定申立て（破125条，民再105条，会更151条）

(1) 申立て

　債権査定申立ての申立人は，異議等のある債権を有する者であり，相手方は，異議者等の全員である。

　申立先は，当該倒産事件を担当している裁判所である。

　申立期間は，異議等のある債権に係る調査期間の末日（破産手続では調査期日を含む）から1か月の不変期間である。更生手続における債権届出期間経過後の退職による退職手当請求権については，特例がある（会更151条2項・149条）。申立期間を徒過した場合，更生手続では，債権の届出がなかったものとみなされ（会更151条6項），破産手続・再生手続では，規定がないものの同様に解される。

(2) 審理

　裁判所は，不適法として却下する場合を除き，異議者等を審尋しなければならない。実務では，審尋は原則として書面で行い，申立てから1，2週間以内に異議者等から反論書・疎明資料を提出させ，速やかに決定する例が多い。

　申立人は，異議等のある債権の額・内容，原因，優先順位に関する事項及び更生担保権の担保目的財産について，債権者表に記載された事実のみを主張することができる（破128条，民再108条，会更157条）。この主張制限をどの程度まで厳密に考えるかについては議論があり，例えば債権の内容・原因については，異なる訴訟物であっても給付の内容が等しく社会的経済的に同一の利益を目的とする権利といえる場合は主張が許されるとの見解が有力である。→【判例③～⑤】参照

(3) 決定等

裁判所は，決定で，異議等の対象について査定する裁判（査定決定）をする。債権の額・内容が対象である場合，決定の主文は査定金額のみであり，債権の存在が認められないときは0円と査定し，申立ての一部又は全部を棄却する旨の裁判はしない。

　更生債権等査定決定における裁判所の判断は，更生担保権の担保目的財産の価額につき，後述の担保目的財産の価額決定により定められた価額又は異議等のない価額に拘束されるが（会更155条2項），目的財産を共通にする他の更生担保権につき確定した内容等に拘束されない（会更159条）。

　和解が可能か否かについては議論があるが，実務上は，合意内容に沿って届出の一部取下げ・届出事項の変更を行い，異議等を撤回することで対応する例が多い。

(4)　倒産手続の終了

　査定手続の係属中に倒産手続が終了したとき，破産手続開始決定の取消し・廃止決定の確定による同手続の終了や再生計画認可決定確定前の再生手続の終了，更生計画認可決定前の更生手続の終了の場合は，査定手続も終了する。他方，破産手続終結決定による同手続の終了や再生計画認可決定確定後の再生手続の終了，更生計画認可決定後の更生手続の終了の場合は，査定手続が引き続き係属し，そのうち管財人を当事者とするものは再生債務者・更生会社が受継する（破133条1項，民再112条の2第1項・2項，会更163条1項・2項）。

(5)　担保目的財産の価額決定

　更生債権等査定申立てをした更生担保権者は，担保目的財産の価額に対する異議者等の全員を相手方として，査定申立日から2週間以内に，同財産の価額決定の申立てをすることができる（会更153条1項）。同申立てを受けた裁判所は，評価人の評価に基づき，決定で，同財産の価額を定め（会更154条1項・2項），当事者の主張額に拘束されない。これにより定められた価額は，更生債権等査定申立て又は同査定異議の訴えが係属する裁判所を拘束する（会更155条2項1号）。

3. 査定異議の訴え （破126条，民再106条，会更152条）

(1) 訴えの提起

　査定異議の訴えを提起する原告は，異議等のある債権を有する者又は異議者等であり，異議等のある債権を有する者が原告となるときは異議者等の全員を，異議者等が原告となるときは異議等のある債権を有する者を，それぞれ被告とする。同一の債権に関し査定異議の訴えが数個同時に係属するときは，弁論及び裁判の併合が強制され，必要的共同訴訟の規律（合一確定の要請）が及ぶ。

　出訴期間は，査定決定の送達を受けた日から1か月の不変期間である。

　訴えを管轄するのは，当該倒産事件を担当している裁判所が属する官署としての裁判所である。

　訴額は，破産債権については配当の予定額を標準とし，再生債権・更生債権等については再建計画によって受ける利益の予定額を標準として，いずれも受訴裁判所が定める（破規45条，民再規46条，会更規47条）。実務上は，債権又は争いのある額の一定割合とする例が多い。

　査定異議の訴えの訴訟物・法的性格については，査定決定に対する異議権を訴訟物とし，査定決定の効果を認可し，又は変更するための形成訴訟であるとする見解と，異議ある事項の存否を訴訟物とする確認訴訟であるとする見解がある。

(2) 審　　理

　口頭弁論は，出訴期間経過後でなければ開始することができない。

　異議等のある債権を有する者は，査定手続におけるのと同様の主張制限に服する（破128条等）。→【判例③〜⑤】参照

(3) 判 決 等

　裁判所は，判決において，訴えを不適法として却下する場合を除き，査定決定を認可し，又は変更する。

　更生債権等査定決定について上記2(3)で述べたことは，同査定異議の訴え

についても妥当する。

　和解は可能であるが，必要的共同訴訟の規律に服する。実務では，合意された債権の内容を確認した上，これに沿うように届出の一部取下げ・届出事項の変更を行い，異議等を撤回するといった和解が行われている。

(4) 倒産手続の終了

　訴訟の係属中に倒産手続が終了したとき，上記２(4)前段の場合は，破産管財人等が当事者である訴訟は中断して債務者が受継（再生債務者が当事者の場合はそのまま係属）し，破産管財人等が当事者でない訴訟は破産手続の場合は直ちに，再生手続・更生手続の場合は中断して１か月以内に牽連破産が開始されない限り，それぞれ終了する。後段の場合は，破産管財人等が当事者である訴訟は破産管財人が当事者である場合に中断せずそのまま係属すること以外は前段と同じであり，破産管財人等が当事者でない訴訟は引き続き係属する（破44条4項・5項・133条3項・4項，民再68条2項・3項・112条の2第4項・254条6項，会更52条4項・5項・163条4項・256条6項）。

４．異議等のある債権に関する訴訟の受継（破127条，民再107条，会更156条）

(1) 受継の申立て

　受継の申立人は，異議等のある債権を有する者であり，相手方は，異議者等の全員である。異議者等による受継の申立て（民訴126条）や裁判所の職権による続行命令（民訴129条）は認められない。

　申立先は，訴訟が係属する受訴裁判所である。

　申立期間及び同期間を徒過した場合の効果については，債権査定申立てと同様である。申立期間の不遵守につき一定の事由があるときは追完が許されるが（民訴97条1項），再生債務者等が提出した認否書の内容が債権者に通知されないことは追完事由に当たらない。→【判例⑥】参照

　裁判所は，受継の申立てに理由があると認めるときは期日指定等により訴訟手続を進行させ，理由がないと認めるときは決定で申立てを却下する（民訴128条1項）。

(2) 受継後の手続

　受継後は，異議等のある事項の確定のため，例えば「○○円の優先的破産債権を有することを確定する」というように請求の趣旨の変更や反訴の提起が必要となり得る。こうした手続は，債権の確定に伴う特殊なものであるから，民事訴訟法143条1項ただし書，300条1項の制限はない。また，同法143条1項本文に反し上告審で訴えの変更をすることもできるが，口頭弁論を経ない上告棄却の判決は中断中でも行われる（民訴132条2項・319条）。→【判例⑦～⑨】参照

　従前の訴訟状態は，そのまま新たな当事者間に引き継がれ，自白の拘束力が維持されるなどするが，破産管財人等が独自の権能である否認権を行使して抗弁とすることは可能である。

　異議等のある債権を有する者は，査定手続等におけるのと同様の主張制限に服する（破128条等）。

　裁判所の判断が，目的財産を共通にする他の更生担保権に係る確定内容に拘束されないことは，査定手続等と同様である。

(3) 倒産手続の終了

　受継後の訴訟係属中に倒産手続が終了したときは，査定異議の訴えの場合と概ね同様であるが，上記2(4)前段の場合に破産管財人等が当事者でない訴訟は終了せず，中断して債務者が受継する（破133条5項・6項，民再112条の2第5項・6項，会更163条5項・6項）。

5．有名義債権に対する異議の主張（破129条，民再109条，会更158条）

(1) 債務者がすることのできる訴訟手続

　異議者等がとるべき手段は，債務名義等の種類によって異なり，確定判決の場合は，再審の訴え（民訴338条），判決更正の申立て（民訴257条）や基準時以後の事情を主張して債務不存在確認の訴えを提起すること等が可能であり，執行証書（民執22条5号）の場合は，請求異議の訴え（民執35条）や債務不存在確認の訴えが可能である。再審の訴えは，債権が確定した場合であっても，その後に再審事由が判明したときは提起することができると解される。

→【判例⑩】参照

　異議等の対象が債権の存在・額以外の事項（破産債権としての適格性や優先権の存否など）である場合については，債務者がすることのできる訴訟手続によらず，異議者等が優先権不存在確認等の訴えを提起し得るとの見解が有力である。

(2) 訴訟の受継

　異議等のある有名義債権に関し手続開始当時訴訟が係属する場合における異議の主張は，同訴訟を受継して行う。受継の申立ては，異議者等だけでなく，異議等のある債権を有する者もすることができる。→【判例⑪】参照

(3) 共通事項

　上記(1)の訴訟手続による異議の主張及び(2)の訴訟の受継は，債権査定申立ての申立期間と同様の期間内にしなければならないが，期間を徒過した場合は，異議はなかった（認める旨の認否をした）ものとみなされる。

　両手続における口頭弁論の開始時期，手続が数個同時に係属するときの弁論・裁判の併合強制，異議等のある債権を有する者の主張制限等については，いずれも査定異議の訴えと同様である。

(4) 倒産手続の終了

　上記(1)の訴訟手続の係属中に倒産手続が終了したときは，規定はないが，異議者等が提起した査定異議の訴えに準じて上記3(4)とほぼ同様に扱うとの見解が有力である。他方，上記(2)の受継後の訴訟係属中に倒産手続自体が終了したときは，上記4(3)と同じである。

6．議決権の額の決定 (民再170条・171条，会更191条・192条)

　再生債権・更生債権等の議決権の額が未確定のときに直ちにこれを確定する手続はなく，再建計画案の決議に際し，議決権行使の方法として集会が開催され，同期日において議決権につき異議を述べられない場合は，届出の額に応じて行使することができるが，議決権につき異議を述べられた場合及び

集会が開催されない場合は、議決権行使の可否と議決権の額を裁判所が裁量で決定し、いつでも同決定を変更することができる。

7. 再生債権の評価（民再227条・244条）

(1) 申立て

評価の申立てをすることができるのは、異議を述べられた届出債権が無名義債権の場合は当該債権者であり、有名義債権の場合は異議者である。

申立先は、当該個人再生事件を担当している裁判所である。

申立期間は、異議申述期間の末日から3週間の不変期間である。申立期間を徒過した場合、異議を述べられた債権者が申立人のときは、再生計画の弁済期間中の弁済を受けられなくなる（民再232条3項本文）と解され、異議者が申立人のときは、異議はなかったものとみなされる。

(2) 評価の裁判

裁判所は、不適法として却下する場合を除き、個人再生委員を選任しなければならず、その職務として、再生債権の評価に関し裁判所を補助すること等を指定する（民再223条1項ただし書・2項2号・244条）。

個人再生委員は、再生債務者や債権者に対し、債権に関する資料の提出を求めるなどして調査を行い、裁判所に対して調査の結果を報告する。

裁判所は、個人再生委員の意見を聴いた上、当該債権の存否・額又は担保不足見込額を決定する。同決定に対して不服申立てはできない。

Ⅳ 債権確定訴訟について注意しておくのはどのような点か

債権確定訴訟である査定異議の訴えに簡易な債権査定申立ての手続を前置させる現行法の枠組みは、平成11年成立の民事再生法が導入した後、平成14年成立の新会社更生法、平成16年成立の新破産法において採用されたものであり、それ以前の旧会社更生法・破産法では、直ちに債権確定訴訟を提起する仕組みとなっていた。現行法の特徴を理解し、旧法下の判例等を正しく読

解するには，こうした法改正の経緯についても留意する必要がある。

〔芹澤　俊明〕

参照判例

【判例①】
　最一小判昭41・4・14民集20巻4号584頁は，会社更生法158条1項にいう「執行力ある債務名義」とは，直ちに執行をなし得るものであることを要し，執行文を要するものは既に執行文を受けていることを要するとした。

【判例②】
　最一小判昭59・5・17判時1119号72頁は，建物収去土地明渡請求訴訟の係属中に被告が破産宣告を受けた場合，附帯請求のうち破産宣告前日までに発生した賃料相当損害金請求部分の訴訟の受継は，破産法127条等の定める手続によることを要するとした。

【判例③】
　大阪高判昭56・6・25判時1031号165頁は，更生債権者表にゴルフ会員権の内容を記載された債権者が，更生債権確定の訴えにおいて，会員未登録を前提とする預託金（入会保証金・入会金）返還請求権を予備的に主張することが許されるとする。

【判例④】
　大阪高判昭56・12・25判時1048号150頁は，更生債権者が提起した債権確定の訴えにおいて，1000万円の貸付債権に代えて予備的に不当利得に基づく同額の更生債権を主張することが許されるとする。

【判例⑤】
　仙台高判平16・12・28判時1925号106頁は，再生債権者表に「損害賠償金700万円及び遅延損害金等」と記載された届出債権（孫請人の元請人に対する不法行為損害賠償金又は不当利得返還金）につき，再生債権確定の訴えにおいて直接の請負契約に基づく請負代金債権を主張することは許さ

れないとする。

【判例⑥】
　名古屋地決平14・12・24判時1811号152頁は，再生債務者が認めない旨の認否を述べた再生債権につき再生手続開始時に係属していた訴訟の受継申立てが調査期間の末日から1か月を経過した後にされた事案において，再生債権が否認されたことについて通知がなかったことは民事訴訟法97条1項の追完事由に該当しないとする。

【判例⑦】
　広島高判平9・12・2判タ1008号258頁は，異議等のある破産債権に関する訴訟の受継に伴う訴えの変更や反訴提起につき，民事訴訟法143条1項ただし書，300条1項の制限はないとする。

【判例⑧】
　最二小判昭61・4・11民集40巻3号558頁は，受継前の訴訟が給付訴訟であり，これを異議等の対象である優先的破産債権であることの確認の訴えに変更することは，上告審でも認められるとする。

【判例⑨】
　最三小判平9・9・9判時1624号96頁は，上告裁判所は，上告を理由なしと認める場合には，上告理由書提出期間の経過後に上告人が破産宣告を受けたときであっても，受継手続を経ることなく，口頭弁論を経ずに上告棄却の判決をすることができるとする。

【判例⑩】
　大判昭16・12・27民集20巻1510頁は，届出債権が確定判決に基づくものであり，かつ調査期日に誰からも異議がなく確定した場合でも，管財人はその後確定判決に再審事由のあることを発見したときは再審の訴えを提起することができる。

【判例⑪】
　大判昭5・12・20民集9巻1155頁は，債権の存在を肯定した一審判決に対する控訴の係属中に債務者が破産したときは，債権者から進んで異議者を相手方として訴訟の受継をして差し支えないとする。

27 債権確定の効果

I 債権確定の効果について学ぶのはどうしてか

前項目26では，異議等のある債権を確定するための訴訟等の手続について概観したが，これらの手続において判決等により債権が確定された場合の効果については未検討であった。そこで，本項では，債権確定訴訟における判決の効果を中心として，債権確定手続により債権が確定された場合の効果について検討する。なお，債権査定申立ての申立期間を徒過した場合，異議等のある債権に関する訴訟の受継の申立期間を徒過した場合，有名義債権に対する異議の主張及び受継の期間制限を徒過した場合の各効果については，前項目26で検討済みである。

II 債権確定の効果について問題となるのはどのような点か

1．債権確定訴訟の判決の効果

債権確定訴訟（査定異議の訴え，異議等のある債権に関する訴訟の受継，有名義債権に対する異議の主張）における判決は，破産債権者等（更生手続では株主を含む）の全員に対してその効力を有する（破131条1項，民再111条1項，会更161条1項）とされている。これは，判決の効力が原則として訴訟当事者間で効力を有するものであるところ（民訴115条），集団的処理における債権の合一的処理の必要性と，債権調査において異議を述べる機会がありながら異議を述べなかった以上は債権が届出どおりに存在すると扱われてもやむを得ないといえることを理由として，破産債権者等の全員への判決効の拡張を規定したもので

ある。問題となるのは，これにより拡張される効力が既判力であるか否か，当該倒産手続を離れた局面にも及ぶか否か等であり，これらの点について検討する。

2．査定異議の訴えが出訴期間内に提起されず，又は却下された場合の効果

査定異議の訴えが出訴期間内に提起されず，又は却下されたときは，査定決定が破産債権者等の全員に対して確定判決と同一の効力を有する（破131条2項，民再111条2項，会更161条2項）とされている。これは，確定した査定決定に確定判決と同一の効力を与えた上，更にその効力を破産債権者等の全員に拡張したものであるが，その効力の内容も問題となる。

3．債権確定に伴うその他の効力

債務者財産が債権確定訴訟（査定決定を含む）により利益を受けたときは，異議を主張した債権者がその利益の限度で訴訟費用の償還を受けることができる（破132条，民再112条，会更162条）とされており，これについて検討する。

また，債権確定手続により債権が確定した場合において，債務者との間でいかなる効力が生じるかについても問題となるので，検討する。

4．再生債権の評価決定の効果

個人再生手続において再生債権の評価（民再227条・244条）が行われた場合の効果について検討する。

Ⅲ　債権確定の効果について実務はどう取り扱っているか

1．債権確定訴訟の判決の効果

(1) 既判力であるか否か

破産債権者等に拡張される判決効が既判力であるか否かについては，異議等のない債権が確定した場合（破124条，民再104条，会更150条）の効力と同様，

見解が分かれている。しかし，債権確定訴訟の判決については，当事者間において既に既判力が生じていること，公権的な判断であること等を指摘することができ，拡張される判決効も既判力であることを肯定する見解が有力である。

(2) **主観的範囲**

債権届出の有無やその時期，債権調査への関与の有無等にかかわらず，全ての破産債権者等に対して効力が及ぶ。また，破産管財人等に対しても当然に効力が及ぶと解されている。

(3) **判決効の及ぶ局面**

拡張された判決効が当該倒産手続を離れた局面に及ぶか否かについては，債権確定の目的が手続内における配当や計画弁済の実現にあること等から手続を離れた局面には及ばないとする見解と，手続への信頼性を高める見地から手続外にも効力が及ぶとする見解がある。

(4) **当事者を誤った場合**

異議等のある債権を有する者が複数の異議者等の全員を被告として訴えを提起すべき場合において，一部の者のみを被告として訴えを提起し，必要的共同訴訟である点が看過されて判決に至った場合，判決効の拡張は認められない上，被告としていない異議者との関係では査定決定が破産債権者等の全員に対して効力を有すること（破131条2項，民再111条2項，会更161条2項）等から，当事者間においても判決の効力を有しないと解されている。

2．査定異議の訴えが出訴期間内に提起されず，又は却下された場合の効果

査定決定が破産債権者等の全員に対して有する「確定判決と同一の効力」についても，異議等のない債権が確定した場合の効力や債権確定訴訟の判決の効果と同様，この効力が既判力であるか否か，当該手続を離れた局面にも及ぶか否かを巡り，議論が分かれている。

3．債権確定に伴うその他の効力

(1) 訴訟費用の償還

　訴訟費用の償還を受けることができるのは，異議を主張した債権者だけが当事者である場合に限られるか，認めない旨の認否を述べた破産管財人等とともに訴訟追行した場合等も含まれるかが問題であるが，個々の訴訟における具体的事情に応じ，それがなければ破産管財人等が勝訴することが不可能であったと認められる攻撃防御方法に要した費用の限度で償還請求権が認められるとする見解が有力である。

　償還請求権の内容は，債権者が敗訴者である相手方に償還請求し得る訴訟費用であり，弁護士費用は含まれない。また，債務者財産が利益を受けた限度で償還を受けることができる。

　償還請求権は，財団債権・共益債権となる（破132条，民再119条4号，会更127条4号）。

(2) 債務者に対する効力

　債権確定訴訟の結果（確定した査定決定の内容を含む）は，破産管財人等又は債権者の申立てにより債権者表に記載される（破130条，民再110条，会更160条）。各倒産手続が終了すると，確定した債権に係る債権者表の記載は，債権の調査において債務者が異議を述べていない限り，債務者に対して確定判決と同一の効力を有し，これにより強制執行をすることもできる（破221条，民再185条等，会更235条等）。

4．再生債権の評価決定の効果

　評価の裁判は，債権の存否・額又は担保不足見込額を手続に必要な限度で確定するものであり，その効果は，評価済債権についての議決権の額（民再230条8項）や計画弁済における非劣後化（民再232条2項・3項・244条）といった個別的な定めによる。権利の実体的確定は行われないことから，通常の民事訴訟を提起して債権の存否，額等を確定することが可能であり，この場合，民事再生法232条3項ただし書の「再生債権の評価の対象となったも

の」に当たり，確定額を基準とした配当を受けることができる。

Ⅳ 債権確定の効果について注意しておくのはどのような点か

　債権確定訴訟における判決の効果は，債権確定手続の意義を考える上で重要な論点であるが，適当な判例等がないため，未解明の部分が大きいといえる。今後の判例の集積に注意しながら，更なる検討を加えていく必要があろう。

〔芹澤　俊明〕

第 8 章 財団関係

28● 財団の保全
29● 財団の形成
30● 財団の換価

28 財団の保全

I 財団の保全について学ぶのはどうしてか

　清算型である破産手続の目的は，配当を受けるべき破産債権者の範囲，額や優先権の有無を確定し，配当の対象となるべき破産財団を形成し，それを現金化した上で破産債権者に配当することにある（破193条1項参照）。破産手続開始決定が出るまでの間はもちろんのこと，破産財団の形成過程においても，申立て時にあった財産が散逸したり，回収すべき第三者の財産が散逸したりすれば，破産債権者に対する最終配当率が下がって破産手続の本来の目的を達成し得ない可能性がある。したがって，破産財団の現状や価値を維持することは，債権者にとって利害関係のある重大な問題である。また，同じく清算型である特別清算においても，清算人が，債権者間の協定により内容が変更された債権額につき，債権者に対して弁済を行うが，弁済の原資となる債務者財産が減少すると個々の協定債権者に対する弁済額が減少するので，債務者財産の保全の重要性は破産手続と変わりない。

　また，再建型である民事再生や会社更生の各手続の目的は，債務者の事業又は経済生活の再建を図ることにあるが，そのためには債権者の協力を得る必要がある。そして，債権者の協力が得られるか否かは，債権者への配当率を定めた再生計画案，更生計画案の内容に大きく左右される。しかしながら，申立て時における債務者財産が散逸してしまうと，それが再建に不要な資産の場合には譲渡できずに対価が得られない結果となるし，再建に必要な資産の場合には，今後予定する事業を実行することはもちろん，従来の事業を継続することさえできなくなってしまう可能性がある。事業価値が維持できずに減少してしまえば，再生計画案，更生計画案の内容，すなわち再生債権者，更生債権者が受けることができる配当額が変わってくるのは，清算型

の場合と同様であって，債務者財産の保全の重要性は同じといってよい。

II 財団の保全について問題となるのはどのような点か

そこで，各種倒産法は，財団の保全に関して様々な規定を設けているが，ここでは破産手続を中心に説明する。

1．債務者の財産に関する保全処分 (破28条)

破産手続開始の申立てがあると，裁判所が破産手続開始の要件の有無を判断することになるが，それまでの間，一定の時間を要する。その間であっても，債権者は権利行使することが可能であるから，自己の債権の回収を図ったり，保全手続をとったりすることがある。また，債務者自身も，自己の財産に対する関心を失って財産をむやみに散逸させたり，自己の財産の隠匿を図って財産の名義を親族や知人等に移転したりすることがある。そこで，破産手続開始決定が出されるまでの間に，債権者の権利行使を制限し，債務者による財産の不当な散逸を避け，公平かつ適正な清算手続の進行を図るために，保全処分に関する規定が設けられている。

同様の規定は，民事再生法30条，会社更生法28条，会社法540条にも存在する。

2．保全管理人 (破91条以下)

法人である債務者について，破産手続開始決定があるまでの間において，その財産の管理処分が失当であるなどの事情が認められるときには，裁判所は，保全管理人による管理を命じる処分をすることができる (破91条1項)。保全管理命令において1人又は数人の保全管理人が選任されること (破91条2項)，債務者の財産の管理処分権が保全管理人に専属すること (破93条1項本文)，破産管財人代理に対応する保全管理人代理が選任され得ること (破95条) などは，破産管財人の場合とほぼ同様である。しかし，保全管理人という破産手続開始決定までの一時的な立場であるという性質上，債務者の常務に属しない行為については，保全管理人は裁判所の許可を得なければならな

い（破93条1項ただし書）。

同様の規定は，民事再生法79条，会社更生法30条にも存在する。

3．否認権のための保全処分（破171条・172条）

破産手続開始の申立ての前後に第三者が破産者から財産を譲り受けた場合に，将来の破産手続開始決定後における否認権行使を想定し，破産手続開始の申立てから決定までの間，保全の必要性が認められる場合に保全処分が認められている。旧法下においては，かかる保全処分の可否について議論があったが，現行法では立法的に解決された。破産手続開始決定後であれば，否認権を被保全権利とする民事保全法上の仮差押えや仮処分が可能であるから，その前の時点での保全処分が認められているところに意義がある。

同様の規定は，民事再生法134条の2・134条の3，会社更生法39条の2にも存在する。

4．役員の財産に対する保全処分（破177条）

法人である破産者がその法人の役員（理事，取締役，執行役，監事，監査役，清算人等）に対して損害賠償請求権を有する場合，その損害賠償請求権は破産財団に属する重要な財産となる。破産法は，178条以下で役員の責任査定手続を用意し，破産管財人による簡易迅速な責任追及の制度を設けている。しかしながら，役員の財産が処分等されてしまえば，強制執行等による損害の回復が不可能になってしまう。そこで，裁判所は，法人である債務者について破産手続開始の決定があったとき（破177条1項），緊急の必要がある場合は破産手続開始の申立てがあったとき（破177条2項），破産管財人等の申立てにより又は職権で，役員の財産について保全処分をすることができる。

同様の規定は，民事再生法142条，会社更生法99条，会社法542条にも存在する。

Ⅲ　財団の保全について実務はどう取り扱っているか

破産手続で財団の保全のための手続がとられることは，大型倒産事件等を

除けば，実務上は必ずしも多くないが，具体的には次のような措置が考えられる。なお，再建型手続についても適宜必要に応じてふれていく。

1．債務者の財産に関する保全処分 (破28条)

　裁判所は，利害関係人の申立てにより，又は職権で，破産手続開始決定があるまでの間に必要な保全処分をすることができる（破28条1項）。具体的には，有体動産・不動産に対する仮差押え・仮処分，債権・船舶等の仮差押え，自動車の処分禁止の仮処分，商業帳簿の閲覧，保管の仮処分などが挙げられる。なお，再建型の民事再生，会社更生では，保全処分のうち，弁済禁止の仮処分が頻繁に申し立てられている。→【判例①】参照

　破産裁判所は，状況の変化に応じて適切に対応できるように，保全処分を変更したり，取り消したりすることができる（破28条2項）。

　保全処分の許否，保全処分の変更許否，保全処分の取消許否の申立てについては，不利益な決定を受けた当事者は，即時抗告をすることができるが（破28条3項），破産手続の実効性を確保する趣旨から即時抗告に執行停止の効力はない（破28条4項）。

　債務者が債権者に対して弁済その他の債務を消滅させる行為をすることを禁止するように，裁判所が保全処分として命じた場合，債権者は，破産手続との関係では，当該保全処分に反してなされた弁済その他債務を消滅させる行為の効力を主張することができない（破28条6項）。したがって，当該債権者は，破産財団に利得を返還しなければならない。ただし，これは，債権者がその行為の当時に，当該保全処分がなされたことを知っていたときに限られ（破28条6項ただし書），善意の債権者は保護される。

2．保全管理人 (破91条以下)

　清算型である破産手続においても，弁済禁止の保全処分など個別の保全処分を発令しただけでは，債務者がこれに従わずに財産を隠匿したり，特定の債権者に対して偏頗弁済をしたりするおそれが大きい場合が考えられる。そのような場合には，債務者から包括的に財産管理処分権を剥奪することが必要であり，保全管理人が選任されることがある（→【判例②】参照）。特に，

債権者申立事件では，かかる保全管理命令が出されることがある。

　利害関係人は，破産手続開始の申立てがあったときから決定があるまでの間，保全管理命令を申し立てることができる（破91条1項）。当該破産事件を申し立てた債権者が申し立てることが最も多いが，他の債権者や債務者自身も利害関係人に含まれる（→【判例②】参照）。職権でも発令は可能であるが，まれである。

　保全管理命令は，口頭弁論を経ないで（破8条），疎明により決定で出されるが，実務上，債権者申立事件の場合には，実効性の担保のために債務者審尋を実施しないことが多い。

　実務上，保全管理人は法律家である弁護士から選任されるのが通常である。数名の保全管理人を選任することも法的には可能であり，事業家保全管理人を選任することが考えられないわけではないが，実務上，1人しか保全管理人が選任されないことがほとんどであり，また，事業家保全管理人が選任されることはまれである。

　裁判所は，必要があるときは，保全管理命令を変更したり，取り消したりすることができる（破91条4項）。

　保全管理命令の許否，保全管理命令の変更許否，保全管理命令の取消許否の決定については，即時抗告をすることができるが（破91条5項），即時抗告に執行停止の効力はない（破91条6項）。

　保全管理命令が発令されたときは，債務者の財産の管理処分権が保全管理人に専属する（破93条1項）。債務者の財産が日本国内にあるかどうかは問わない。保全管理人は，発令後直ちに財産の管理に着手しなければならず（破96条1項・79条），着手に際して人員が必要な場合は，破産手続開始の申立てをした債権者に必要な協力を求めることができる（破規29条・26条2項）。また，保全管理人は，善管注意義務を負い（破96条1項・85条），職責を果たすために債務者の代理人，理事，取締役等（かつてその地位にあった者も含む）に説明を求めることができる（破96条1項・40条）。保全管理人は，債務者に宛てた郵便物を受け取ったときは開披して見ることができ（破96条1項・82条），債務者の帳簿，書類その他の物件についても検査することができる（破96条1項・83条）。職務の執行に際して抵抗を受けるときは，裁判所の許可を得

て，警察上の援助を受けることができる（破96条1項・84条）。事案によっては，保全管理人が債務者の営業を継続することもあり得る。ただし，保全管理人は，一時的に債務者の財産を管理するにすぎないので，株主総会の招集等の組織法上の権限は与えられていない。保全管理人は，債務者の財産の管理処分に当たるものであっても，常務に属しない行為については裁判所の許可がなければ行うことができない（破93条1項）。破産管財人と同様に，破産法78条2項各号に規定する事項を行う場合も同様である（破93条3項）。裁判所の許可を得ずにした行為は無効であるが，善意の第三者には対抗できない（破93条2項・3項・78条5項）。「常務」に当たるか否かは，債務者の事業の実情によって判断されるため，債務者ごとに異なってくる。

保全管理人の権限に基づいて行った行為によって生じた請求権は，財団債権となる（破148条4項）。

保全管理人の任務が終了したとき，具体的には，辞任，解任の場合のほか，破産手続開始決定によりそのまま破産管財人に選任された場合，遅滞なく，裁判所に書面で計算の報告をしなければならない（破94条1項）。破産管財人にも同様の規定がある（破88条）。

3．否認権のための保全処分（破171条・172条）

否認権のための保全処分は，利害関係人の申立てにより又は職権による（破171条1項）。保全管理人が選任された場合には，債務者の財産について管理処分権は保全管理人に専属するから（破93条1項本文），保全管理人が申立人となる（破171条1項括弧書）。職権で保全処分の発令がなされるのは，まれである。この保全処分の申立ては，破産手続開始の申立てがあったときから決定があるまでの間において許される。利害関係人として債務者がこれに含まれるかについては問題がないわけではないが，民事再生における法人の役員の財産に対する保全処分で再生債務者にも申立権が認められていること（民再142条1項・2項），否認されるべき行為がなされた後に債務者法人の経営陣が変更された場合には保全処分の申立てが期待されることから，申立資格を肯定してよいと解されている。

保全処分の必要性とは，破産財団に所属すべき財産について否認対象行為

の存在がうかがわれ，処分禁止の仮処分等がなされないと，受益者から転得者に更に譲渡されるおそれがあり，破産管財人による否認権行使が困難となることを指す。例えば，受益者が譲り受けた不動産を転売するために不動産仲介業者と仲介契約を締結したような場合は，転売が現実に差し迫っていると認められるから，要件を満たす。

　保全処分の内容としては，仮差押え，仮処分その他必要な処分を命ずることができる（破171条1項）。例えば，債務者から第三者に対して不動産が不当に廉価で販売された場合には，否認権行使の結果，引渡請求や移転登記請求をすることになるから，債権者や保全管理人は，当該不動産についての返還請求権を保全するため，処分禁止の仮処分をすることになる。これに対し，現金の贈与を無償否認する場合には，否認権行使の結果が不当利得返還請求となるから，金銭請求を保全するため，仮差押えがなされることになる。

　裁判所は，申立てにより又は職権で，保全処分を変更し，又は取り消すことができる（破171条3項）。かかる申立ては，保全処分の相手方もすることができると解されている。

　否認権のための保全処分，その変更又は取消しに関する裁判については即時抗告することができるが（破171条4項），実効性を担保するために即時抗告に執行停止の効力は認められていない（破171条5項）。

　否認権のための保全処分が命じられた場合において，その後破産手続開始決定があった場合には，破産管財人は，当該保全処分に係る手続を続行することができ（破172条1項），手続開始前の保全処分の手続の維持を許している。具体的には，当該保全処分発令後，即時抗告審係属中であれば，中断した手続を受継できる。当該保全処分による執行手続着手前であれば，破産管財人が承継執行文の付与を受けて執行手続に着手できる。執行手続完了前であれば，承継執行文の付された決定書正本を裁判所に提出して執行手続の続行を申し立てる。ただし，破産管財人が，破産手続開始決定後1か月以内に当該保全処分に係る手続を続行しないと，当該保全処分の効力は失われる（破172条2項）。

4．役員の財産に対する保全処分 （破177条）

破産手続開始前の申立てについては債務者又は保全管理人が，破産手続開始後の申立てについては破産管財人のみが，申立権を有する。法律上は職権による発令も可能であるが，職権で発令されるのは，まれである。

　破産手続開始決定後は「必要があると認めるとき」に保全処分が発令されるのに対し，破産手続開始決定前は「緊急の必要があると認めるとき」にのみ保全処分の発令が許され，要件がより厳格である。したがって，破産手続開始決定前の場合には，直ちに発令しなければ財産の隠匿や費消などが迫っている等の緊急性が高い事情を疎明することが必要である。

　本件処分については，担保を立てることは要求されておらず，この点は否認権のための保全処分と異なる（破171条2項参照）。

　裁判所は，申立てにより又は職権で，保全処分を変更し，又は取り消すことができる（破177条3項）。また，保全処分，その変更又は取消しに関する裁判については即時抗告することができるが（破177条4項），実効性を担保するために即時抗告に執行停止の効力は認められていない（破177条5項）。これらは他の保全処分と同様である。

Ⅳ　財団の保全について注意をしておくのはどのような点か

　実務上は，財団の保全のための手続がとられるケースは必ずしも多くない。しかしながら，倒産手続の目的である債権者に対する最大限の配当を迅速に実現するためには，本来，財団の保全が必要なケースも少なからず存在するものと考えられる。個々の事例ごとに判断するほかないが，定型的には債権者が債務者の倒産手続開始を申し立てる場合などでは，債務者が自ら倒産手続開始を申し立てている場合に比して，債務者に支払不能の認識が欠けていたり，倒産手続をすることへの納得が得られていなかったりすることから，必要以上に保有する財産を処分，費消したり，債権者に対して非協力的な態度をあえて示して，財産を散逸，滅失させたりする可能性が潜在的に高いといえる。債権者をはじめとする利害関係人は，債務者の態度等に注意を払って保全手続の要否を検討する必要があろう。特に，保全管理人に就任し

た場合には，財団の保全を必要に応じてきちんと行わないと，善管注意義務違反として不法行為責任を追及されるおそれもあることを念頭に置いて，行動する必要があろう。

〔新谷　貴昭〕

参照判例

【判例①】
　最二小判昭37・3・23民集16巻3号607頁は，会社整理手続上，旧商法386条1項1号により会社債務の弁済禁止の保全処分がなされていても，会社債権者が会社に対し給付の訴えを提起することは妨げられないとする。

【判例②】
　大阪高決平23・12・27金法1942号97頁は，事業再生ADR手続が仮受理され，再生計画の策定を進めていた会社について，保証債務に基づく事前求償権を有する債権者であり，株主兼元会社代表者である者が会社更生開始の申立てをした事案において，保全管理命令を出した原決定を維持した。そして，発令要件については，更生手続の目的を達成するために必要があることを要し，従来の経営陣が経営を継続した場合，財産の隠匿や散逸，事業劣化の危険がある場合や従来の経営陣に経営を委ねておくのが相当でない事情がある場合がこれに該当するとする。また，更生手続における保全管理命令の発令要件は，再生手続における保全管理命令と比べて緩和されており，更生手続開始の見込みがあるかどうかも，発令の要否の判断に当たり，軽視できない要素であるというべきであるとする。

29 財団の形成

I 財団の形成について学ぶのはどうしてか

　清算型である破産手続の目的は，破産債権者に対する配当を実現することにあり，そのために，破産管財人は，配当を受けるべき破産債権者の範囲，額や優先権の有無を確定するとともに，第三者の手元にある法定財団の引渡しを受けたり，破産者の手元にあった第三者の財産を返還したりするなどして，現有財団とのずれを是正し，配当の前提となる破産財団を形成しなければならない。破産手続開始時には同じ内容の財団であっても，破産管財人が適正に収集，管理，処分しなければ，配当時において財団の評価額が変わり，ひいては破産債権者に対する最終配当率が異なってくる場合がある。したがって，破産管財人にとって，破産財団の形成は，その換価と並んで，最も重要な任務の1つといってよい。また，同じく清算型である特別清算においても，清算人は協定債権者に対する弁済を行うが，弁済の原資となる財産の処分の時期や方法によって個々の協定債権者に対する弁済額が異なってくるので，財産の処分や事業譲渡を通じて行われる財団の形成の重要性は破産手続と同様である。

　他方，再建型である民事再生手続の目的は，再生債務者の事業や経済生活の再生を図ることにあり，そのために，債務者（業務遂行権や財産処分管理権が管財人に与えられている場合〔民再38条1項・66条〕には管財人）は，再生手続により満足を受ける再生債権者の範囲等を確定するとともに，再生債務者の財産を適切に管理しつつ，再建に不要な事業用資産を換価しながら，採算性のある事業用資産を適切に活用して事業を継続し，事業の採算性を高めながら新たなる資産を形成し，そこから再生債権者に対する配当を実施していく。かかる一連の流れの中で，債務者と債権者のいずれにとっても，財団の形成，

すなわち継続事業価値の維持，上昇は非常に重要である。また，同じく再建型である会社更生においても，更生会社の財産を基礎として，継続事業価値の向上を図ることが重要であるのは，民事再生と変わらない。

Ⅱ　財団の形成について問題となるのはどのような点か

　再建型において，再生債務者（ないし管財人に業務遂行権や財産処分管理権が与えられている場合〔民再38条1項・66条〕は管財人も）や更生管財人（会更72条1項）が，再生や更生に不要な資産を換価したり，再生が困難な事業を第三者に譲渡したりして，その対価を債権者に対する配当の引当てとすることもあるが，主に，事業を継続して上げた収益が配当の引当てになる。そのため，財産の処分等による財団の形成の意義は，清算型と比較して相対的に乏しいといってよい。そこで，以下では清算型，しかも最も利用されている破産手続を中心に説明する。

　清算型である破産手続において，まさに破産債権者に対する配当の引当てになる財産か否かを判別しながら，引当てになる財産を増殖させていく行為は，破産管財人の技量が最も発揮される場面といってよい。破産財団を形成する具体的な行為としては，次のようなものが挙げられる。

1．破産財団に関する訴えの取扱い（破44条）

　破産手続開始の決定があったときは，破産者は破産財団に対する管理処分権を失い，これを破産管財人が保有することになることから（破47条），破産者を当事者とする破産財団に関する訴訟手続は中断する（破44条1項）。そして，破産管財人は，中断した訴訟手続のうち，破産債権に関しないものを受け継ぐことができる（破44条2項）。したがって，例えば，破産者が第三者に対して貸金返還請求訴訟を提起した後に破産手続開始の決定があった場合には，破産財団に属する債権回収行為として，破産管財人が訴訟を受継して勝訴判決を得て，これを執行するなどして，財団の増殖を図ることができる。

　なお，民事再生法40条，会社更生法52条にも同様の規定がある。

2．破産手続開始後の弁済の受領（破50条参照）

　上記破産法47条の規定の原則からすると，債務者が破産者に対して破産手続開始後に弁済をしたとしても，管財人には対抗できなくなるはずである。しかしながら，一般的に，債務者に対して自己の債権者の経済状態にまで注意を払うように要求するのは酷であることから，善意の債務者は弁済の効力を主張することができる（破50条1項）。逆に，破産管財人は，破産手続開始の事実を知りながら弁済をした債務者に対して二重弁済を求め，財団の増殖を図ることができる。もっとも，破産管財人が二重弁済を求めることができるのは，あくまでも財団の増殖のためであるから，悪意の弁済によって破産財団が利益を受けている部分については請求できず（破50条2項），残余部分のみを請求できる。なお，破産手続開始決定の公告後は，債務者の悪意が推定される（破51条）。

3．契約の継続（破53条）

　破産管財人は，破産手続開始後，破産法53条の要件に該当する双方未履行双務契約につき，当該契約を解除するか，又は当該契約を維持し，破産者の債務を履行して相手方の債務の履行を請求するかの選択をすることができる。破産手続が清算型であり，破産者を巡る契約関係の解消を進めるのが原則であることから，履行の請求には裁判所の許可が必要である（破78条2項9号）。建物の建築途中で請負人が破産したような場合において，解除を選択すれば，未完成部分だけの売却は極度に困難であったり，仮に可能であっても売却価額が極度に低下したりする場合がある。そのような場合は，かえって請け負った業務を完成させた方が，下請代金の支払や経費等の財団債権の支払分を差し引いてもなお財団の増殖が図られることになるため，このような場合には履行が選択されることになる。

　なお，民事再生法49条，会社更生法61条にも同様の規定がある。

4．破産管財人による財団の管理（破78条・85条）

　破産財団管理の直接の責任者は破産管財人であるが（破85条1項），破産債

権者の利益に重大な影響を持つ事項については裁判所の許可が要求される（破78条2項柱書）。ただし，破産法78条2項7号から14号に掲げる行為であっても，100万円以下の価額（破規25条）を有するものに関するときや，裁判所が許可を要しないとしたものに関するときは，許可は不要である（破78条3項）。具体的には，現状の破産財団と本来の破産財団のずれを是正したり，換価の可能性のない財産を破産財団から排除したりするため，訴えの提起（破78条2項10号），権利の放棄（破78条2項12号），財団債権，取戻権又は別除権の承認（破78条2項13号），別除権の目的である財産の受戻し（破78条2項14号）などが行われる。

なお，会社更生法72条に同様の規定がある。ＤＩＰ型である民事再生手続においては民事再生法38条，41条を参照されたい。

5．破産財団に属する財産の引渡し（破156条）

破産財団に属する財産の管理処分権は，破産管財人に専属し（破78条1項），破産管財人は，就任後，直ちにその管理に着手しなければならない（破79条）。破産者が破産管財人に対して破産財団に属する財産を任意に交付する場合には問題ない。そうでない場合，裁判所は，破産手続開始後，破産管財人の申立てにより，個別の財産を特定した上で，破産者に対し，破産管財人に当該財産を引き渡すよう決定で命じることができる（破156条1項）。旧法下では明文の規定がなく，解釈論として破産宣告（旧法当時の名称）を債務名義とする引渡執行が可能であるか議論されたが，現行法においては，破産管財人が円滑に破産財団に属する財産を管理できるように，迅速に手続を進めるべく決定で引渡しを命じることができるとされた。

なお，現行法においても，第三者が占有している財産については，任意の引渡しがなければ，破産管財人は引渡訴訟などを提起し，個別に債務名義を得なければならない。

6．否認権行使による財団の増殖（破160条以下）

破産手続開始前には，債務者は，自己の財産に関する管理処分権の制限を受けず，その財産を第三者に譲渡したり，自己の債権者に対して債務を弁済

したりすることは何ら妨げられないはずである。しかしながら，破産者の支払能力の不足は，破産手続開始決定時に突如生じるものではなく，それ以前の破産手続申立て，支払停止，支払不能状態の時点から生じていたはずである。債務者の支払能力が不足しているときにおいて，責任財産を減少させる行為は債権者の利益を害することになるし，特定の債権者に対してのみする弁済は債権者間の不平等を生ぜしめる結果となる。そこで，これらの詐害行為や偏頗行為の効力を事後的に否定し，責任財産から失われた財産を破産財団に回復するための制度が否認権である（破160条以下）。その権利行使の方法としては，訴えによらずとも否認の請求によっても可能である（破173条1項）。詳しくは，**第3章**を参照されたい。

なお，民事再生法127条以下，会社更生法86条以下にも同様の規定がある。

7．法人役員の責任追及（破178条）

　法人の事業が破綻するまでの過程において，その役員が事業執行等において違法行為を行う場合がまま見受けられる。違法行為に起因する役員に対する法人の損害賠償請求権（会社423条・120条4項，民644条等）は，法人の破産財団所属の財産となることから，破産管財人としては，それを行使することによって破産財団の増殖を図ることができる。そして，破産した法人の役員がその法人に対して損害賠償責任を負う場合，役員査定手続（破178条）という簡易迅速な手続での責任追及が認められる。破産管財人としては，訴えによってもこの損害賠償請求権を行使できるが，これには多額の費用と長い時間を要するため，清算業務の支障となることは避けられない。そこで，旧法にはなかったかかる規定が設けられた。

　なお，民事再生法142条以下，会社更生法99条以下，会社法545条・899条にも同様の規定がある。

Ⅲ　財団の形成について実務はどう取り扱っているか

1．破産財団の占有・管理

破産管財人は，破産法上破産財団に属する財産を占有管理すべき職責があり，破産手続開始決定後直ちに着手する必要があるが（破79条），具体的には，破産者の印鑑，小切手帳，現金その他の高価品，帳簿類等の管理に取りかかることになる。もっとも，破産者が個人の場合には，給料の振込口座等，現に使用している通帳については，写しの交付を受けることでこれに代えることがある。

　現実には，破産者から破産管財人に対する財団の引渡しは，スムーズになされている。特に個人の破産申立ての場合は，破産管財人に対する非協力は免責不許可事由となるため（破252条1項9号），究極的に免責を目指している破産者は破産管財人に対して協力的な姿勢を示すことが多く，引渡命令が出される例は皆無といってよい（なお，破産管財人に対する職務妨害については罰則が規定されており〔破272条〕，犯罪の主体に制限もないから，刑事上の責任が生じるおそれもある）。無用な問題を避けるためにも，申立代理人の立場からすれば，破産手続開始決定後直ちに破産管財人に引き渡すべき重要動産については，破産申立ての段階から預かっておくということが1つの選択肢となろう。

2．訴えの提起 （破78条2項10号）

　実務上，まずは第三者に対して任意の履行を請求することになるが，これが奏功しない場合に法的な手続が履践されることがある。ここでいう「訴えの提起」には，本訴以外に反訴，仮処分，督促手続をも含む。具体例としては，第三者が破産財団に属する財産を権限なく占有しているにもかかわらず引き渡さない場合の所有権に基づく引渡請求，契約の相手方が債務の履行に応じない場合の契約に基づく履行請求（例，売掛金の請求，貸金の返還，代金支払後の目的物の引渡し等），債務者が交通事故の被害者の場合における加害者に対する不法行為に基づく損害賠償請求，消費者金融業者に対する過払金返還請求など枚挙にいとまがない。なお，実務上は，控訴や上告については破産手続の進行に多大な影響を与えることから裁判所の許可にかからしめているが，判例は消極である。→【判例①②】参照

3．権利の放棄 （破78条2項12号）

権利の放棄とは，厳密には，実体法上の権利放棄，管理処分権（破78条1項）の放棄，請求の放棄（民訴266条）などの訴訟法上の権利放棄を含むものである。実務上，換価できない財産については権利の放棄がなされている。

もっとも，不動産については，オーバーローンの状態であるからといって直ちに裁判所が許可を出しているわけではない。例えば，法人破産の場合は，債務負担額が評価額の1.5倍程度であっても，可能な限り換価が試みられている。また，一定の任意売却を経ても換価の具体的な見込みが立たず，不動産の換価のために長期間継続することが破産債権者の不利益となると考えられるときには，放棄が認められているが，具体的には，1）無担保不動産であっても，河川敷や急斜面，場所が特定できない原野，買受人が現れる見込みのない山林など，性質上換価が困難な場合，2）一部の担保権者が破産管財人において相当と考える金額での任意売却に協力しない場合などが挙げられよう。他方，個人事件については，簡易迅速な処理の要請から，第1回財産状況報告集会等の期日までに売却できない場合には，放棄はやむを得ないとして，法人事件と比較して，緩やかに許可が出される傾向にある。なお，不動産の放棄に関しては，実務上，固定資産税・消費税等の負担関係などについて注意が必要である。

その他，有害な廃棄物等を含む不動産を破産財団から放棄すべきかどうかは議論がある。廃棄物の処理及び清掃に関する法律3条1項，公害防止事業費事業者負担法2条の2では，公害の防止・除去が第一次的には事業者負担とされていることや，破産管財人の社会的責任といった見地から，破産管財人は，可能な限り危険物を除去すべきであろうが，破産財団で負担できない場合は，所轄官庁，地方自治体等に必要な措置をとるような協力を求めた上で放棄することは認めざるを得ないであろう。

4．否認の請求（破174条）

否認の請求は，破産裁判所の専属管轄であり（破173条2項），申立手数料もかからず，相手方の審尋が必要であるが（破174条3項），決定手続で迅速な審理が期待でき，立証の程度は疎明で足りるとされている（破174条1項）など，否認の訴えと比較した場合には多くの利点がある。また，いったん否認の請

求が認容された場合には，不服のある相手方が異議の訴えを提起する必要があり（破175条1項），訴えに要する費用や労力の負担を相手方に転換させることも可能である。確かに，異議の訴えに移行した場合は，当初から否認の訴えを提起した場合に比べて破産手続の進行が遅くなる懸念があるが，異議の訴えの手続において，認容決定の内容を基礎に争点を絞り込むことも期待できるので，早期解決が必ず阻害されるというわけでもないようである。否認の訴えではなく否認の請求を活用するかどうかは，各庁の運用による違いがあるが，徐々に否認の請求の利用が拡大している傾向にある印象である。破産管財人としては，まずは否認の請求の相手方と任意で交渉し，否認対象行為によって失われた財産を財団に回復してもらうように促し，それが奏功しない場合に否認の請求を起こすことになろう。実務的には破産者の親族に対して否認対象行為がなされるケースが多いが，否認の請求の手続の存在のおかげで，相手方が任意にかつ早期に財団回復へ協力することも多い。→【判例③】参照

5．法人役員の責任追及（破178条）

会社が破産する場合，会社の代表者が会社の連帯保証人となっているために，同時に破産手続が申し立てられる事例が多くみられる。会社と代表者個人それぞれの債権者の構成や債権額の比率が大きく異なる場合には，会社の財団を増殖することにより会社の債権者に対する配当を増やす一方で，代表者個人の債権者にはその分の配当を減らすことにより，本来あるべき配当を実現できるから，法人役員の責任を追及することに一定の意味がある。しかしながら，多くの場合には，債権者の構成や債権額の比率が類似していることも多く，時間と費用をかけて代表者個人から会社へ財産を移転させても最終的な債権者に対する配当額に影響がほとんどなく，実益があまりない。また，仮に代表者個人について破産の申立てがなくても，会社が破産するような場合の代表者には十分な資力がないことが多い。さらに，相手方から査定決定に対して異議訴訟を提起することも可能であり（破180条），その場合には手続の長期化が避けられない。以上のような理由から，査定の申立ての実効性や費用対効果を慎重に検討した結果，代表者に忠実義務等に反するような

事実が認められても，査定の申立てが回避されることが多いのが実情である。

Ⅳ　財団の形成について注意しておくのはどのような点か

　破産管財人には善管注意義務が課されており（破85条1項），これを怠った場合には，利害関係人に対して損害賠償義務を負う（破85条2項）。具体的には，1）破産管財人就任後直ちに財産の管理に着手しなかったために破産財団に属する財産を確保することができなかった場合，2）破産財団に属する債権の取立てを怠ったことにより消滅時効が完成した場合（→【判例④】参照），3）賃借人について破産手続が開始された場合に賃貸借契約を解除したことにより財産的価値を減少させてしまった場合，4）否認対象行為の有無を十分に調査せず，又は否認権を適切に行使しなかったことにより破産財団の増殖の機会を逸した場合，5）勝訴する見込みが皆無であるにもかかわらず否認の訴えを提起するなどして財団の減少を招いた場合，6）破産者の自由財産を処分した場合，7）株主に対して株金の払込みを請求することを怠った場合（→【判例⑤】参照）などが問題となろう。→その他の参考判例として【判例⑥】参照

　また，明文の規定はないが，破産管財人の自己取引は禁止され（民再75条，会更78条参照），また，破産管財人にはいわゆる競業避止義務がある（会更79条参照）と解されているので，財団形成に当たってこれらの義務に違反しないように注意する必要がある。

〔新谷　貴昭〕

参照判例

【判例①】
　最二小判昭61・7・18判時1207号119頁は，特別清算の事例であるが，旧商法445条1項3号（会社535条1項3号参照）にいう訴えの提起には，

控訴，上告は含まれないとする。

【判例②】
　大判明38・6・2民録11輯836頁は，破産管財人が訴訟提起につき裁判所の許可を得た以上は，控訴，上告は当然なし得るとする。

【判例③】
　大判昭6・12・21民集10巻1249頁は，破産管財人が否認権を行使したのと同じ結果を生ずべき裁判外の和解をなし，その履行として相手方から受けた財産は，当然破産財団に帰属するものであるとする。

【判例④】
　東京高判昭39・1・23下民集15巻1号39頁は，破産財団に相当額の取立可能な債権が存在していたのに，破産管財人が債権回収のために適切な調査や必要な手段を講ぜず，また，債権取立訴訟を提起しないのはもちろん，債権回収のために簡便な手段であると通常考えられる内容証明郵便による催告や支払命令の申立て等すらも全然しなかったために，結局債権の回収が一銭もできない上，すべて消滅時効の完成を許し，配当皆無のまま破産廃止の決定がされるにいたったときは，破産管財人は，破産債権者に対し，善管注意義務を尽さなかったために生じた損害を賠償する義務があるとする。

【判例⑤】
　大判昭8・7・24民集12巻2264頁は，破産管財人に対する損害賠償請求の事案ではなく，株主失権手続の無効確認等請求に関する事案に対する判断であるが，株主に対して株金の払込みを請求するなどして，会社財産の充実を図ることは，破産管財人の管理行為に当たるとする。

【判例⑥】
　最一小判平18・12・21民集60巻10号3964頁は，旧破産法の適用の事例であるが，破産管財人が破産者の締結していた建物賃貸借契約を合意解除した際に賃貸人との間で破産手続開始後の未払賃料等に敷金を充当する旨の合意をして質権の設定された敷金返還請求権の発生を阻害したとしても，この点について論ずる学説や判例が乏しかったことも本件行為につき破産裁判所の許可があったことを考慮すると，破産管財人が質権者に対して善管注意義務違反の責任を負うとはいえないとする。

30 財団の換価

I 財団の換価について学ぶのはどうしてか

　清算型である破産手続の目的は，配当を受けるべき破産債権者の範囲，額や優先権の有無を確定し，配当の対象となるべき破産財団を形成し，それを現金化した上で破産債権者に配当することにある（破193条1項参照）。破産手続開始時には同じ内容の財団であっても，処分の時期，方法によっては処分価格が大きく異なり，ひいては破産債権者に対する最終配当率がかなり異なってくる場合がある。したがって，破産管財人にとって，破産財団の換価は，その管理と並んで，最も重要な任務の1つといってよい。また，同じく清算型である特別清算においても，協定により内容が変更された債権者に対する弁済を行うが，弁済の原資となる財産の処分の時期や方法によって個々の協定債権者に対する弁済額が異なってくるので，清算人による財産の処分の重要性は破産手続と同様である。

　また，再建型である民事再生手続の目的は，再生債務者の事業又は経済生活の再生を図ることにあり，債務者（業務遂行権や財産処分管理権が管財人に与えられている場合〔民再38条1項・66条〕には管財人）が，再建に不要な資産を換価したり，建直しが困難な事業を第三者に譲渡したりすることがあるから，債務者財産の換価と無関係ではいられない。同じく再建型である会社更生手続においても，更生会社財産を換価すること自体が更生管財人（会更72条1項）の職務の最大の目的ではないが，継続事業価値の維持を図る上で財産を処分する場合があるのは，民事再生と変わらない。

II　財団の換価について問題となるのはどのような点か

　上記Iで述べたとおり，再建型においても財団の換価と無関係でいられないが，そうであるとしても，財団の換価が一番問題となるのは清算型の手続であるから，以下，最も代表的な破産手続における財団の換価について説明する。

　破産財団に属する財産の換価は破産管財人の権限に属し，換価の方法については原則として破産管財人が最も適当と認める方法を選択することができると解されており，破産管財人には換価の場面において広範な裁量が認められている。したがって，破産法は，任意的方法による換価については，特段の規定を置かず，裁判所の許可を要する破産管財人の行為の中に掲げるにとどまる（破78条2項1号～4号・7号・8号。ただし，破78条2項7号・8号に関しては目的物の価額が100万円以下の場合，又は裁判所が許可を要しないと定めた事項の場合には裁判所の許可は不要〔破78条3項，破規25条〕）。このうち，1）不動産に関する物権，登記すべき日本船舶又は外国船舶（破78条2項1号），2）鉱業権，漁業権，公共施設等運営権，特許権，実用新案権，意匠権，商標権，回路配置利用権，育成者権，著作権又は著作隣接権（破78条2項2号），3）動産の換価行為（破78条2項7号）は，「任意売却」が裁判所の許可事項とされているから，これらの財産については，それ以外の換価方法が法律上予定されているといってよい。そして，破産法184条1項が，上記1），2）に関する財産の換価は，任意売却をする場合を除き，民事執行法その他強制執行の手続に関する法令の規定によってすると定めていることから，これが上記の任意売却以外の換価方法と解される。

　換価の時期について特段の規定は設けられておらず，破産管財人は破産手続開始後直ちに破産財団に属する財産の換価を行うことができるし，価値の上昇が見込まれる場合には，あえてしばらくしてから財産の換価を行うことも可能である。

III　財団の換価について実務はどう取り扱っているか

　実務上、破産財団の換価は、配当を早期に実施するためにも、また、一般的には時間の経過とともに財産価値が下落することが多いことから、かかる財産の価値下落を防ぐためにも、可及的に速やかに実施されることが多い。破産管財人が最も適当と認める方法で換価されることは、上記 II で述べたとおりである。

　法人事件の場合は、破産手続開始時の一切の所有財産が破産財団として換価の対象となるが（破34条1項）、個人事件の場合は、破産者の生存権の保障の観点から、破産手続開始時の所有財産のうち、一定額の金銭と差押禁止財産が自由財産として換価の対象から外れているほか（破34条3項）、財産の種類や額等に応じて自由財産の拡張（破34条4項）も認められており、これら以外の財産が換価の対象となる。もっとも、換価対象となる財産であっても、費用対効果の関係から財団からの放棄（破78条2項12号）が認められることがあり、この場合は、結果的に換価されない。

1．不動産の換価

　不動産に関しては、任意売却による方が高価で迅速に換価でき、特に不法占拠者がいる事例では破産管財人が排除するのが最も効率的であることから、強制競売の方法が選ばれることはほとんどない。任意売却の方法としては、複数の不動産業者から見積りを取り一番高額を提示した業者に売却する方法や、期間を定めて入札を行い最高価額者に落札させる方法などがある。裁判所が許可する場合には、主として売却価格の適正さが問題とされるが、それ以外にも、売買代金及び諸経費の支払が一括決済になっているか、土地境界の明示が不要となっているか、残置物の放棄が容認される現状有姿売買になっているか、売主が瑕疵担保責任を負わないか、不動産の移転登記手続費用を誰が負担するのか、公租公課が日割精算となっているかといった点にも着目され、この点が売買契約書の中に盛り込まれることが、一般的である。不法占拠者がいる場合、隣地との境界に争いがある場合、土壌汚染のお

それがある場合などは，相場よりも安価でしか売却できないことになるが，その場合も，可能な限り高額で売却する努力が，破産管財人には求められる。

破産管財人は，別除権の目的物である財産の受戻し（破78条2項14号）をした上で，任意売却することもできる。別除権者の利益の保護という破産法78条2項の趣旨に照らすと，同条項による制限の対象となる換価とは，担保権の消滅を来し，別除権者の利害に重大な影響を与えるものに限定され，財産の帰属が変更されるにとどまるものは禁止されない。また，別除権者の同意を得て任意売却によって換価することも禁止されない。実務上は，破産管財人は，次のような経過を経て，任意売却を行っている。任意売却は，原則として，別除権者の有する担保権をすべて抹消した上で行うことになるため，別除権者と交渉し，担保権の抹消に要する受戻金額をできる限り減額させ，その差額分を配当などの財源として財団に組み入れることが，一般的である。そして，受戻金額のほか，仲介手数料，印紙代，測量費等諸経費，破産者の引っ越し費用等の確保を含めて交渉されることが多い。競売によれば配当のないことが見込まれる後順位抵当権者に対しては，抹消承諾料程度の支払に応じてもらうことが，一般的である。売却交渉については，破産管財人自身の人脈，不動産所在地の地元業者，一般の住宅情報等を総合的に活用し，複数の不動産業者を関与させ，複数の買受希望者に入札させるなど，競争原理を利用して，可能な限り，売却価格を引き上げる努力がなされている。

なお，賃貸不動産の任意売却については，賃借人付きで売却した方が，利回りに基づく評価との関係で有利に換価できることも多いので，そのようなときにはそのまま売却することになるが，その場合，当該不動産の維持管理をするとともに，敷金関係の承継を明らかにする必要が出てくる。

2．債権の換価

(1) 総　　論

債権の換価は，原則として債務者からの取立てによる。一般的に，債権者が倒産すると，債務者は種々の苦情を申し立てて債務の履行を拒絶することが多い。したがって，名目額どおりの債権回収を破産管財人に要求するのは，破産管財人に過大な負担を課することとなる。しかしながら，債務者か

らの苦情があるからといって，簡単に回収をあきらめることが当然に許容されるものでもない。現実的な回収可能性は個々の事件に即して判断する以外にないが，破産管財人としては，破産債権者の納得が得られる程度の努力をしなければならない。もっとも，取立てに多大な時間と労力を要し，そのために手続が遅延するおそれがある場合には，破産管財人は債権譲渡の方法により換価をすることもある。特に少額の不良債権が多数ある場合には，一括で処分することで，迅速に処理しつつも個別回収よりも高額な回収が可能となることがある。

(2) **各種債権の換価**

　売掛金の回収がどれだけできるかは，破産管財人の熱意と手腕によるところが大きい。破産者の従前の担当者を通じて，当該売掛先に連絡させて，回収を図ると効果があることがある。一般的には，期間を経過するとクレームや返品の申出が多くなるので，早期回収，決着が一番重要である。任意に回収できない場合には，単に電話等で催促するだけでなく，内容証明郵便で督促を繰り返し，期限を区切って訴え提起を警告しながら督促をし，それでも支払わないときには，支払督促や訴訟提起も１つの選択肢となる（金額次第では裁判所の許可事項となる〔破78条２項10号〕）。少額債権が多数ある場合は，個別の回収には時間と費用がかかるため，まとめて一括処分をすることも，１つの方法である。

　信用金庫等への出資金については，脱退や払戻しの手続に時期的制約があり，手続が完了するまでに相当な時間がかかる場合があるので，直ちに信用金庫等へ問い合わせるなど，迅速な手続が必要である。出資額がそれほど高くないことが多いが，そのような場合には，換価が必須の財産とまでは必ずしもいえない。

　ゴルフ会員権については，相場が存在するものは相場で売却する。しかしながら，相場が存在しないものや名義変更の停止措置がとられているものについては，実際には換価が困難である。個人破産の場合は，自由財産による買取りが現実的な手段といえよう。

　消費者金融業者に対する過払金返還請求権については，開示された取引履

歴を利息制限法の制限利息に引直し計算をし，過払金の存在が確認された場合には回収することになる。消費者金融業者ごとに資産状況が異なるから，回収方法として，任意の交渉から提訴に至るものまで様々であるし，回収率も業者ごとに異なってくる。この場合，早期回収のために一定の金額の譲歩をすることは，破産管財人の裁量の範囲内であるが，あまりにも低額の和解に応じることは，善管注意義務（破85条）に違反することになりかねないから（もっとも金額次第では裁判所の許可〔破78条2項11号〕というチェックが入る），相場を十分に認識しておく必要がある。

(3) 注意点

なお，債権の換価に当たっては，消滅時効にかからないように注意する必要があり，特に短期消滅時効にかかる商品の代金債権（民173条1号）などについては更なる注意が必要である（民法以外のものとして労働基準法115条，船員法117条，会計法30条，地方自治法236条，国家公務員共済組合法111条，地方公務員等共済組合法144条の23，厚生年金保険法92条，国民年金法102条等多数）（→【判例①～⑥】参照）。相手方からは，相殺禁止（破71条・72条）違反の相殺の主張がなされることがあるので，この点にも注意が必要である。→【判例⑦～⑩】参照

3．動産の換価

動産の換価としては，高価品として，自動車が第一に挙げられる。この場合は，レッドブックを参考にしつつ，数社から見積りを取って最高額の業者に売却することが多いが，一般的には安価になる傾向がある。そこで，法人破産の場合は，代表者，その親族に，それよりも高額で買取りに応じてもらう場合がある。個人破産の場合は，自動車が自由財産として拡張されることがあり（破34条4項），必ず売却されるとは限らないが，その他の財産を自由財産として拡張したために自動車が拡張の対象とならない場合や，自動車の価格が99万円（破34条3項1号，民執131条3号，民事執行法施行令1条）を超える場合には，破産者の自由財産や親族によって，購入や99万円との差額の補填の処理がなされることがある。売却される場合には，不動産の場合と同様に，現状有姿での引渡しを条件とし，瑕疵担保責任を負わない条項が付され

ることが多い。また，自動車税が買主の負担とされることもある。売却後買主が登録を変更できるように，破産管財人は買主に必要書類を交付する。交通事故による運行供用者責任の負担を避けるために，管理には注意を要する。なお，所有権留保付きの自動車については，破産管財人は残債務を完済して売却するか，換価価値なしとするかの選択が迫られる。盗難車については，自動車登録原簿を調査するなどして発見・回収に努め，発見できない場合には財団から放棄することになる。

　それ以外の動産については，季節物商品，流行性のある商品などは売却時期を逸しないように注意した上で売却する必要がある。また，在庫商品，原材料，その他の什器備品も，速やかに処分しないと換価が困難となる場合がある。適当な売却先が見つからない場合，破産債権者の中に購入希望者がいることがある。売却価格については，債権者の関心も高いので，複数の業者に見積りを出させたり，入札をしたりして，価格の適正性を確保する必要がある。機械・工具類は，その種類によって著しく価格が異なるが，重要な機械については，同業者や債権者が関心を持っている場合もあるので，買受け希望を募ると効果的な場合がある。安価な工具類は，破産者本人に自由財産で買い取らせたり，親族に買い取らせたりする場合もある。なお，破産者の所有する家財道具は，骨董品等の高価品を除けば，基本的には差押禁止財産に該当するので（民執131条1号），破産財団を構成せず，換価は不要である。

Ⅳ　財団の換価について注意をしておくのはどのような点か

　破産管財人には善管注意義務が課されており（破85条1項），これを怠った場合には，利害関係人に対して損害賠償義務を負う（破85条2項）。具体的には，破産財団を適正価格と比較して著しく廉価で処分した場合，破産財団を適切な時期に換価せずに懈怠したため，価値が著しく下落した場合などは問題となろう。

〔新谷　貴昭〕

参照判例

【判例①】
　最一小判昭55・1・24民集34巻1号61頁は，商行為である金銭消費貸借に関し，利息制限法を超えて支払われた利息・損害金についての不当利得返還請求権の消滅時効期間は10年と解すべきとする。

【判例②】
　最一小判平21・1・22民集63巻1号247頁は，継続的な金銭消費貸借取引に関する基本契約が，借入金債務につき利息制限法1条1号所定の制限を超える利息の弁済により過払金が発生したときには，弁済当時他の借入金債務が存在しなければ上記過払金をその後に発生する新たな借入金債務に充当する旨の合意を含む場合は，上記取引により生じた過払金返還請求権の消滅時効は，特段の事情がない限り，上記取引が終了した時から進行するとする。

【判例③】
　最三小判昭36・5・30民集15巻5号1471頁は，民法173条1号は，卸売商人が，消費者に対し売却した商品の代金債権についてのみならず，転売を目的とする者に対し売却した商品の代金債権についても適用があるとする。

【判例④】
　最一小判昭59・2・23裁判集民事141号269頁は，民法173条1号は，いわゆる第1次産業ないし原始産業に属しない生産者の産物（ゴルフ用手袋）の売買代金債権についても適用があるとする。

【判例⑤】
　最二小判平元・6・23裁判集民事157号223頁は，外貨建てで輸入した商品を継続的に引き渡すことを目的とする商品の取引において，商品引渡時に，当事者間で仮に定めた為替割合を前提に代金等の支払をするが，信用状決済までの期間の為替割合の変動により輸入者に生じた差損益は相当期間ごとに相互に清算する旨の合意があったなど判示の事実関係の下においては，右合意に基づく精算金債権は，民法173条1号の「商品の代価」に当たらないとする。

【判例⑥】
　最一小判昭40・7・15民集19巻5号1275頁は，修理工場を設けて自動車の修理業を営む会社が自動車の修理によって得た修理料債権は，民法173条2号所定の居職人の仕事に関する債権に当たらないとする。

【判例⑦】
　最三小判昭63・10・18民集42巻8号575頁は，支払停止又は破産申立てを知った後に破産債権者が，取立委任手形を取り立てた結果として破産者に対して負担した取引金引渡債務を受働債権として相殺を行う場合には，支払停止及び破産申立てを知る前に破産者との間で締結した銀行取引約定の存在が，旧破産法104条2号ただし書（破71条2項2号）にいう「前に生じた原因」と認められるとする。

【判例⑧】
　最三小判昭40・11・2民集19巻8号1927頁は，銀行の手形割引依頼人に対する買戻請求権の行使によって発生する買戻代金支払請求権は，支払停止前の手形割引契約にその原因を持つので，旧破産法104条4号ただし書（破72条2項2号）に該当するとする。

【判例⑨】
　最三小判平10・4・14民集52巻3号813頁は，連帯債務関係が発生した後に連帯債務者の1人が和議開始の申立てをした場合において，他の連帯債務者が和議開始の申立てを知った後に債権者に債務を弁済したときは，右弁済による求償権の取得は，右にいう「和議開始の申立てを知る前の原因に基づく」（旧和議法5条，旧破産法104条4号）ものと解するのが相当であるとする。

【判例⑩】
　大判昭9・1・26民集13巻74頁は，破産者の債務者が，破産宣告（現行法でいう破産手続開始決定）の時より1年前に破産債権を取得したときでも，取得当時支払停止又は破産の申立てがあったこと及び破産債権者を害することを知っていた以上は，相殺することはできず，もし宣告前に既に相殺をしたときは宣告によってその相殺は無効となるとする（破72条2項3号関係）。

第9章 担保権消滅関係

31 ● 担保権消滅の意義
32 ● 担保権消滅の手続
33 ● 担保権消滅訴訟
34 ● 担保権消滅の効果

31 担保権消滅の意義

I 担保権消滅について学ぶのはどうしてか

　担保権消滅は，破産，民事再生及び会社更生といった倒産手続に設けられている制度である。法律実務家としては，これらの制度を理解しておく必要があるが，制度の意義を学ぶことがその第一歩である。このことは，倒産手続に対する理解を深めるのにも役立つ。これが担保権消滅の意義について学ぶことの理由である。

II 担保権消滅について問題となるのはどのような点か

1．はじめに

　破産手続，民事再生手続及び会社更生手続には，それぞれ担保権消滅の制度が設けられている。破産においては，破産法186条以下に，民事再生においては，民事再生法148条以下に，会社更生においては，会社更生法104条以下に，それぞれ規定されている。なぜ各倒産法制には担保権消滅の制度が設けられているのかを考えるためには，倒産法制の目的や担保権の処遇に対する理解が不可欠であり，担保権消滅の意義について問題となるのはどのような点かを意識しておかねばならない。

2．各倒産法制の目的

　まず，各倒産法制の目的を把握すべく，概観しておこう。

(1) 破産法

破産は，債務の支払不能又は債務超過の状態にある債務者（個人，法人）の財産等の清算に関する手続を定めること等により，債権者その他の利害関係人の利害及び債務者と債権者との間の権利関係を適切に調整し，もって債務者の財産等の適正かつ公平な清算を図るとともに，債務者について経済生活の再生の機会の確保を図ることを目的とする制度である（破1条）。

破産管財事件においては，破産手続が開始すると，その時に破産者が有する財産である破産財団に属する財産の管理及び処分をする権利が破産管財人に専属する（破78条1項）。そして，破産管財人は，破産債権者に配当するために破産財団を増殖させる。破産手続においては，破産財団は，配当のためにあり，破産者の事業継続の必要性は考慮されない。

(2) **民事再生法**

民事再生は，経済的に窮境にある債務者について，その債権者の多数の同意を得，かつ，裁判所の認可を受けた再生計画を定めること等により，当該債務者とその債権者との間の民事上の権利関係を適切に調整し，もって当該債務者の事業又は経済生活の再生を図ることを目的とする制度である（民再1条）。再生手続開始の申立ては，①債務者に破産手続開始の原因となる事実の生ずるおそれがあるときに債権者又は債務者において，②債務者が事業の継続に著しい支障を来すことなく弁済期にある債務を弁済することができないときに債務者において，それぞれすることができる（民再21条1項・2項）。

再生債務者は，再生手続開始後も，その業務を遂行し，又はその財産を管理し，若しくは処分する権利を有する（民再38条1項。裁判所が管理命令を発した場合等を除く）。このように民事再生においては，事業継続が当然考慮される。

(3) **会社更生法**

会社更生は，窮境にある株式会社について，更生計画の策定及びその遂行に関する手続を定めること等により，債権者，株主その他の利害関係人の利害を適切に調整し，もって当該株式会社の事業の維持更生を図ることを目的とする制度である（会更1条）。民事再生よりも一層，事業継続と経済的更生を重視する色彩が強いように思われる。

更生手続開始の申立ては，①破産手続開始の原因となる事実が生ずるおそれがある場合（会更17条1項1号）か，②弁済期にある債務を弁済するとすれば，その事業の継続に著しい支障を来すおそれがある場合（同条項2号）にすることができる。

3．各倒産法制における担保権の処遇

次に，各倒産法制及び基本法たる民法における担保権の処遇についてみておこう。

(1) 破産法

破産手続開始時に破産財団に属する財産につき特別の先取特権，質権又は抵当権を有する者は，これらの権利の目的である財産について行使することができる権利である別除権として，これらの権利を破産手続によらないで行使し得る（破65条・2条）。

また，別除権に係る担保権の被担保債権の全部又は一部が破産手続開始後に実体法上担保されないこととなった場合には，破産債権者として権利行使し得る（破108条1項）。

(2) 民事再生法

民事再生手続においては，再生手続開始時に再生債務者の財産に有する担保権のうち，特別の先取特権，質権，抵当権又は商事留置権を有する者は，その目的たる財産について別除権を有するものとし（民再53条1項），かつ，別除権は，再生手続によらないで，すなわち，再生債権の届出，調査，再生計画案の認可を経て再生計画の定めによる弁済を受けるという同法所定の一連の手続によらずに行使することができるものとされている（同条2項）。

民事再生においても，破産におけるのと同じく，別除権の行使によって弁済を受けることができない債権の部分（不足額）が確定した場合に，その債権の部分について，認可された再生計画の定めによって認められた権利又は再生債権の権利変更に関する一般的基準により変更された後の権利を行使し得る（民再182条本文）。

(3) 会社更生法

　会社更生手続は，民事再生手続と同じく，再建型の法的手続ではあるが，ここでは，担保権は，別除権として構成されていない。

　会社更生法29条1項は，更生手続開始前においても商事留置権の消滅を請求し得るものとしている。また，担保権者は，更生手続開始後は，更生計画によらずに更生債権等を消滅させる行為は原則として禁止されるので，更生計画によらずに弁済を受けることはできなくなり（会更47条1項），更生手続開始後に担保権を実行することはできず，既にされている担保権の実行手続は更生手続開始決定により当然に中止する（会更50条1項）。担保権の消滅も更生計画によることになるのが原則である。

　このように，会社更生においては，担保権付き債権も手続内に取り込み，優先弁済権の行使を制約しつつ，担保権の目的財産を含む総財産を基礎として実現される将来収益の分配において優先弁済権を保護するという仕組みになっている。

(4) 民法上の担保権消滅請求

　民法には，379条以下の抵当権消滅請求制度がある。これは，抵当不動産の第三取得者において請求し得るものであり，かつて「滌除」といわれた制度を改変したものであるが，抵当不動産の第三取得者は，抵当権消滅請求をすることができる旨の定めがある。

　民法上の抵当権消滅請求は，抵当不動産につき所有権を取得した第三者（第三取得者）が，抵当権者に対し，自ら抵当物件を評価した額を提供して，抵当権の消滅を請求することができる制度である。この請求をなし得るのは，主たる債務者，保証人及びこれらの者の承継人以外の者（民380条）である。

　第三取得者が，書面をもって債権者に対し，2か月以内に抵当権を実行して競売の申立てをすることを実行しないときは，抵当不動産の第三取得者が代価又は指定金額を債権の順位に従って弁済又は供託すべき旨を記載した書面等を送付し，これに対し，債権者が，書面送付を受けた後2か月以内に抵当権実行，競売申立てをしないときなどには，債権者は，第三取得者が提供

した代価又は金額を承諾したものとみなされる。これは，抵当権付き不動産の譲受人に抵当権の負担のない所有権を取得させることと，債権者の抵当権を有する利益を侵害しないようにすることの双方を調整するための制度である。

(5) 倒産処理手続における非典型担保権

譲渡担保，所有権留保，ファイナンス・リースなどの非典型担保権については，倒産処理手続との関係では，基本的に，所有権（取戻権）ではなく担保権（破産や再生手続の場合，別除権）として取り扱われるとするのが多数説，判例の姿勢である。→【判例①②】参照

ただし，担保権消滅許可制度との関係では，これを前提にしつつも，非典型担保権の種類によっては適用（類推適用）を否定すべきであるとの説が有力である。

Ⅲ 担保権消滅について実務はどう取り扱っているか

1．破産上の担保権消滅の意義

破産手続においては，債務者すなわち破産者は，その財産の管理権を奪われ，破産管財人が破産者の財産を管理することになる。ところで，破産者の財産に担保権が設定されていることがままあり（むしろ実際上は，こちらの方が多い。不動産があればこれを担保にして借金をし，それが返済できなくなるから破産するのである），この場合，前述のように，担保権者は，破産手続に関係なく別除権として担保権を実行できることになっており，担保権でカバーされない分については，破産手続で配当を受けることができる。他方，破産管財人は，破産財団すなわち債権者らに対する配当の原資をできる限り増殖させることを期待されている。破産管財人は，破産財団に不動産がある場合など，競売をすることもできるが，競売は時間がかかり，思うような価格で売れないことも多いので，不動産をより高額で任意売却することができれば，競売が進められた場合には存在しなかった財団への組入れを通じて，財団を増やすこ

とができ，破産債権者の一般の利益に資することになるし，別除権を有する債権者らの利益にも合致する。これが任意売却のメリットである。

　ところで，不動産を任意売却するためには，不動産に付着している抵当権等を消滅させて，売ることが望ましいが，抵当権の抹消等には，抵当権者の自由な承諾が必要であり，破産管財人が担保権付き不動産を売却しようとすると，買受人，担保権者との三者で交渉をすることになる（もっとも，担保権付き不動産を購入した者は，民法上の抵当権消滅請求もなし得る）。そして，破産管財人は，売却代金から担保権者に被担保債権の弁済をし，担保権を抹消してもらい，一部の金銭を破産財団に組み入れ，財団の増殖を図ることになる。しかし，競売になれば配当がいかないような後順位の担保権者が担保権登記抹消のために金銭を要求することがあり，実際上，ハンコ代などと称して高額の金員を要求してくることがある。そこで，破産管財人は，裁判所に対し，当該財産を売却し，金銭が裁判所に納付されることにより，担保権者の利益を不当に害することとなると認められるときを除き，当該財産につき存するすべての担保権を消滅させることについての許可を得ることができることとする（破186条）とともに，被申立担保権者による担保権消滅許可に対抗する担保権実行申立て（破187条）が認められている。これが破産手続における担保権消滅許可の制度であって，旧法下での運用を法定化したものであり，破産管財人と担保権者との合意を促すことを企図する制度である。

　そして，破産手続における担保権消滅制度には，民事再生手続や会社更生手続におけるような価額決定の手続は設けられてない。これは，破産手続においては，担保権者には担保権の実行が保障されていることから，当該財産の換価についての適正価格の決定は，担保権の実行手続によって行うことができることによるものである。

　なお，金融法務事情1989号の特集「平成25年の破産事件の概況をみる」によれば，破産手続における担保権消滅許可の申立てについて，東京地裁では，平成17年1月から平成25年12月までに32件の申立てがあったが，平成25年には申立てがなく，終局事由の内訳は，許可決定28件，取下げ3件，代金不納付による取消しが1件であり，大阪地裁では，平成17年から平成24年まで毎年一桁で34件の申立てがあり，平成25年には2件の申立てがあったとの

ことである。名古屋地裁では，平成20年2件，21年に1件のみ，福岡地裁では平成21年，22年に各1件の申立てがあったが，平成23年以降申立てはない。千葉地裁でも同様の傾向にある。このように，担保権消滅許可は，申立件数が比較的少数であるが，この制度を交渉材料にした任意売却の交渉が功を奏していること，後順位担保権者の担保権設定が否認の対象となり得ることが多く，事案によっては否認請求の方が簡便と指摘できることが，その理由であると考えられている。

2．民事再生上の担保権消滅の意義

民事再生においては，破産におけるのとは異なり，再生のために財産を活用することを考える。

前述のように，民事再生においては，担保権は別除権として構成されており，不足分は再生手続外で行使し得ることとされているが，これは，同法が，中小企業等の再建に使いやすい法的手続であり，債権者等の利害関係人にとっても公平かつ透明な手続であって，現代の経済社会に即した迅速かつ機能的な仕組みを採用したことを反映したものであるといい得る。

しかし，再生手続外での別除権の行使を無制限に認めてしまうと，再生債務者の事業の継続に欠くことができない財産に付された担保権が実行されて，その財産が売却され，事業の継続が不可能になってしまい，事業の再生を図るという民事再生法の定めた目的を達することができなくなるという事態にもなりかねない。そこで，同法では，再生債務者の事業再生と，別除権者の担保権の再生手続によらない行使という各利益を調整するという観点から，担保権の実行手続の中止命令（民再31条）及び担保権消滅許可（民再148条）という制度が設けられている。

担保権消滅制度によれば，再生債務者は，その財産上に担保権が設定されている場合で，当該財産が再生債務者の事業の継続に欠くことができないものであるときは，当該財産の価額に相当する金銭を裁判所に納付して，当該財産上に存するすべての担保権を消滅させることの許可の申立てをすることができる。このように民事再生手続における担保権消滅許可制度は，事業の継続に不可欠な財産の確保を目的とし，担保権の目的物を含んだ再生債務者

の財産を再生の基礎として保持する必要性を満たそうとするものであるが，同時に，会社更生手続と異なり，担保権には別除権の地位が認められ，手続に拘束されない担保権の実行が認められているという担保権者の利益を本質的に損なうものであってはならない。

3．会社更生上の担保権消滅の意義

　会社更生においては，前述のように，更生会社の特定財産上の担保権は，更生手続開始前の中止命令や包括禁止命令によって，あるいは開始決定の効果として，その実行権能を制限された上で，その被担保債権が更生担保権として，更生債権などの他の権利に対する優先性を保障されつつ，更生計画に基づいて集団的満足を受ける権利に転換される。

　したがって，会社更生手続では，民事再生手続におけるのとは異なり，担保権の実行によって事業継続に必要不可欠な財産が流出し，事業継続が著しく困難になるという事態にはならない。しかし，更生会社の事業の更生を図るために，更生計画認可前に事業譲渡をすることが必要である場合もあり，そうした場合には事業譲渡対象財産に担保権が設定されていると事業譲渡が事実上困難となることが見込まれるし，また，固定資産税等のコストを削減するために事業更生に必要のない財産を売却する必要がある場合もあるが，当該財産に担保権が設定されていると売却が困難となる。

　かかる観点から，担保権者の利益を保障しつつ，早期の段階で担保権を消滅させることができるようにするべく，裁判所が更生会社の更生のために必要であると認めるときは，更生管財人の申立てにより，当該財産の価額に相当する金銭を裁判所に納付して当該財産を目的とするすべての担保権を消滅させることを許可する旨の決定をなし得るものとした。これが会社更生における担保権消滅の意義である。

Ⅳ 担保権消滅について注意しておくのはどのような点か

1．破産における担保権消滅の注意点

　破産における担保権消滅については，破産管財人としては，担保権消滅の同意を得られない担保権者への担保権設定自体を偏頗行為の否認（破162条）や対抗要件の否認（破164条）の請求により解決できる場合があるので，担保権消滅許可申立て前に否認請求で対応できる事案か否かを検討すべきである。

2．民事再生における担保権消滅の注意点

　民事再生における担保権消滅については，再生債務者としては，担保権の実行手続の中止命令の利用可能性や，担保権者が大口債権者であることが多く，担保権消滅請求の制度を利用したために再生計画案について大口債権者の賛成を得ることができず，そのために再生計画案が否決されてしまうという事態になることを避ける必要があるため，まず話合いによる解決を図ることが多く，別除権協定を締結できない場合において，担保権消滅請求を検討することになり，必要な場合に担保権消滅許可の発動を求めることになる。

　なお，個人再生手続で担保権消滅請求を行うことも可能ではあるが，手続が重厚すぎることから，通常は別除権協定により担保権の実行を免れることができる見込みがあることを前提として，個人再生手続が選択されるものと思われる。

3．会社更生における担保権消滅の注意点

　会社更生における担保権消滅については，民事再生における担保権消滅制度のように事業の継続に必要な財産に限定されずに，むしろ不必要な財産の流動化をも狙いの１つとしていることに注意しておくべきである。

〔甲良　充一郎〕

参照判例

【判例①】
　最一小判昭41・4・28民集20巻4号900頁は，会社更生手続との関係での譲渡担保権の取扱いに関し，更生担保権に準じて取り扱われるとする。

【判例②】
　最二小判平7・4・14民集49巻4号1063頁は，リース物件は担保としての意義を有するとして，担保であることを明示している。

32 担保権消滅の手続

I 担保権消滅の手続について学ぶのはどうしてか

　法律実務家としては，法的な手続を知ることが肝要である。法律相談を受けたとき，いかなる手続によるべきかを的確に答えることができなければ，解決策にたどり着けないことが多いであろう。また，後で詳細を調べるにしても，手続の一応の概略を答えることができねば，依頼者の信頼を得ることはできないと思われる。

II 担保権消滅の手続について問題となるのは どのような点か

1．破産における担保権消滅の手続について問題となるのはどのような点か

(1) 破産における担保権消滅許可の申立てはどのような場合になし得るか

　破産管財人は，破産手続開始時に破産財団に属する財産につき担保権（特別の先取特権，質権，抵当権又は商法若しくは会社法の規定による留置権をいう）が存する場合において，当該財産を任意に売却して当該担保権を消滅させることが破産債権者の一般の利益に適合するときであって，かつ，当該担保権を有する者の利益を不当に害することとなると認められるのでないときは，裁判所に対し，当該財産を任意に売却し，金銭（（破産管財人が，売却によってその相手方から取得することができる金銭に相当する額であって，当該売買契約において相手方の負担とされるものに相当する金銭を除く。これを「売得金」という）の一部を破産財団に組み入れようとする場合には，売得金の額から破産財団に組み入れようとする金銭（「組

入金」という）の額を控除した額。それ以外の場合には売得金の額）が裁判所に納付されることにより当該財産につき存するすべての担保権を消滅させることについての許可の申立てをすることができる（破186条1項）。

　「破産債権者の一般の利益に適合するとき」とは，この制度によって当該財産を任意に売却して，担保権を消滅させることが，破産財団の拡充に資する場合を指す。破産財団への金銭の組入れがなされ，財団の積極的な増殖が図られる場合に限らず，当該財産を早期に売却してその税負担を免れる場合もこの「適合するとき」に該当する。

　担保権者の「利益を不当に害することとなると認められる」例としては，破産財団への組入金の額が不当に過大である場合や，任意売却が不当に廉価である場合を挙げることができる。

(2) 商事留置権の消滅請求手続

　商事留置権についても消滅請求手続がある。

　破産手続開始の時において破産財団に属する財産につき商法又は会社法の規定による留置権がある場合において，当該財産が破産法36条の規定により継続されている事業に必要なものであるとき，その他当該財産の回復が破産財団の価値の維持又は増加に資するときは，破産管財人は，留置権者に対して，当該留置権の消滅を請求することができる（破192条1項）が，この請求をするには，その財産の価値に相当する金銭を，留置権者に弁済しなければならない（破192条2項）。かかる請求及び弁済をするには裁判所の許可を受けなければならない（破192条3項）。

2．民事再生における担保権消滅の手続について問題となるのはどのような点か

　民事再生における担保権消滅許可の申立てはどのような場合になし得るか，が問題となる。

　民事再生手続開始時において再生債務者の財産につき民事再生法53条1項に規定する担保権（特別の先取特権，質権，抵当権又は商法若しくは会社法の規定による留置権）が存する場合において，当該財産が再生債務者の事業の継続に

欠くことのできないものであるときは，再生債務者等は，裁判所に対し，当該財産の価額に相当する金銭を裁判所に納付して当該財産につき存するすべての担保権を消滅させることについての許可の申立てをすることができる（民再148条1項）。

担保権消滅の対象となる担保権には仮登記担保権（仮登記担保19条3項）も含まれるが，民事留置権，一般先取特権，企業担保権等は対象から外されている。

消滅する担保権は，文理上，再生手続開始時に再生債務者に帰属する財産に設定されている必要がある。もっとも，その財産は実質的に再生債務者所有財産であればよく，必ずしも登記名義を要しない。→【判例①②】参照

譲渡担保，所有権留保，ファイナンス・リース等の非典型担保は，民事再生手続においては，一般的に別除権として取り扱われることから，かかる非典型担保も担保権消滅制度の対象となるかが問題となるが，原則として，非典型担保に担保権消滅制度を類推適用することは困難であると解される。→【判例③④】参照

要件としての「事業継続不可欠要件」は，①担保権消滅許可の申立てが認められると，本来手続外での自由な権利行使が認められている担保権を消滅させるという効果を生じさせること，②担保権者としては破産手続の場合と異なり，抵当権の実行や買受けの申出による対抗措置が認められていないことから，担保権消滅が認められる範囲を，再生債務者の事業の継続を図るという再生手続の目的を達成するのに必要不可欠な範囲に限定するのが相当であると考えられたことによるものである。したがって，そのような趣旨で，「事業の継続に欠くことのできない」財産とは，担保権が実行されて当該財産を利用することができない状態になったときには再生債務者の事業の継続が不可能となるような代替性のない財産であることが必要である。→【判例⑤～⑦】参照

また，事業継続の必要性については，再生債務者が事業を継続する場合のみならず，事業譲渡の対象になっている場合も含まれると解されている。

3．会社更生における担保権消滅の手続について問題となるのはどのような点か

　会社更生手続において担保権消滅の申立てはどのような場合になし得るか，が問題となる。

　裁判所は，更生手続開始当時，更生会社の財産につき特別の先取特権，質権，抵当権又は商法若しくは会社法の規定による留置権（商事留置権）がある場合において，更生会社の事業の更生のために必要であると認めるときは，更生管財人の申立てにより，当該財産の価額に相当する金銭を裁判所に納付して当該財産を目的とするすべての担保権を消滅させることを許可する旨の決定をすることができる（会更104条1項）。

　対象となる担保権としては，非典型担保について，仮登記担保は更生手続との関係では抵当権とみなされる（仮登記担保19条4項）し，譲渡担保権等も更生担保権扱いをされる限りでは，「担保権」に含まれることになると解される。

　申立人は，担保権消滅が事業継続にとって必要であるか否かを判断できる更生管財人に限られている。

　民事再生法上の担保権消滅請求制度とは，事業の維持更生のために債務者所有の財産上に設定されている担保権の消滅を可能にする点では共通であるが，民事再生法上の担保権消滅請求制度が，当該財産を債務者の利用継続を典型的に想定しているのに対し，会社更生法上においては，担保目的財産を売却することを典型的に想定しており，事業継続のためには利用しない場合もあり得る点で異なっている。

　また，この違いは，「更生会社の事業の更生のために必要である」の解釈にも反映し，必要性のみで，不可欠性は要件となっていない。

Ⅲ 担保権消滅の手続について実務はどう取り扱っているか

1．破産における担保権消滅の手続について実務はどう取り扱っているか

(1) 担保権消滅許可の申立て

　売得金の一部を破産財団に組み入れて担保権消滅許可の申立てをしようとする破産管財人は，組入金の額について，あらかじめ，当該担保権を有する者と協議しなければならない（破186条2項）。

　担保権消滅許可の申立ては，次に掲げる事項を記載した書面（「申立書」という）でしなければならない（破186条3項）。

①　担保権の目的である不動産の表示
②　売得金の額
③　不動産の売却の相手方の氏名又は名称
④　消滅すべき担保権の表示
⑤　④の担保権によって担保される債権の額
⑥　組み入れようとする場合の組入金の額
⑦　組み入れようとする場合の担保権者との協議の内容及びその経過

　破産規則では，これらに加えて，財産の任意売却に関する交渉の経過を記載するものとしている（破規57条1項）。裁判所は，必要があると認めるときは，担保権消滅許可の申立てをした破産管財人に対して，担保権の目的である不動産の価額に関する資料の提出を命じることができる（破規57条3項）。

　申立書には，組み入れようとする場合の財産の売却に係る売買契約の内容を記載した書面を添付しなければならない（破186条4項）。

　組み入れようとする場合，消滅すべき担保権を有する者（「被申立担保権者」という）に申立書及び破産法186条4項の書面を送達しなければならない（破186条5項）。

(2) 被申立担保権者の対抗手段

破産管財人による担保権消滅許可の申立てに対して，担保権者には2つの対抗手段が用意されている。

(a) 担保権実行の申立て

破産管財人による担保権消滅許可の申立てに対する対抗手段の1つは，「担保権実行の申立て」である。

被申立担保権者は，担保権消滅許可の申立てにつき異議があるときは，破産法186条5項の規定によりすべての被申立担保権者に申立書及び同条4項の書面の送達がされた日から1か月以内に，担保権の実行の申立てをしたことを証する書面を裁判所に提出することができる（破187条1項）。

裁判所は，被申立担保権者につきやむを得ない事由がある場合に限り，当該被申立担保権者の申立てにより，異議申立証明書提出期間を伸長することができる（破187条2項）。この期間は，次に述べる買受けの申出（破188条1項）ができる期間でもあり，この期間内にこれらの対抗措置をとるかどうかを判断しなければならないことから，被申立担保権者に与えられた熟慮期間という性格を有する。

破産管財人と被申立担保権者との間に売得金及び組入金の額について合意がある場合には，当該被申立担保権者は，担保権の実行の申立てをすることができない（破187条3項）。これは，被申立担保権者の有する2つの対抗手段が被申立担保権者と破産管財人との間で売得金の額及び組入金の額の相当性を問うためのものであることに基づく。

被申立担保権者は，破産法187条1項の期間（伸長されたときは，その期間。熟慮期間）が経過した後は，担保権実行の申立てをすることができない（破187条4項）。

担保権実行の申立てをしたことを証する書面が提出された後に，当該担保権の実行の申立てが取り下げられ，又は却下された場合には，当該書面は提出されなかったものとみなされる（破187条5項）。

(b) 財産の買受けの申出

破産管財人による担保権消滅許可の申立てに対するもう1つの対抗手段は，「財産の買受けの申出」である。これは，市場で売却する場合には，破

産管財人の提示する額よりも，より高額で売却ができ，より大きな配当原資を得ることができると考える（被申立）担保権者のための対抗手段として用意されたものである。

被申立担保権者は，担保権消滅許可の申立てにつき異議があるときは，破産法187条１項の期間（熟慮期間）内に，破産管財人に対し，当該被申立担保権者又は他の者が担保権の目的である財産の買受けの申出をすることができる（破188条１項）。→【判例⑧】参照

買受けの申出は，
① 買受希望者の氏名又は名称
② 破産管財人が担保権の目的である財産の売却によって買受希望者から取得することができる金銭の額（売買契約の締結及び履行のために要する費用のうち破産財団から現に支出し又は将来支出すべき実費の額並びに当該財産の譲渡に課されるべき消費税額等に相当する額であって，当該売買契約において買受希望者の負担とされるものに相当する金銭を除く。「買受けの申出の額」という）
③ 担保権の目的である財産が複数あるときは，買受けの申出の額の各財産ごとの内訳の額

を記載した書面でしなければならない（破188条２項）。

買受けの申出の額は，申立書に記載された売得金の額にその５パーセントに相当する額を加えた額以上でなければならない（破188条３項）。

担保権の目的である財産が複数あるときは，買受けの申出の額の各財産ごとの内訳の額は，当該各財産につき売得金の額の各財産ごとの内訳の額を下回ってはならない（破188条４項）。複数の財産を一括して対象とする場合には，財産により担保権者が異なることがあり，総額が５パーセント以上増額されても，個々の財産について当初申立書に記載された額を下回るときは，他の被申立担保権者の利益を害するからである。

買受希望者は，買受けの申出に際し，最高裁規則で定める額及び方法による保証を破産管財人に提供しなければならない（破188条５項）。この保証の額は，買受けの申出の額の10分の２に相当する額（１円に満たない端数があるときは，これを切り捨てるものとする）である（破規60条１項）。

買受希望者の保証の方法は，破産管財人の預貯金口座に一定の金銭を振り

込んだ旨の金融機関の証明書又は銀行等との間で支払保証委託契約を締結したことを証する文書を添付するかのいずれかの方法による（破規60条2項）。

破産管財人と被申立担保権者との間に売得金及び組入金の額（破186条1項2号に掲げる場合にあっては，売得金の額）について合意がある場合には，当該被申立担保権者は，買受けの申出をすることができない（破188条6項・187条3項）。

買受けの申出をした者（その者以外の者が買受希望者である場合にあっては，当該買受希望者）は，すべての被申立担保権者に担保権消滅許可の申立書及び財産の売却に係る売買契約の内容を記載した書面が送達された日から1か月以内に，当該買受けの申出を撤回することができる（破188条7項）。

破産管財人は，買受けの申出があったときは，すべての被申立担保権者に担保権消滅許可の申立書及び財産の売却に係る売買契約の内容を記載した書面が送達された日から1か月が経過した後，裁判所に対し，担保権の目的である財産を買受希望者に売却する旨の届出をしなければならない。この場合において，買受けの申出が複数あったときは，最高の買受けの申出の額に係る買受希望者（これが複数あった場合は，最先の買受希望者）に売却する旨の届出をしなければならない（破188条8項）。

買受けの申出があったときは，破産管財人は，担保権消滅許可の申立てを取り下げるには，買受希望者（担保権消滅許可の決定が確定した後にあっては，当該許可に係る買受希望者）の同意を得なければならない（破188条10項）。

2．民事再生における担保権消滅手続について実務はどう取り扱っているか

(1) 申立て

民事再生における担保権消滅許可の申立ては，

① 担保権の目的である財産の表示
② その財産の価額
③ 消滅すべき担保権の表示
④ その担保権によって担保される債権の額

を記載した書面で請求しなければならない（民再148条2項）。

民事再生規則では，財産が再生債務者の事業の継続に欠くことのできないものである事由を記載しなければならないものとされている（民再規70条1項）。
　また，担保権消滅許可等の申立てをするときは，財産の価額の根拠を記載した書面（民再規71条1項1号）及び登記又は登録不能の担保権があるときは，当該担保権の存在を証する書面を提出しなければならない（同条項2号）。

(2) **担保権者の異議（価額決定の請求）**
　担保権者は，申立書に記載された価額（申出額）に異議があるときは，当該申立書の送達を受けた日から1か月以内に，担保権の目的である財産についての価額の決定を請求することができる（民再149条1項）。
　担保権消滅許可をした裁判所は，やむを得ない事由がある場合に限り，担保権者の申立てにより，価額決定の請求期間を伸長することができる（民再149条2項）。
　価額決定の請求という制度は，当該財産を再生債務者のもとに確保することが重要であるところ，競売手続を利用することができないため，目的財産の価額に争いがある場合に，裁判所が評価人の評価に基づいて，決定で，当該財産の価額を定める手続が設けられたものである。
　価額決定の請求に係る事件は，再生裁判所が管轄する（民再149条3項）。
　価額決定の請求をする者は，その請求に係る手続の費用として再生裁判所の定める金額を予納しなければならない（民再149条4項）ところ，この費用の予納がないときは，再生裁判所は，価額決定の請求を却下しなければならない（民再149条5項）。

3．会社更生における担保権消滅手続について実務はどう取り扱っているか

　更生管財人が担保権消滅許可の申立てをするには，
① 担保権の目的である財産の表示
② その財産の価額
③ 消滅すべき担保権の表示

を記載した書面ですることを要する（会更104条3項）。

更生手続においては，担保権者は，担保権の実行をすることが禁止される（会更50条1項）など，その権利行使が一律に制限されていることから，民事再生法上の担保権消滅の制度と比べて，より広く担保権消滅制度の利用が認められている。また，「更生会社の事業の更生のために必要である」と認められることが要件であって，民事再生と異なり，必要性のみで，不可欠性は要件となっていない。

担保権消滅許可の決定は，更生計画案を決議に付する旨の決定があった後は，することができない（会更104条2項）。

Ⅳ 担保権消滅の手続について注意しておくのはどのような点か

1．破産における担保権消滅の手続についての注意点

金銭の一部を破産財団に組み入れて担保権消滅許可の申立てをしようとする破産管財人は，組入金の額について，あらかじめ，当該担保権を有する者と協議しなければならないものとされている（破186条2項）から，十分な協議がされていない場合，担保権者の「利益を不当に害することとなると認められる」として，申立てが却下される可能性がある（破186条1項ただし書）。

また，破産管財人は，対抗買受けの申出がなされた場合には，当初の売買契約と同一内容（売却の相手方を除く）の売買契約が締結されたものとみなされる（破189条2項）ので，引越費用等を買主に負担させる場合には，売買契約書上明らかにしておく必要がある。

2．民事再生における担保権消滅の手続についての注意点

民事再生における担保権消滅許可の申立てに当たり，申立書に記載する「消滅すべき担保権」としてはすべての担保権を記載する必要があり，実体的に担保権として存在していても，申立書に記載されなかった担保権は消滅しないことになる。全担保権のうちの一部のみが申立書に記載されている場

合，当該担保権消滅許可の申立ては棄却されることになる。

3．会社更生における担保権消滅の手続についての注意点

　会社更生における担保権消滅許可の決定は，更生計画案を決議に付する旨の決定があった後は，することができない（会更104条2項）。これは，①更生計画の定めにより，更生会社の財産上の担保権を消滅させたり，他の財産上の担保権に変換したりすること等が可能であるため（会更205条1項），この制度を利用する必要があるのは更生計画認可前の段階に限られることや，②更生計画には担保権消滅請求の制度に基づき裁判所に納付された金銭の額，その使途等に関する条項を定める必要があること（会更167条1項6号）を考慮したものである。更生計画認可後の担保権の消滅は，更生計画の変更（会更233条）によることになる。

〔甲良　充一郎〕

参照判例

【判例①】
　福岡高決平18・3・28判タ1222号310頁は，対象財産が不動産である場合，所有者である再生債務者と担保権者との関係は対抗問題ではないので，再生債務者名義の登記は不要であるとした。

【判例②】
　福岡高決平18・2・13判タ1220号262頁は，目的不動産について再生債務者が所有権登記を備えていることを必要としないとした（ただし，一般論としてこのようにいえるかは疑問であるとの指摘がある）。

【判例③】
　大阪地決平13・7・19判時1762号148頁は，フルペイアウト方式のファイナンス・リース契約について，リース物件のユーザーが仮差押えを受けたことを解除事由とする旨の特約があり，この特約に基づいてリース会社

が再生手続前にリース契約を解除した場合には，ユーザーのリース物件に対する利用権は消滅し，リース会社が利用権による制限のない完全な所有権を有することになるから，当該物件につき，再生手続が開始されたユーザーは，担保権消滅許可の申立てをすることはできないとした。

【判例④】
　最三小判平20・12・16民集62巻10号2561頁は，ファイナンス・リースについては，再生手続においてユーザーについての再生手続開始申立てをリース契約の解除事由とする特約が，民事再生手続の趣旨，目的に反し無効としている。同判決の補足意見では，フルペイアウト方式のファイナンス・リースが担保権であり，担保権消滅許可の対象となることが認められている。

【判例⑤】
　東京高決平21・7・7判時2054号3頁は，土地付き戸建て分譲を主たる事業とする再生債務者所有の販売用土地について，事業の継続に欠くことのできない財産に当たるとして，担保権消滅を許可した（分譲する際には担保権が抹消されるという仕組みになっており，担保権者もあらかじめこのような仕組みを了解していたという点が重視された例外的な事案である）。

【判例⑥】
　東京高決平18・11・28判例集未登載（『民事再生の手引』245頁以下）は，遊技場経営や賃貸管理等を営む再生債務者が地上1階及び地下1階で遊技場を営業し，地上2階から7階までを消費者金融業者に賃貸している建物について担保権消滅許可の申立てをした事案において，遊技場の売上げが再生債務者の売上げのほとんどを占めること，遊技場の経営には公安委員会の許可が必要であり，直ちに別の場所で事業を行うことは困難であること等から，事業継続のために必要な財産であると認めた。

【判例⑦】
　名古屋高決平16・8・10判時1884号49頁は，担保権者への弁済金を捻出するための売却予定不動産について，当該財産を売却するなどの処分をすることが，事業の継続のため必要不可欠であり，かつ，その再生のために最も有効な最後の手段であると考えられるようなときは，処分される財産も再生債務者の事業の継続のために欠くことができないものであるときに該当すると解すべきであるとした。

【判例⑧】
　東京高決平24・5・24判タ1374号239頁は，破産者が土地建物を所有する場合において，建物に存する商事留置権が土地利用権に及ばない場合には，破産管財人が土地建物を一体として売却することを前提として破産法186条の担保権消滅許可の申立てをすることは，建物の商事留置権の価値を見いだす上で最も優れた方法であって，留置権者も相当額の金銭の分配を得ることができるのであり，留置権者がこの措置に対抗して同法188条の買受けの申出をすることは経済的合理性を欠き，権利の濫用に当たるとして，破産管財人の担保権消滅許可の申立てを認容した原決定に対する抗告を棄却した。

33 担保権消滅訴訟

I 担保権消滅訴訟について学ぶのはどうしてか

　担保権消滅について，その申立てに対する異議が出たりして，当事者間で調整がつかない場合には，決定手続で解決をする必要がある。法律実務家としては，担保権消滅訴訟の手続についての知識を有することが必要である。

II 担保権消滅訴訟について問題となるのはどのような点か

1．破産手続における担保権消滅の裁判（決定）の問題点

(1) 誰が売却の相手方となるか

　裁判所は，被申立担保権者が1か月の期間内に担保権実行の申立てをしたことを証する書面を提出したことにより不許可の決定をする場合を除き，次の者を売却の相手方とする担保権消滅許可の決定をしなければならない（破189条1項）。

　買受けの申出があったときに売却する旨の届出がされなかった場合は，破産法186条3項3号の売却の相手方が売却の相手方となる（破189条1項1号）。

　売却する旨の届出がされた場合には，その買受希望者が売却の相手方となる（破189条1項2号）。

(2) 担保権消滅許可が確定するとどうなるのか

　破産法189条1項2号の場合，その許可が確定したときは，破産管財人と当該許可に係る同号に定める買受希望者（買受人）との間で，同法186条4項

の書面に記載された内容と同一内容（売却の相手方を除く）の売買契約が締結されたものとみなされ，この場合においては，買受けの申出の額をもって売買契約の売得金の額とみなされる（破189条2項）。

(3) 買受けの申出の撤回は可能か

担保権消滅許可の申立てについての裁判があった場合には，その裁判が確定するまでの間，買受希望者（破産法188条8項に規定する届出がされた場合の同項に規定する買受希望者を除く）は，当該買受希望者に係る買受けの申出を撤回することができる（破189条3項）。

(4) 不服申立ては可能か

担保権消滅許可の申立てについての裁判に対しては，即時抗告をすることができる（破189条4項）。

2．民事再生手続における担保権消滅の裁判（決定）の問題点

(1) 担保権消滅許可の決定とこれに対する即時抗告

民事再生手続において，担保権消滅許可の決定があった場合には，その裁判書を申立書とともに，当該申立書に記載された消滅すべき担保権を有する者（担保権者）に送達しなければならず，代用公告は認められていない（民再148条3項）。

担保権消滅許可決定に対しては，担保権者は，即時抗告をすることができる（民再148条4項）。

(2) 価額決定の請求についての決定とこれに対する即時抗告

(a) 価額決定請求に対する財産評価はどうするのか

価額決定の請求があった場合には，再生裁判所は，当該請求を却下する場合を除き，評価人を選任し，財産の評価を命じなければならない（民再150条1項）。

価額決定の請求についての決定に際し，その評価は，財産を処分するものとしてしなければならない。評価人は，財産が不動産である場合には，その

評価をするに際し，当該不動産の所在する場所の環境，その種類，規模，構造等に応じ，取引事例比較法，収益還元法，原価法その他の評価の方法を適切に用いなければならない（民再規79条1項・2項）。民事執行規則の評価書に関する規定（民執規30条1項）は，民事再生手続における不動産評価の場合に準用される（民再規79条3項）。

再生裁判所は，評価人の評価に基づき，決定で，財産の価額を定めなければならない（民再150条2項）。

(b) 担保権者や事件が複数の場合をどう取り扱うか

担保権者が数人ある場合には，財産の価額の決定は，担保権者の全員につき申立書の送達を受けた日から1か月（期間が伸長された場合は，その伸長された期間。「請求期間」という）が経過した後にしなければならない。数個の価額決定の請求事件が同時に係属するときは，事件を併合して裁判しなければならない（民再150条3項）。

(c) 価額決定の効力の及ぶ範囲はどうか

財産の価額の決定は，価額決定の請求をしなかった担保権者に対しても，その効力を有する（民再150条4項）。

(d) 不服申立ては可能か

価額決定の請求についての決定に対しては，再生債務者等及び担保権者は，即時抗告をすることができる（民再150条5項）。

3．会社更生手続における担保権消滅の裁判（決定）の問題点

(1) 担保権消滅許可の決定とこれに対する即時抗告

裁判所は，担保権を消滅させることが更生会社の事業の更生のために必要であると認める場合に限り，担保権消滅許可決定をすることができる（会更104条1項）。ただし，更生計画案を決議に付する旨の決定前に限る（会更104条2項）。

民事再生法上の担保権消滅請求制度が，財産を債務者のもとで利用し続けることを典型的に想定しているのに対し，会社更生法上の担保権消滅制度においては，当該財産を使用収益することが更生会社の事業の更生のために必要である場合のみならず，これを処分することが更生会社の事業の更生のた

めに必要であると認める場合にも，担保権消滅許可の決定をなし得る。

担保権消滅許可決定に対しては，被申立担保権者は，即時抗告をすることができる（会更104条5項）。即時抗告期間は，許可決定の送達を受けた時から1週間である（会更9条，民訴332条）。

(2) 価額決定請求に係る裁判とこれに対する即時抗告

担保権消滅許可に対する不服申立てとしては，許可決定そのものに対する不服申立てである即時抗告のほか，許可された財産の価額を争う価額決定の請求がある。

(a) 価額決定請求の期間，管轄

被申立担保権者は，担保権消滅許可に係る申立書に記載された担保権の目的である財産の価額（以下「申出額」という）について異議があるときは，当該申立書の送達を受けた日から1か月以内に，担保権の目的である財産（以下「財産」という）について価額の決定を請求することができる（会更105条1項）。

担保権消滅許可の決定をした裁判所は，やむを得ない事由がある場合に限り，被申立担保権者の申立てにより，価額決定請求期間を伸長することができる（会更105条2項）。

価額決定請求に係る裁判は，更生裁判所が管轄する（会更105条3項）。

(b) 価額決定請求に対する財産評価はどうするのか

価額決定請求があった場合には，更生裁判所は，これを不適法として却下する場合を除き，評価人を選任し，財産の評価を命じなければならない（会更106条1項）。更生裁判所は，評価人の評価に基づき，決定で，当該決定の時における財産の価額を定めなければならない（会更106条2項）。

価額決定の請求についての決定に際し，その評価は，財産を処分するものとしてしなければならない。評価人は，財産が不動産である場合には，その評価をするに際し，当該不動産の所在する場所の環境，その種類，規模，構造等に応じ，取引事例比較法，収益還元法，原価法その他の評価の方法を適切に用いなければならない（会更規27条，民再規79条1項・2項）。民事執行規則の評価書に関する規定（民執規30条1項）は，会社更生手続における不動産評

価の場合に準用される（会更規27条，民再規79条3項）。

　(c)　**担保権者や事件が複数の場合をどう取り扱うか**

　同一財産の価額は合一的に確定させることが必要であることから，被申立担保権者が数人ある場合には，財産価額決定は，被申立担保権者の全員につき価額決定請求期間が経過した後にしなければならない。この場合，数個の価額決定の請求事件が同時に係属するときは，事件を併合して裁判しなければならない（会更106条3項）。

　(d)　**価額決定の効力の及ぶ範囲はどうか**

　財産価額の決定は，価額決定の請求をしなかった被申立担保権者に対しても，その効力を有する（会更106条4項）。同一財産の価額は合一的に確定させることが必要だからである。

　(e)　**不服申立ては可能か**

　価額決定の請求についての決定に対しては，更生管財人及び被申立担保権者は，即時抗告をすることができる（会更106条5項）。即時抗告期間は，価額決定の送達を受けた時から1週間である。

Ⅲ　担保権消滅訴訟について実務はどう取り扱っているか

1．破産手続における担保権消滅の裁判（決定）の実務

　担保権消滅許可の申立てについての裁判又は即時抗告についての裁判があった場合，その裁判書は当事者に送達しなければならず，この場合には代用公告は許されない（破189条5項）。

2．民事再生手続における担保権消滅の裁判（決定）の実務

　価額決定の請求についての決定又は即時抗告についての裁判があった場合には，その裁判書を再生債務者等及び担保権者に送達しなければならず，代用公告は認められない（民再150条6項）。

　価額決定の請求に係る手続に要した費用は，決定により定められた価額が，申出額を超える場合には再生債務者の負担とし，申出額を超えない場合

には価額決定の請求をした者の負担とする。ただし，申出額を超える額が当該費用の額に満たないときは，当該費用のうち，その超える額に相当する部分は再生債務者の負担とし，その余の部分は価額決定の請求をした者の負担とする（民再151条1項）。

即時抗告に係る手続に要した費用は，当該即時抗告をした者の負担とする（民再151条2項）。

3．会社更生手続における担保権消滅の裁判（決定）の実務

(1) 担保権消滅許可の決定とこれに対する即時抗告

担保権消滅許可の決定があった場合には，その裁判書を，申立書とともに，当該申立書に記載された消滅すべき担保権を有する者（被申立担保権者）に送達しなければならず，この送達は，公告をもって代えることはできない（会更104条4項）。

即時抗告の裁判があった場合には，その裁判書を被申立担保権者に送達しなければならず，代用公告は認められない（会更104条6項）。

(2) 価額決定請求に係る裁判とこれに対する即時抗告

価額決定の請求をした者は，更生管財人に対して，その旨を告知しなければならない。また，数人の被申立担保権者がある場合には，裁判所書記官は，価額決定の請求があった旨をすべての被申立担保権者に通知する（会更規27条，民再規77条）。

価額決定請求をする者は，その請求に係る手続の費用として更生裁判所の定める金額を予納しなければならない（会更105条4項）。その予納がないときは，更生裁判所は，価額決定の請求を却下しなければならない（会更105条5項）。

また，価額決定の請求書には，担保権消滅許可決定書及びその申立書の写しを添付しなければならない（会更規27条，民再規75条2項）。

価額決定の請求についての決定又は即時抗告についての裁判があった場合には，その裁判書を更生管財人及び被申立担保権者に送達しなければならず，代用公告は，認められない（会更106条6項）。

価額決定の請求に係る手続に要した費用は，財産の価額決定により定められた価額が，申出額を超える場合には更生会社の負担とし，申出額を超えない場合には価額決定の請求をした者の負担とする。ただし，申出額を超える額が当該費用の額に満たないときは，当該費用のうち，その超える額に相当する部分は更生会社の負担とし，その余の部分は価額決定の請求をした者の負担とする（会更107条1項，民事再生とほぼ同じ）。

　即時抗告に係る手続に要した費用は，当該即時抗告をした者の負担とする（会更107条2項）。

　更生管財人が前述の請求に係る必要な金銭を裁判所に納付しない場合には，価額決定請求手続費用及び即時抗告手続費用は，更生会社の負担となり，この場合，更生会社に対する費用請求権は，共益債権となる（会更107条4項）。

IV　担保権消滅訴訟について注意しておくのはどのような点か

1．破産における担保権消滅訴訟の注意点

　破産財団への組入金を考慮しても破産債権者に配当できない場合にも「破産債権者の一般の利益に適合するとき」の要件を満たすかについては，破産債権者に配当できないということだけで担保権消滅許可の申立てを不適法とすることはできない。組入金により破産財団が増殖すること，売却による別除権不足額が減少すること，任意売却後の固定資産税の支払が免れられるといったこと等から破産債権者の一般の利益に適合すると考えられるからである。

2．民事再生における担保権消滅訴訟の注意点

　民事再生上の担保権消滅許可は，当該財産が「再生債務者の事業の継続に欠くことのできないものであるとき」に限って，申立てが認められている。

3．会社更生における担保権消滅訴訟の注意点

　前述したように，会社更生手続上の担保権消滅許可の決定は，更生計画案を決議に付する旨の決定があった後は，することができない（会更104条2項）。

　更生管財人は，更生債権者等と和解をすることにより，更生債権等を弁済することができる。もっとも，債権者平等の原則を骨抜きにするようなことはできないから，この原則を実質的に破るものでないような条件となっているか，会社更生法47条2項若しくは5項，47条の2，48条等の要請を実質的に満たしているといえる必要がある。

〔甲良　充一郎〕

34 担保権消滅の効果

I 担保権消滅の効果について学ぶのはどうしてか

　担保権消滅は，各倒産法制の中で意味を持っている制度であるが，どのような効果を有するかが分からないと，何のためにこの制度を利用するのか，どういう場面で使えるのかがよく分からないということになってしまいかねない。

II 担保権消滅の効果について問題となるのは どのような点か

1．破産手続における担保権消滅の効果についての問題点

(1)　担保権消滅許可の決定が確定した場合に，売却の相手方はどうすべきか
　担保権消滅許可の決定が確定したときは，当該許可に係る売却の相手方は，①買受けの申出がされなかった場合には，破産管財人が売却によって相手方から取得することができる金銭の一部を破産財団に組み入れようとする場合における売得金の額から組入金の額を控除した額を，②買受けの申出があった場合には，売得金の額から買受人が提供した保証の額を控除した額を，裁判所の定める期限までに，裁判所に納付しなければならない（破190条1項）。
　金銭の納付がなかったときは，裁判所は，担保権消滅許可の決定を取り消さなければならない（破190条6項）。この場合，買受人は，提供していた保証の返還を請求することができない（破190条7項）。

(2) 金銭の納付があった場合，それはどのように分配されるのか，その方法はどのようなものか

　裁判所は，金銭の納付があった場合には，当該金銭の被申立担保権者に対する配当に係る配当表に基づいて，その配当を実施しなければならない（破191条1項）。

　被申立担保権者が1人である場合又は被申立担保権者が2人以上であって納付金で各被申立担保権者の有する担保権によって担保される債権を弁済することができる場合，裁判所は，当該金銭の交付計算書を作成して，被申立担保権者に弁済金を交付し，剰余金を破産管財人に交付する（破191条2項）。

(3) 商事留置権消滅許可の効果

　裁判所の商事留置権消滅許可があった場合における弁済額が当該財産の価額を満たすときは，当該弁済の時又は同項の規定による請求の時のいずれか遅い時に，同項の留置権は消滅する（破192条4項）。

2．民事再生手続における担保権消滅の効果についての問題点

(1) 担保権消滅許可の決定が確定した場合に，どういう効果が生ずるか

　(a) 根抵当権の元本確定

　担保権が根抵当権である場合には，根抵当権者が裁判書及び申立書の送達を受けた時から2週間を経過したとき，根抵当権の担保すべき元本は確定する（民再148条6項）。

　(b) 金銭の納付

　再生債務者等は，請求期間内に価額決定の請求がなかったとき，又は価額決定の請求のすべてが取り下げられ，若しくは却下されたときは申出額に相当する金銭を，民事再生法150条2項の決定が確定したときは当該決定により定められた価額に相当する金銭を，裁判所の定める期限までに裁判所に納付しなければならない（民再152条1項）。

　納付期限は，①民事再生法150条3項の財産の価額の決定に規定する請求期間内に，価額決定の請求がなかったとき，又は価額決定の請求のすべてが取り下げられ，若しくは却下されたときは，請求期間を経過した日，②①の

請求期間が経過した後に，価額決定の請求のすべてが取り下げられ，又は却下されたときは，価額決定の請求のすべてが取り下げられ，又は却下されたこととなった日，③同法150条2項の決定が確定したときは，当該確定した日から，それぞれ1か月以内の日としなければならない（民再規81条1項）。

担保権者の有する担保権は，これらの金銭納付があった時に消滅する（民再152条2項）。

再生債務者等が民事再生法152条1項の規定による金銭の納付をしないときは，裁判所は，担保権消滅の許可を取り消さなければならない（民再152条4項）。

(2) 金銭の納付があった場合，それはどのように分配されるのか，その方法はどのようなものか

裁判所は，価額に相当する金銭の納付があった場合には，担保権者が1人である場合又は担保権者が2人以上であって納付された金銭で各担保権者の有する担保権の被担保債権及び再生債務者の負担すべき費用を弁済することができる場合には，弁済金交付手続によるが，それ以外の場合には，配当表に基づいて，担保権者に対する配当を実施しなければならない（民再153条1項・2項）。

配当，弁済金交付手続については民事執行法の規定が準用をされる（民再153条3項）。

3．会社更生手続における担保権消滅の効果についての問題点

(1) 担保権消滅許可の決定が確定した場合に，売却の相手方はどうすべきか

更生管財人は，①請求期間内に価額決定の請求がなかったとき，又は価額決定の請求のすべてが取り下げられ，若しくは却下されたときは，申出額に相当する金銭を，②価額決定が確定したときは当該価額決定により定められた価額に相当する金銭を，裁判所の定める期限までに裁判所に納付しなければならない（会更108条1項）。

裁判所は，納付期限については，それが到来するまでは変更することができる（会更108条2項）。

被申立担保権者の有する担保権は，裁判所に対する納付金又は差引納付（会更112条）があったときに消滅する（会更108条3項）。

更生管財人が裁判所に対する納付金又は差引納付をしないとき，又は更生管財人がこれらの規定による金銭の納付をする前に更生計画認可の決定があったときは，裁判所は，担保権消滅許可の決定を取り消さなければならない（会更108条5項）。

裁判所は，更生計画認可の決定があったときは，更生管財人（会社更生法72条4項前段の規定により更生会社の機関がその権限を回復した場合は，更生会社）に対して，会社更生法108条1項の規定により納付された金銭に相当する額（会社更生法111条6項の規定による金銭の交付があったときは，当該交付に係る額を控除した額）又は差引納付により納付された金銭に相当する額の金銭を交付しなければならない（会更109条）。

(2) **金銭の納付があった場合，それはどのように分配されるのか，その方法はどのようなものか**

裁判所は，更生計画認可の決定前に更生手続が終了したときは，納付された金銭について，配当表に基づいて，被申立担保権者に対する配当を実施しなければならない（会更110条1項）。

被申立担保権者が1人である場合又は被申立担保権者が2人以上であって納付された金銭で各被申立担保権者の有する担保権によって担保される債権及び更生会社の負担すべき費用を弁済することができる場合には，裁判所は，被申立担保権者に弁済金を交付し，剰余金を更生会社に交付する（会更110条2項）。

配当，弁済金交付手続については，民事執行法の規定が準用される（会更110条3項）。

裁判所は，更生計画認可の決定の前において，①会社更生法110条の規定により被申立担保権者に配当（弁済金交付を含む）をすべきこととなる可能性のある金額，これを「配当等見込額」というが，これを会社更生法108条1項の規定により納付される金銭に相当する金額から控除しても，剰余がある場合には当該剰余金額を，②すべての被申立担保権者が会社更生法108条1

項の規定により納付される金銭に相当する金額の全部又は一部を更生管財人に交付することに同意している場合には当該同意のある金額を，更生管財人の申立てにより，更生管財人に交付する旨の決定をすることができる（会更111条1項）。

前記の配当等見込額は，次に掲げる金額の合計額とする（会更111条2項）。
① 各被申立担保権者が届け出た更生債権等（確定したものを除く）についての届出額のうち，次のイ，ロのいずれにも該当するもの
　イ　当該届出の内容によれば各被申立担保権者の有する担保権の被担保債権（利息又は不履行による損害賠償若しくは違約金に係る被担保債権にあっては，更生手続開始後2年を経過するまでに生ずるものに限る）となるもの
　ロ　イの担保権によって担保された範囲のもの
② 各被申立担保権者が届け出た更生債権等であって確定したものについての確定額のうち，次のイ，ロのいずれにも該当するもの
　イ　確定した更生債権等の内容によれば各被申立担保権者の有する担保権の被担保債権となるもの
　ロ　イの担保権によって担保された範囲のもの
③ 会社更生法105条4項の規定により予納された額

裁判所は，会社更生法138条1項に規定する債権届出期間が経過し，かつ，会社更生法108条1項各号に掲げる場合のいずれにも該当するに至った後でなければ，更生管財人に剰余金等を交付する決定をすることができない（会更111条3項）。

会社更生法111条1項の申立てについての裁判に対しては，更生管財人及び被申立担保権者は，即時抗告をすることができる（会更111条4項）。

剰余金交付決定の申立て又は即時抗告についての裁判があった場合は，その裁判書を更生管財人及び被申立担保権者に送達しなければならず，代用公告は認められない（会更111条5項）。

裁判所は，剰余金等の交付決定が確定したときは，差引納付による金銭の納付がされた場合を除き，当該決定において定める金額に相当する金銭を更生管財人（更生会社の機関がその権限を回復した場合は，更生会社）に交付しなければならない（会更111条6項）。

更生担保権に係る質権の目的である金銭債権の債務者は，当該金銭債権の全額に相当する金銭を供託して，その債務を免れることができる（会更113条1項）。

この供託がされたときは，質権を有していた更生担保権者は，供託金につき質権者と同一の権利を有する（会更113条2項）。

Ⅲ　担保権消滅の効果について実務はどう取り扱っているか

1．破産手続における担保権消滅の効果の実務

買受けの申出がなされた場合で，担保権消滅許可決定の確定後，買受人から金銭の納付がされたときは，破産法188条5項の規定により買受人から提供された保証の額に相当する金銭を直ちに裁判所に納付する（破190条3項）。

2．民事再生手続における担保権消滅の効果の実務

再生債務者等が納付期限内に金銭を納付したときは，そのときに担保権は消滅する。この場合には，裁判所書記官は，消滅した担保権に係る登記又は登録の抹消を嘱託しなければならない（民再152条2項・3項）。

3．会社更生手続における担保権消滅の効果の実務

会社更生手続における担保権消滅請求の申立ては，少ない。事業譲渡又は売却の対象となる不動産に係る担保権の変換につき，管財人と更生担保権者との間の交渉がまとまらない場合に管財人が申し立てた事例がある。

Ⅳ　担保権消滅の効果について注意しておくのは どのような点か

1．破産における担保権消滅の効果につき注意しておく必要があるのは，どのような点か

　担保権消滅許可の決定が確定したときは，任意売却の相手方又は買受人は，決められた額の金銭を裁判所の定める期限までに裁判所に納付しなければならないから，あらかじめ納付する資金の調達の目処を立てておくことが求められる。

2．民事再生における担保権消滅の効果につき注意しておく必要があるのは，どのような点か

　再生債務者等が民事再生法152条１項の規定による金銭の納付をしないときは，裁判所は，担保権消滅の許可を取り消さなければならない（民再152条4項）。こうした制約があることから，担保権消滅許可制度の利用が可能な場面は，目的財産の価額に相当する金銭の余剰がある場合に限られるところ，実際上は，再生債務者にこのような余剰財産がある場合は稀であって，他から資金援助を受けられるような場合以外は，この制度を利用することはできず，むしろ，この制度を背景として，担保権者との合意，交渉を行う形で機能するという方が大きいと指摘されている。

　価額決定が確定したときは，納付期限が当該決定が確定した日から１か月以内に限られていることから，再生債務者はあらかじめ納付する資金の調達の目処を立てておくことが求められる。

3．会社更生における担保権消滅の効果につき注意しておく必要があるのは，どのような点か

　会社更生手続においては，担保権者が別除権を有するわけではないので，破産手続や民事再生手続とは異なり，売却代金が即時に配当又は弁済に充て

られるわけではない。納付された金銭は，裁判所が留め置き，更生計画認可決定があってから，更生管財人に交付されることになる（会更109条）。

　以上に関し，担保権消滅制度の比較としては，山本和彦＝中西正＝笠井正俊＝沖野眞已＝水元宏典『倒産法概説（第2版）』157頁以下（弘文堂，2010）の表を参照されたい。

〔甲良　充一郎〕

【参考文献】
○島岡大雄＝住友隆行＝岡伸浩＝小畑英一編『倒産と訴訟』（商事法務，2013）「再生手続における担保権の実行手続の中止命令，担保権消滅許可請求，価額決定請求」384頁〔池上哲朗〕，「担保権を巡る訴訟」544頁〔笠井正俊〕
○園尾隆司＝山本和彦＝中島肇＝池田靖編『最新実務解説一問一答民事再生法』524頁〔髙山崇彦〕（青林書院，2011）
○鹿子木康編『裁判実務シリーズ(4)民事再生の手引』243頁〔中村悟〕（商事法務，2012）
○西岡清一郎＝鹿子木康＝桝谷雄一編，東京地裁会社更生実務研究会著『会社更生の実務(下)』51頁〔村松忠司〕（きんざい，2005）
○東京地裁会社更生実務研究会編『最新実務会社更生』（きんざい，2011）
○山本和彦＝中西正＝笠井正俊＝沖野眞已＝水元宏典『倒産法概説（第2版）』（弘文堂，2010）
○伊藤眞『破産法・民事再生法（第3版）』（有斐閣，2014）
○伊藤眞『会社更生法』（有斐閣，2012）
○法曹会編『例題解説新破産法』（法曹会，2009）
○法曹会編『例題解説民事再生法』（法曹会，2013）
○金法1957号12頁
○金法1971号23頁〜26頁
○才口千晴＝伊藤眞監修・全国倒産処理弁護士ネットワーク編『新注釈民事再生法(上)（第2版）』843〜883頁〔木内道祥〕（きんざい，2010）
○竹下守夫編集代表・上原敏夫＝園尾隆司＝深山卓也＝小川秀樹＝多比羅誠編『大

コンメンタール破産法』754〜832頁〔沖野眞已〕（青林書院，2007）
○井窪保彦＝植竹勝「別除権(Ⅲ)」園尾隆司＝西謙二＝中島肇＝中山孝雄＝田比羅誠編『新・裁判実務大系第28巻新版破産法』543頁（青林書院，2007）
○山本和彦「担保権の消滅請求」門口正人＝西岡清一郎＝大竹たかし編『新・裁判実務大系第21巻会社更生法・民事再生法』165頁（青林書院，2004）
○佐藤鉄男＝松村正哲編『担保権消滅請求の理論と実務』（民事法研究会，2014）
○伊藤眞＝西岡清一郎＝桃尾重明編『新しい会社更生法──モデル事例から学ぶ運用上の論点』187頁〔松下淳一〕（有斐閣，2004）
○東京地裁破産再生実務研究会編著『破産・民事再生の実務（第3版）破産編』201頁（きんざい，2014）
○東京地裁破産再生実務研究会編著『破産・民事再生の実務（第3版）民事再生・個人再生編』172頁（きんざい，2014）

第10章

配当手続関係

35 ● 配当手続の意義
36 ● 配当異議訴訟
37 ● 配当異議の効果
38 ● 不当利得訴訟

35 配当手続の意義

I 配当手続について学ぶのはどうしてか

　配当は，倒産手続の中で，債務者の総財産を金銭化し，同じく金銭化された総債務を弁済することを目的とする清算型手続である破産手続独自のものであって，民事再生手続や会社更生手続という収益を生み出す基礎となる債務者の財産を一体として維持し，債務者自身又はそれに代わる第三者がその財産を基礎として経済活動を継続し，収益を上げる手続である再建型倒産手続にはない手続である。さらに，配当の実施は，破産手続の目標であるとともに，破産債権者の最大の関心事であり，破産手続に対する信頼を維持するためには，適正な実施が求められるとともに，可能な限り高い配当率と早期の配当が求められるところである。

　以上のような配当手続の意義は，破産手続を学ぶ上では，理解すべき問題であるといえる。

II 配当手続について問題となるのはどのような点か

　配当とは，破産管財人が破産財団に属する財産を換価して得た金銭を法定手続によって各届出破産債権者に，その債権の順位，額に応じ，平等の割合をもって弁済する手続をいう。

　破産法には，5つの配当手続が定められており，配当の時期を基準として，破産財団に属する財産の換価終了前に行われる中間配当（破209条），換価終了後に行われる最後配当（破195条），最後配当の配当額の通知後に行われる追加配当（破215条）が定められるとともに，配当の方法として最後配当に代わるものとして，簡易配当（破204条）及び同意配当（破208条）が定めら

れている。

　中間配当とは，一般調査期間の経過後又は一般調査期日の終了後であって破産財団に属する財産の換価の終了前において，配当をするのに適当な破産財団に属する金銭があると認めるときに最後配当に先立って行う配当手続をいう。

　最後配当とは，破産法上の配当手続の原則型といえ，債権調査及び破産財団に属する財産の換価終了後に，破産手続の終結のために破産財団全部について行われる配当手続をいい，配当公告を行う場合と公告に代えて届出債権者への配当通知を行う場合に分けられる。

　追加配当とは，破産管財人が最後配当に係る配当額を最後配当の手続に参加することができる破産債権者に通知した後（簡易配当の場合は配当表に対する異議申立期間を経過した後，同意配当の場合は裁判所が同意配当の許可をした後），新たに配当に当てることができる相当の財産があることが確認されたときに，裁判所の許可を得て行われる配当手続である（なお，破産手続終結後に発見された財産については，破産管財人において，当該財産をもって追加配当の対象とすることを予定し，又は予定すべき特段の事情がない限り含まれないこととなる）。→【判例①】参照

　簡易配当とは，最後配当に代わる簡易かつ迅速な配当手続であり，最後配当と比べ，除斥期間（破198条1項参照）が短縮され，配当公告が採用されず，配当表に対する異議手続における即時抗告が認められず，異議手続終了後の配当額の再度の通知が省略されている（破205条）。

　同意配当は，最後配当に代わるものであり，破産管財人が定めた配当表等について届出破産債権者の同意を得て，配当公告及び通知が省略され，配当異議手続も実施されないので，簡易配当よりさらに簡略化されたものである。

　そこで，実務上，上記5つの配当手続がどのような場合に実施されているのか検討することとする。

Ⅲ　配当手続について実務はどう取り扱っているか

　では，実務上，配当手続をどのような基準で振り分けているのであろうか。この点，実務上全国的に統一されて配当手続が行われているわけではなく，破産手続を行う各裁判所はそれぞれの基準によって行っていると思われる。そこで，公刊物上明らかにされている実務上での配当手続の振り分けについて紹介する（東京地裁破産再生実務研究会編著『破産・民事再生の実務（第3版）破産編』486頁以下（きんざい））とともに，各配当手続の具体的手続について言及する。

1．中間配当

　中間配当が行われる場合は，財団の規模が大きく，最後配当に先立って配当するのに適当な財団が形成され，かつ，その後の換価業務が続き，終結まで一定程度の期間が見込まれるような例外的な場合であるとされている。

　具体的には，次の点以外については，後記3記載の最後配当と同様に行われている。中間配当において，最後配当と異なる点とは，①中間配当の許可は裁判所が行うこと（破209条2項），②配当額は寄託される（破214条），③配当率の通知（破211条）である。

2．追加配当

　追加配当が行われる場合は，最後配当の配当額通知後，簡易配当の配当表に対する異議申立期間経過後，又は同意配当の許可後に，新たに配当に当てることができる相当の財産が確認された場合であるとされている。

　具体的には，破産管財人は，裁判所の許可を受け，最後配当，簡易配当又は同意配当について作成した配当表に基づき遅滞なく追加配当の手続に参加することができる破産債権者に対する配当額を決め，当該債権者にこれを通知して，配当を実施する（破215条）。その後，裁判所に書面による計算の報告を行う。

3．最後配当

　配当可能金額が1000万円以上の場合には，およそ債権者から簡易配当に対する異議が述べられないことが明らかであると破産管財人が判断して例外的に簡易配当（破204条1項3号）を行う以外は，原則として最後配当を行うとされている。そして，配当の通知を原則とし，債権者が多数である場合には配当公告を行っているとされている。

　具体的には，次の手続とされている。債権調査が終了し，換価未了財産がなく，財団債権の処理をしている場合，破産管財人は，債権者集会で事前に裁判所から内定された報酬額及び配当予定金額を収支計算書に記入し，最後配当予定であることを報告するとともに，債権調査期日において債権認否一覧表に基づき債権調査結果を報告し，債権調査を終了する。その後，破産管財人は，裁判所書記官に対して最後配当許可申立書及び配当表を提出する。その後，破産管財人は，配当許可に基づいて届出債権者に対し配当見込額等を通知又は公告し，除斥期間及び配当表に関する異議申立期間経過後遅滞なく配当額を定めて，直ちに通知書により通知し（破201条7項），配当を実施して，任務終了計算報告を債権者集会で行う。

4．簡易配当

　配当可能金額が1000万円未満のときは簡易配当を行うとされている（ただし，中間配当を行った場合には，配当可能金額が1000万円未満であっても，最後配当を行わなければならない（破207条））。裁判所が破産手続開始の決定時に，債権者に対して簡易配当に対する異議があれば一般債権調査期日の終了時までに異議を述べるべき旨の公告及び通知をし，異議がなかった場合（破204条1項2号）は，東京地方裁判所では，全件行うと上記公告及び通知により，債権者にとって無用な混乱を招き，大量の事件の中から選別して行うと，破産手続開始が遅延するため，利用されていないようである。

　また，裁判所書記官が相当と認め，後に債権者が異議を述べる機会を保障する場合（破204条1項3号・206条）は，上記のとおり，債権者が多数でなく，破産管財人が債権調査ですべての届出債権を認めて確定し，かつ，破産管財

人の換価の内容について特段異議が述べられていない場合など，およそ債権者から簡易配当に対する異議が述べられないことが明らかであると破産管財人が判断した場合に例外的に行われているようである。

具体的には，次の手続とされている。破産管財人は，債権者集会で事前に裁判所から内定された報酬額及び簡易配当予定金額を収支計算書に記入し，簡易配当予定であることを報告するとともに，債権調査期日において債権認否一覧表に基づき債権調査結果を報告し，債権調査を終了する。その後，破産管財人は，裁判所書記官に対して簡易配当許可申立書及び配当表を提出する。その後，破産管財人は，配当許可に基づいて届出債権者に対し配当見込額等を通知し，除斥期間及び配当表に関する異議申立期間経過後に配当を実施し，任務終了計算報告を債権者集会で行う。

5．同意配当

配当可能金額にかかわらず，届出破産債権者の全員が破産管財人が定めた配当表，配当額並びに配当の時期及び方法に同意した場合には，同意配当を行うことがあるとされている。ただし，東京地方裁判所では，同意配当が可能な場合であっても，ほぼ全件について簡易配当の方法によっている。

具体的には，一般調査期間経過後又は一般調査期日経過後，破産財団に属する財産の換価が終了したとき，破産管財人が配当表，配当額並びに配当の時期及び方法を定めて届出破産債権者全員から同意を得て，裁判所書記官に同意配当許可申立書を提出し，当該許可を受け（破208条1項），あらかじめ定めた配当表，配当額並びに配当の時期及び方法に従って配当を実施する（同条2項）。

IV 配当手続について注意しておくのはどのような点か

まず注意すべき点は，上記5つの配当手続を理解することにある。そして，上記各配当手続の内容及び上記IIIで記載した配当手続の振分け基準を参考にし，当該破産事件が継続している破産裁判所がどのような基準による配当手続の振分けを行うのか把握することが重要であり，その上で，破産管財

人ないし破産債権者等のそれぞれの立場から配当手続に臨むことが求められると思われる。

〔蛭川　明彦〕

参照判例

【判例①】
　最二小判平5・6・25民集47巻6号4557頁は、破産手続終結後における破産者の財産に関する訴訟における破産管財人の被告適格が問題となった事案で、破産手続が終結した場合には、原則として破産者の財産に対する破産管財人の管理処分権限は消滅するところ、破産管財人において、当該財産をもって追加配当の対象とすることを予定し、又は予定すべき特段の事情があるときには、破産管財人の任務は未だ終了していないので、当該財産に対する管理処分権限も消滅しないというべきであるが、上記特段の事情がない限り、破産管財人の任務は終了し、破産者の財産に対する破産管財人の管理処分権限も消滅すると解すべきであるとし、上記特段の事情がない限り、破産管財人は被告適格を有しないとする。

36 配当異議訴訟

I 配当異議訴訟について学ぶのはどうしてか

　民事再生手続や会社更生手続という再建型倒産手続にはない債務者の総財産を金銭化し，同じく金銭化された総債務を弁済することを目的とする清算型手続である破産手続において独自のものである配当の実施は，破産手続の目標であるとともに，破産債権者の最大の関心事であり，破産手続に対する信頼を維持するためには，適正な実施が求められるとともに，可能な限り高い配当率と早期の配当が求められるところである。そのような配当に対する不服申立手続である配当異議訴訟は，破産手続上，重要な手続であって，破産手続を学ぶ上で理解すべきものといえる。

II 配当異議訴訟について問題となるのはどのような点か

　配当異議訴訟とは，破産法上定められているのは配当表に対する異議であり（具体的事例については，→判例【①②】参照），同法200条において定められている（最後配当についての規定であり，簡易配当については破産法205条で，中間配当については破産法209条3項でそれぞれ破産法200条を準用している）ところ，実務上，その裁判の効果を除いて（次項目37「配当異議の効果」で検討する），次のような問題がある。

1．異議申立権者

　異議申立権者はいかなる範囲の者か。異議申立権者と認められるには，どのような要件が必要であるかが問題となる。

2．異議申立ての内容

異議申立ての内容は，どのような内容であることを要するか。具体的にはどのような内容の異議申立てが可能であるかが問題となる。

3．異議の手続

具体的な異議の手続はどのようなものか。配当異議訴訟の裁判に対する不服申立てが可能であるか，その不服申立権者はいかなる範囲のものか等が問題となる。

Ⅲ　配当異議訴訟について実務はどう取り扱っているか

1．異議申立権者

破産法200条は，配当表に対する異議を申し立てることができる者として，「届出をした破産債権者」と定めており，財団債権者や破産者は含まれない。そして，債権届けをしている破産債権者であればよく，債権の調査手続を経ていることや破産債権者の異議等がないことは要求されていない。旧破産法264条においては，単に「債権者」と定めていたが，通説も同様に債権届出をした破産債権者と解しており，改正に当たり，その旨を明確に定めたものである。

では，単に届出をした破産債権者であれば，いかなる場合でも配当表に異議を申し立てることができるのか。この点，異議申立権者は，配当表の記載について法律上の利害関係を有することを要するとされている。例えば，優先破産債権を有する者は，一般の破産債権に関する配当表の記載について異議を申し立てることはできない（松岡義正『破産法論上巻（手続規定）』919頁（巌松堂），小野木常『破産法概論』156頁（酒井書店），竹下守夫ほか編『大コンメンタール破産法』858頁〔舘内比佐志〕（青林書院））。

2．異議申立ての内容

異議申立ては，配当表（配当表の更正後のものを含む）の記載に関するものであることを要するとされている。例えば，①異議申立人の債権が配当表に記載されていなかったこと，②配当に加えることができない債権が配当表に記載されていたこと，③債権の額及び順位に誤りがあること，④破産法199条の更正事由があるのに更正されておらず，又は，更正事由がないのに更正されていることなどである。債権の確定の効力や既に確定した債権の内容は，配当表に対する異議申立ての内容とはならないとされている（斎藤秀夫ほか編『注解破産法(下)（第3版）』582頁〔高橋慶介〕（青林書院），伊藤眞『破産法・民事再生法（第2版）』514頁（有斐閣），伊藤眞ほか『条解破産法』1290頁（弘文堂））。いったん確定した債権について，その後に保証人又は第三者の弁済があったために消滅したとしても，破産債権者において届出を取り下げない限り，破産管財人はこれを削除できず，請求異議の訴え（民執35条）を提起して，その勝訴判決の確定を待って配当より除くしかない（松岡・前掲921頁，高橋・前掲582頁，前掲条解破産法1290頁）。破産管財人としては，配当金の支払を留保し，破産債権者に対し届出の取下げを要請することが通常であろう（園尾隆司ほか編『新・裁判実務大系28巻新版破産法』445頁〔松井洋〕（青林書院））。

3．異議の手続

　配当表に対する異議は，配当を受ける権利を迅速に確定するため，通常訴訟によらず，破産裁判所に対する申立てにより，決定手続によって裁判されることとした。

　配当に関する異議申立ては，書面によらなければならず（破規1条1項），申立書には異議の趣旨及び申立てを理由づける具体的な事実等を記載し（破規2条1項・2項），証拠書類を添付することを要求している（同条3項）。

　異議申立期間は，除斥期間（破198条1項参照）の経過から1週間とされ，裁判所書記官は，異議申立てがあった場合には，破産管財人が異議申立てを知らずに配当を実施することを防止するため，遅滞なく破産管財人に対し，その旨を通知することとしている（破規65条）。

　破産裁判所は，配当表に対する異議申立てについて，任意的口頭弁論・職権調査による審理を行い（破8条），当該異議申立てに理由があると認めれ

ば，破産管財人に対し，配当表の更正を命じなければならない（破200条2項）。そして，異議申立てに理由がなく，却下した場合にその裁判書を当事者に送達しなければならない（破200条4項）のと異なり，上記更正決定については送達を要せず，更正された配当表が閲覧に供されることとなる（破11条1項）。このことは，更正決定が多数の破産債権者の利害に関するものであることから，即時抗告期間の起算点を統一するとともに，送達に要する費用を節約するための措置といわれている（加藤正治『新訂増補　破産法要論』389頁（有斐閣），舘内・前掲859頁）。

　配当表に対する異議の申立てについての裁判については，即時抗告をすることができる（破200条3項）。即時抗告権者は，上記申立てについての却下決定については異議申立人，更正決定については破産管財人及び更正決定につき利害関係を有する届出破産債権者と解されている（中野貞一郎ほか編『破産法（第2版）』（基本法コンメンタール）295頁〔小島浩〕（日本評論社），舘内・前掲859頁）。なお，却下決定についての即時抗告期間は当事者に対する裁判書の送達時から，更正決定についての即時抗告期間は裁判書が閲覧可能な状態になったときから，それぞれ起算して1週間である（破200条3項・13条，民訴332条）。

IV　配当異議訴訟について注意しておくのはどのような点か

　配当異議訴訟について実務的な見地から注意しておくべき点は，次の点である。

　異議申立権者について注意すべき点は，配当表の記載について法律上の利害関係を有することを要するとされている点である。配当表に対する異議を申し立てるに当たっては，上記の点について注意を要する。

　次に，異議申立ての内容について注意すべき点は，債権の確定の効力や既に確定した債権の内容は，配当表に対する異議申立ての内容とはならないとされている点である。異議申立人のみならず，破産管財人も，この点には注意し，上記IIIに記載したような対応をすることが求められる。

　最後に，異議の手続については，有効かつ適切な異議申立てないし即時抗

告を行うに当たって，異議申立ての具体的方法，異議申立期間及び即時抗告期間について注意を要する。

〔蛭川　明彦〕

参照判例

【判例①】
　最二小決平12・4・28裁判集民事198号193頁は，配当表に対する異議申立却下決定に対する抗告審の取消決定に対する許可抗告事件であり，破産財団から放棄された財産を目的とする別除権につき放棄の意思表示をすべき相手方が問題となり，破産者が株式会社である場合を含め，破産財団から放棄された財産を目的とする別除権につき別除権者がその放棄の意思表示をすべき相手方は，破産者であるとしている。

【判例②】
　最二小決平16・10・1裁判集民事215号199頁は，配当表に対する異議申立却下決定に対する抗告審の取消決定に対する許可抗告事件であり，破産者が株式会社である場合において破産財団から放棄された財産を目的とする別除権につき破産者の破産宣告当時の代表取締役に対してした別除権放棄の意思表示の効力が問題となり，破産者が株式会社である場合において，破産財団から放棄された財産を目的とする別除権につき，別除権が破産者の破産宣告当時の代表取締役に対してした別除権放棄の意思表示は，これを有効と見るべき特段の事情の存しない限り，無効であるとしている。

37 配当異議の効果

I 配当異議の効果について学ぶのはどうしてか

　民事再生手続や会社更生手続という再建型倒産手続にはない債務者の総財産を金銭化し，同じく金銭化された総債務を弁済することを目的とする清算型手続である破産手続において独自のものである配当の実施は，破産手続の目標であるとともに，破産債権者の最大の関心事であり，破産手続に対する信頼を維持するためには，適正な実施が求められるとともに，可能な限り高い配当率と早期の配当が求められるところである。そのような配当に対する不服申立手続である配当異議の効果を学ぶことは，配当異議を理解する上で，必要不可欠といえるであろう。

II 配当異議の効果について問題となるのはどのような点か

　配当表に対する異議についての裁判には，当該異議の申立てに理由があるとして，破産管財人に対し，配当表の更正を命じるものと，当該異議の申立てを却下するものがあるが，それぞれの効果については，配当の実施との関係でどのような効果があるのか問題となる。
　また，配当表に対する異議は，最後配当（破200条），簡易配当（破205条・200条）及び中間配当（破209条3項・200条）において認められるが，それぞれの配当において，各配当表に対する異議の効果はどのようなものとなっているか，配当の実施との関係で問題となってくる。

III 配当異議の効果について実務はどう取り扱っているか

1．最後配当について

(1) 配当表の更正命令

　配当表に対する異議申立てについて，当該異議の申立てに理由があるとして，破産管財人に対し，配当表の更正を命ずる裁判がなされた場合，破産管財人及び更正決定につき利害関係を有する届出破産債権者が，裁判書が閲覧可能な状態になったときから起算して1週間以内に即時抗告を申し立てなければ（項目**36**「配当異議訴訟」III 3参照），破産管財人による配当表の更正によって，配当表が確定し，最後配当の手続に参加することができる破産債権者の範囲や債権額が確定し，破産管財人は，当該破産債権者に対する配当額を定めるとともに，その配当額を同破産債権者に通知し（破201条1項・7項），配当を実施することとなる。

　一方，上記更正決定に対し，即時抗告が申し立てられた場合に，即時抗告についての裁判がなされる前に配当を実施できるかについては，旧破産法下では解釈上論点であったが（伊藤・前掲515頁，高橋・前掲586頁，前掲条解破産法1295頁），法改正に伴い，最後配当に係る破産法201条1項が，配当額を定め，その通知をする時期について，配当表に対する異議申立てがあったときは，「当該異議の申立てに係る手続が終了した後」と，中間配当に係る同法211条が，配当率を定め，その通知をする時期について，配当表に対する異議申立てがあったときは，「当該異議の申立てについての決定があった後」とに書き分けられていることから，最後配当の場合は，配当額の決定と通知を行うには即時抗告についての裁判がなされる必要があるとされたので，即時抗告についての裁判がなされる前に配当を実施することはできない。よって，即時抗告による裁判に基づいて，配当表が確定し，最後配当の手続に参加することができる破産債権者の範囲や債権額が確定し，破産管財人は，当該破産債権者に対する配当額を定めるとともに，その配当額を同破産債権者に通知し，配当を実施することとなる。

(2) 却下決定

　配当表に対する異議申立てについて，当該異議申立てについての却下決定がなされた場合，上記(1)記載の即時抗告期間内に異議申立人が即時抗告を申し立てなければ，配当表が確定し，最後配当の手続に参加することができる破産債権者の範囲や債権額が確定し，破産管財人は，当該破産債権者に対する配当額を定めるとともに，その配当額を同破産債権者に通知し，配当を実施することとなる。

　一方，上記却下決定に対し，即時抗告が申し立てられた場合は，即時抗告についての裁判がなされた後，当該裁判に従って，配当表が確定し，最後配当の手続に参加することができる破産債権者の範囲や債権額が確定し，破産管財人は，当該破産債権者に対する配当額を定めるとともに，その配当額を同破産債権者に通知し，配当を実施することとなる。

2．簡易配当について

(1) 配当表の更正命令

　簡易配当においては，配当表に対する異議申立ては，債権確定手続が別途行われることを前提として，配当表に記載すべき債権を記載しなかったことなどを理由とするものであって，異議の申立てが行われることが少ないこと，その一方で，異議申立てに対する裁判について即時抗告がされた場合には，配当を実施することができず，配当の実施が大幅に遅れることから，配当表に対する異議についての裁判の即時抗告は許されないとされている（破205条，小川秀樹編著『一問一答新しい破産法』293頁（商事法務））。

　よって，配当表に対する異議申立てについて，当該異議の申立てに理由があるとして，破産管財人に対し，配当表の更正を命ずる裁判がなされた場合，破産管財人による配当表の更正によって，配当表が確定し，簡易配当の手続に参加することができる破産債権者の範囲や債権額が確定し，破産管財人は，当該破産債権者に対する配当額を定め，配当を実施することとなる。

(2) 却下決定

　簡易配当においては，上記(1)のとおり，配当表に対する異議申立てについ

ての裁判の即時抗告は許されないので，配当表に対する異議申立てについて却下決定がなされた場合，配当表が確定し，簡易配当の手続に参加することができる破産債権者の範囲や債権額が確定し，破産管財人は，当該破産債権者に対する配当額を定め，配当を実施することとなる。

3．中間配当について

(1) 配当表の更正命令

　配当表に対する異議申立てについて，当該異議の申立てに理由があるとして，破産管財人に対し，配当表の更正を命ずる裁判がなされ，即時抗告がなされない場合は，破産管財人による配当表の更正によって，配当表が確定し，中間配当の手続に参加することができる破産債権者の範囲や債権額が確定し，破産管財人は，当該破産債権者に対する配当率を定めるとともに，その配当率を同破産債権者に通知し（破211条），配当を実施することとなる。

　上記更正決定に対し，即時抗告が申し立てられた場合に，即時抗告についての裁判がなされる前に配当を実施できるかについては，旧破産法下では解釈上論点であったが（伊藤・前掲515頁，高橋・前掲586頁，小島・前掲296頁，前掲条解破産法1295頁），法改正に伴い，配当表に対する異議の申立てが実務上ほとんど見受けられない上に，仮に即時抗告で判断が覆ったとしても，中間配当は最後配当における調整の余地があるので，迅速な配当実施を行うべく，中間配当に係る破産法211条が配当率を定め，その通知をする時期について，配当表に対する異議申立てがあったときは，「当該異議の申立てについての決定があった後」と定めて，中間配当においては，即時抗告がされても，その裁判を待たずに配当率の設定及び通知をして，配当の実施ができる旨明確にされた。よって，即時抗告による裁判を待たずに，破産管財人は，中間配当の手続に参加することができる破産債権者に対する配当率を定めるとともに，その配当率を同破産債権者に通知し，配当を実施することは可能である。しかし，実務的には異議の落着を待つことになると思われる（伊藤・前掲515頁，小島・前掲296頁）。

(2) 却下決定

中間配当においては，上記(1)のとおり，配当表に対する異議申立てについての裁判の即時抗告における裁判を待たずに，配当率を定め，その配当率を中間配当の手続に参加することができる破産債権者に通知し，配当を実施することが可能となり，配当表に対する異議申立てについての却下決定の即時抗告の有無にかかわらず，同却下決定後，破産管財人は，中間配当の手続に参加することができる破産債権者に対する配当率を定めるとともに，その配当率を同破産債権者に通知し，配当を実施することも可能であるが，実務的には異議の落着を待つことになると思われる。

Ⅳ　配当異議の効果について注意しておくのはどのような点か

　配当表に対する異議申立ては，最後配当，簡易配当及び中間配当に認められるが，上記Ⅲのとおり，配当の実施との関係で，各配当における配当表が確定する時期が異なっている点があるので，この点については実務上注意を要すると思われる。

〔蛭川　明彦〕

38 不当利得訴訟

I 不当利得訴訟について学ぶのはどうしてか

　民事再生手続や会社更生手続という再建型倒産手続にはない債務者の総財産を金銭化し，同じく金銭化された総債務を弁済することを目的とする清算型手続である破産手続において独自のものである配当の実施は，破産手続の目標であるとともに，破産債権者の最大の関心事であり，破産手続に対する信頼を維持するためには，適正な実施が求められるとともに，可能な限り高い配当率と早期の配当が求められるところである。そのような配当に対する不服申立手続として配当表に対する異議申立てが定められているところ（破200条），破産債権者が，不当な配当の実施によって損失を被ったとして，当該異議申立てによらずに，不当な配当の実施によって利得した破産債権者を相手に不当利得返還請求権を行使して満足を得ることができるかという点を学ぶことは，破産債権者は配当によって満足を得るという破産手続において，配当及びそれに対する異議申立てを理解する上で，有意義であるといえるであろう。

II 不当利得訴訟について問題となるのはどのような点か

　破産債権者は，破産法に特別の定めがある場合を除いて，破産手続によらなければ，破産債権を行使することができない（破100条1項）とされており，その債権について満足を受けるためには配当によらなければならないとされ，破産債権者は，その配当に不服がある場合には，その配当の基となる配当表について異議申立てを行う（破200条）とされているところ，そもそも，破産債権者は，不当な配当の実施によって損失を被ったとして，当該異議申

立てによらずに，当該不当な配当の実施によって利得した破産債権者を相手に不当利得返還請求権を行使しうるか，行使しうるとして，その行使しうる場合とはいかなる場合か，配当表の確定との関係で問題となる。

Ⅲ　不当利得訴訟について実務はどう取り扱っているか

1．配当表に従って配当が実施された場合

　配当表に対する異議申立期間が経過したとき，又は，配当表に対する異議申立てがあり，当該異議の申立てに係る手続が終了したとき（最後配当の場合については項目**37**「配当異議の効果」Ⅲ1，簡易配当については同Ⅲ2，中間配当の場合については同Ⅲ3を各参照，追加配当及び同意配当については配当表に対する異議申立ては認められていない），配当表が確定し，配当手続に参加することができる破産債権者の範囲や債権の額が確定する。

　そして，債権の確定の効力や既に確定した破産債権の内容は配当表に対する異議申立ての内容とはならないとされている（項目**36**「配当異議訴訟」Ⅲ2参照）。

　以上により，本来配当表に記載され配当を受けるべき破産債権者が，破産管財人の過誤により配当表に記載されなかったとしても，配当表に対する異議申立てをしないで配当表が確定したり，破産債権について，実体法上不存在であったり，優先劣後関係が誤っていたとしても，破産債権の確定手続において争われず確定した場合には，当該確定した破産債権に基づいて配当表が確定する。そして，当該確定した配当表に基づいて配当が実施された場合に，破産債権者は，当該不当な配当の実施によって損失を被ったとして，当該異議申立てによらずに，当該不当な配当によって利得した破産債権者を相手に不当利得返還請求権を行使しうるか問題となる。

　この点，①法律が異議申立期間を設けたのは，配当を受けるべき債権者相互間の関係は，配当表によりこれを決せしめようとしたからであって，もしそうでないとすると，配当表の確定は何ら意義を有しないことになる，②いったん確定した配当表に従って配当を受けたにもかかわらず破産手続終了後

さらに債権者相互間において不当利得返還請求権を認めるときは、実際上配当手続を繰り返すのと同一の結果を生じ際限がなくなる（高橋・前掲584頁）、③破産債権の確定手続を経ており、かつ、最後配当手続の適正な段取りを経ている以上、「法律上の原因がない」とはいえない（前掲条解破産法1251頁・1264頁・1292頁（民事執行手続における配当異議を経ない不当利得返還請求の可否についての参照判例の理由とするところは、破産手続の配当における破産債権者間の関係に基本的に当てはまるとしている））（→【判例①】参照）ことなどを理由に当該不当利得返還請求権は否定されている（伊藤・前掲518頁、前掲基本法コンメンタール300頁〔前田博之〕）。

2．配当表と異なる配当が実施された場合

破産管財人が、確定した配当表に配当に加えるべき破産債権として記載されていたにもかかわらず、当該配当表に準拠しないで配当が実施された場合（配当表に記載された破産債権者を除外して配当を実施したり、配当額を誤って配当を実施した場合等）に、破産債権者は、当該不当な配当の実施によって損失を被ったとして、当該異議申立てによらずに、当該不当な配当の実施によって利得した破産債権者を相手に不当利得返還請求権を行使しうるか問題となる。

この点、①確定した配当表と異なる配当が実施された場合には、配当表に対する異議申立期間内に配当表に誤りがあることを発見することができない（松岡・前掲928頁、高橋・前掲584頁）、②配当表自体に更正すべき事由があったわけではなく、破産管財人の過誤によって配当表記載のとおりの配当が実施されなかったため、（法律上の原因なく）破産債権者間に損失と利得が生じたといえること（前掲条解破産法1291頁）などを理由として、当該不当利得返還請求権を肯定している（前田・前掲300頁、前掲条解破産法1264頁）。

Ⅳ　不当利得訴訟について注意しておくのはどのような点か

これまで検討した不当利得訴訟の可否については、不当とされる実施された配当が、確定した配当表に従っているか否かによるので、この点は、不当

利得訴訟について実務上注意を要すべきものであろう。

　なお，今回検討した不当利得訴訟の可否について判断した裁判例は公刊物上見当たらず，破産法194条違反についての配当実施後の不服申立方法について今後の解釈等に委ねられているとしている見解（前掲大コンメンタール破産法840頁〔鈴木紅〕）もあり，今後の裁判例が注目されるところである。

〔蛭川　明彦〕

参照判例

【判例①】
　　最一小判平10・3・26民集52巻2号513頁は，民事執行手続（賃料債権に対する債権執行手続）の配当期日において配当異議の申出をしなかった一般債権者は，配当を受けた他の債権者に対して，その者が配当を受けたことによって自己が配当を受けることができなかった額に相当する金員について不当利得返還請求をすることができないとする。

判例索引

大審院

大判明38・6・2民録11輯836頁	297, 301
大決大15・5・1民集5巻358頁	7, 31
大決大15・12・23民集5巻894頁	68, 73
大決昭3・4・27民集7巻235頁	68, 74
大決昭3・9・8民集7巻741頁	68, 73
大決昭3・10・2民集7巻769頁	7, 31
大決昭3・10・13民集7巻787頁	68, 73
大判昭3・10・19民集7巻801頁	12, 35
大判昭4・5・14民集8巻523頁	147, 150
大判昭5・12・20民集9巻1155頁	271, 274
大決昭6・12・12民集10巻1225頁	11, 35
大判昭6・12・21民集10巻1249頁	299, 301
大判昭7・8・29民集11巻2385頁	170, 173
大判昭8・7・24民集12巻2264頁	61, 71, 300, 301
大判昭9・1・26民集13巻74頁	307, 310
大決昭9・9・25民集13巻1725頁	7, 31
大判昭11・10・16民集15巻1825頁	254, 261
大判昭12・7・9民集16巻1145頁	15, 36
大判昭14・4・20民集18巻495頁	12, 35
大判昭15・12・20民集19巻23号2215頁	236, 237
大判昭16・12・27民集20巻1510頁	42, 56, 271, 274

最高裁判所

最三小判昭31・2・7民集10巻2号27頁	208, 211, 221, 227
最二小判昭32・3・8民集11巻3号513頁	169, 172
最一小判昭33・6・19民集12巻10号1562頁	22, 37
最三小判昭36・5・30民集15巻5号1471頁	307, 309
最二小判昭37・3・23民集16巻3号607頁	286, 291
最一小判昭37・12・13判タ140号124頁	79, 82, 230, 232
最三小判昭40・3・9民集19巻2号352頁	100, 103
最一小判昭40・4・22判時410号23頁	171, 173
最一小判昭40・7・15民集19巻5号1275頁	307, 310
最三小判昭40・11・2民集19巻8号1927頁	164, 167, 307, 310
最二小判昭41・4・8民集20巻4号529頁	100, 103, 171, 173

最一小判昭41・4・14民集20巻4号584頁 ……………… *25, 38, 42, 47, 51, 56, 265, 273*
最一小判昭41・4・28民集20巻4号900頁 ……………… *179, 181, 210, 213, 317, 322*
最二小判昭42・8・25判時503号33頁 ……………………………………… *230, 232*
最二小判昭43・3・15民集22巻3号625頁 ……………………………………… *27, 38*
最一小判昭43・6・13民集22巻6号1149頁 …………………………………… *245, 250*
最一小判昭43・6・13判タ224号139頁 ………………………………………… *86, 88*
最一小判昭43・7・11民集22巻7号1462頁 ……………………… *209, 212, 221, 227*
最一小判昭43・12・12民集22巻13号2943頁 ………………………………… *245, 250*
最一小判昭44・3・27民集23巻3号601頁 ……………………… *208, 211, 221, 227*
最大判昭45・6・24民集24巻6号587頁 ………………………… *129, 132, 138, 144*
最大決昭45・6・24民集24巻6号610頁 ……………………… *4, 30, 31, 39, 40, 55*
最三小判昭45・10・27民集24巻11号1655頁 …………………………………… *23, 37*
最大決昭45・12・16民集24巻13号2099頁 ………………………… *6, 31, 39, 55*
最三小判昭46・2・23判時622号102頁 ………………………………………… *80, 82*
最二小判昭46・7・16民集25巻5号779頁 …………………………………… *229, 232*
最一小判昭47・7・13民集26巻6号1151頁 ……………………… *136, 144, 154, 160*
最二小判昭48・2・16金法678号21頁 …………………………………………… *79, 81*
最三小判昭48・10・30民集27巻9号1289頁 ………………………………… *245, 250*
最一小判昭48・11・22民集27巻10号1435頁 ………………………………… *121, 124*
最三小判昭52・12・6民集31巻7号961頁 ……………………… *147, 150, 158, 161*
最三小判昭53・5・2判時892号58頁 ………………………………………… *171, 173*
最二小判昭53・7・17判時912号61頁 ………………………………………… *169, 172*
最一小判昭54・2・15民集33巻1号51頁 …………………………………… *179, 181*
最三小判昭54・7・10民集33巻5号533頁 …………………………………… *169, 172*
最一小判昭55・1・24民集34巻1号61頁 …………………………………… *307, 309*
最二小判昭55・7・11民集34巻4号628頁 …………………………………… *210, 212*
最一小決昭56・4・30判時1002号85頁 ……………………………… *6, 31, 39, 55*
最一小判昭56・7・2民集35巻5号881頁 …………………………………… *169, 172*
最二小判昭57・1・29民集36巻1号105頁 …………………………………… *256, 261*
最三小判昭57・3・30民集36巻3号484頁 ……………………… *22, 37, 180, 182*
最三小判昭58・1・25判時1076号134頁 ……………………………………… *53, 59*
最一小判昭58・10・6判タ513号148頁 ………………………………………… *87, 88*
最二小判昭58・11・25民集37巻9号1430頁 …………………………………… *15, 36*
最二小判昭58・12・19民集37巻10号1532頁 ………………………………… *209, 212*
最一小判昭59・2・2民集38巻3号431頁 …………………………………… *184, 188*
最一小判昭59・2・23裁判集民事141号269頁 ……………………………… *307, 309*
最一小判昭59・5・17判時1119号72頁 ……………………………………… *265, 273*
最一小判昭60・2・14判時1149号159頁 …………………………………… *149, 151*
最三小判昭60・2・26金法1094号38頁 ……………………………………… *158, 161*
最二小判昭61・4・11民集40巻3号558頁 ……………………… *42, 47, 51, 56, 270, 274*
最二小判昭61・7・18判時1207号119頁 …………………………………… *297, 300*
最三小判昭62・11・10民集41巻8号1559頁 ………………………………… *179, 181*
最三小判昭63・10・18民集42巻8号575頁 ……………………… *158, 160, 307, 310*
最二小判平元・6・23裁判集民事157号223頁 ……………………………… *307, 309*

最三小判平 2・3・20民集44巻 2 号416頁 ……………………………………28, 38
最一小判平 2・7・19民集44巻 5 号837頁 …………………………………100, 103
最二小判平 2・9・27判時1363号89頁 ………………………………………210, 213
最二小判平 5・6・25民集47巻 6 号4557頁 ……………12, 27, 35, 45, 57, 356, 360
最二小判平 5・6・25判タ855号176頁 …………………………………………87, 88
最一小判平 7・3・23民集49巻 3 号984頁 …………………………………256, 262
最二小判平 7・4・14民集49巻 4 号1063頁……………180, 182, 244, 249, 317, 322
最三小判平 9・7・15民集51巻 6 号2581頁 …………………………………170, 173
最三小判平 9・9・9 判時1624号96頁 ………………………………………270, 274
最一小判平10・3・26民集52巻 2 号513頁 …………………………………373, 374
最三小判平10・4・14民集52巻 3 号813頁 ………………………164, 167, 307, 310
最二小決平11・5・17民集53巻 5 号863頁 …………………………………184, 188
最二小決平12・4・28裁判集民事198号193頁 ……………………………361, 365
最三小決平12・12・26民集54巻 6 号1981頁 …………………………………68, 73
最二小決平13・3・23判時1748号117頁 ………………………………………68, 73
最一小判平13・7・19金法1628号47頁 …………………………………………86, 88
最一小判平13・11・22民集55巻 6 号1056頁 ………………………………179, 182
最一小判平14・1・17民集56巻 1 号20頁……………208, 211, 221, 227, 234, 237
最二小判平15・3・14民集57巻 3 号286頁 …………………………………… 27, 38
最二小判平16・7・16民集58巻 5 号1744頁 …………………………43, 57, 112, 115
最二小決平16・10・1 裁判集民事215号199頁 ……………………………361, 365
最二小判平17・1・17民集59巻 1 号 1 頁………………137, 144, 154, 159, 171, 174
最三小判平17・11・8 民集59巻 9 号2333頁 …………………………………53, 59
最二小判平18・1・23民集60巻 1 号228頁 ……………………………………14, 35
最一小判平18・7・20民集60巻 6 号2499頁 ………………………………179, 181
最一小判平18・12・21民集60巻10号3964頁 ………………………………300, 301
最一小判平18・12・21判タ1235号148頁 ………………………………91, 93, 94
最一小決平20・3・13民集62巻 3 号860頁 ……………………………………19, 37
最三小判平20・12・16民集62巻10号2561頁 ……………………180, 182, 325, 334
最一小判平21・1・22民集63巻 1 号247頁 …………………………………307, 309
最三小判平22・3・16民集64巻 2 号523頁 …………………………………254, 261
最三小判平22・3・16裁判集民事233号205頁 ……………………………201, 202
最二小判平22・6・4 民集64巻 4 号1107頁 ……………………………179, 180, 182
最二小判平22・6・4 判タ1332号60頁 …………………………………………79, 81
最二小判平23・1・14判タ1343号96頁 ………………………………………93, 95
最三小判平23・3・1 判時2114号52頁 …………………………………………48, 58
最三小判平23・11・22民集65巻 8 号3165頁 ……………………………14, 35, 245, 250
最一小判平23・11・24民集65巻 8 号3213頁 ………………………………245, 251
最二小判平24・5・28民集66巻 7 号3123頁 …………………………42, 56, 163, 165, 166
最二小判平24・10・19判時2169号 9 頁 ……………………………………149, 150
最一小判平25・2・28民集67巻 2 号343頁 …………………………………134, 144
最一小判平25・7・18判タ1394号133頁 ……………………………………244, 249
最一小判平25・11・21民集67巻 8 号1618頁 ………………………48, 58, 255, 261
最一小判平26・6・5 金判1444号16頁 ………………………………………158, 161

最一小判平26・6・5金判1445号14頁 ………………………………… *195, 196*

高等裁判所

東京高決昭33・7・5金法182号3頁 ………………………………… *148, 150*
東京高判昭39・1・23下民集15巻1号39頁 ………………………… *300, 301*
東京高判昭44・11・28判タ243号204頁 …………………………… *70, 74*
大阪高判昭50・3・12判時779号107頁 ……………………………… *9, 33*
名古屋高金沢支決昭50・6・26判タ328号287頁 …………………… *68, 73*
東京高判昭53・11・20判時923号114頁 …………………………… *11, 33*
大阪高判昭56・6・25判時1031号165頁 …………………………… *266, 268, 273*
大阪高判昭56・12・25判時1048号150頁 ………………………… *266, 268, 273*
名古屋高判昭58・3・31判時1077号79頁 ………………………… *158, 160*
名古屋高金沢支決昭58・9・19判タ512号138頁 …………………… *70, 74*
大阪高判昭59・1・23判タ523号164頁 ……………………………… *11, 34*
福岡高判昭59・6・25判タ535号213頁 ……………………………… *11, 33*
福岡高判昭62・2・16判時1249号69頁 ……………………………… *11, 34*
大阪高判平2・11・27判タ752号216頁 ……………………………… *86, 88*
名古屋高決平7・9・6判タ905号242頁 ……………………………… *70, 74*
広島高判平9・12・2判タ1008号258頁 ……………………………… *270, 274*
札幌高判平10・12・17判時1682号130頁 …………………………… *247, 251*
東京高決平12・5・17金判1094号42頁 ……………………………… *8, 32*
東京高決平13・12・5金判1138号45頁 ……………………………… *19, 37*
札幌高決平15・8・12判タ1146号300頁 …………………………… *8, 32*
東京高決平16・6・17金法1719号51頁 ……………………………… *17, 36*
名古屋高判平16・8・10判時1884号49頁 ………………………… *325, 334*
仙台高判平16・12・28判時1925号106頁 ………………………… *266, 268, 273*
東京高判平17・1・13判タ1200号291頁 …………………………… *8, 32*
東京高判平17・10・5判タ1226号342頁 …………………… *164, 167, 171, 174*
高松高決平17・10・25金判1249号37頁 …………………………… *8, 32*
福岡高判平18・2・13判タ1220号262頁 …………………………… *325, 333*
福岡高判平18・3・28判タ1222号310頁 …………………………… *325, 333*
大阪高決平18・4・26判時1930号100頁 …………………………… *9, 33*
東京高判平18・11・28判例集未登載 ………………………………… *325, 334*
名古屋高金沢支判平20・6・16判タ1303号141頁 ………………… *92, 94*
大阪高決平21・6・3金判1321号30頁 ……………………………… *187, 188*
東京高決平21・7・7判時2054号3頁 ……………………………… *21, 37, 325, 334*
名古屋高金沢支判平21・7・22判時2058号65頁 ………… *208, 212, 221, 227*
福岡高那覇支決平21・9・7判タ1321号278頁 …………………… *187, 189*
東京高決平22・10・21金法1917号118頁 ………………………… *61, 71*
東京高決平22・11・10金法1358号22頁 ………………………… *245, 251*
東京高判平22・11・11金法1358号22頁 ………………………… *245, 251*
東京高判平23・10・27判タ1371号243頁 ………………… *48, 58, 67, 72*
大阪高判平23・12・27金法1942号97頁 ………………………… *286, 287, 291*

東京高決平24・5・24判タ1374号239頁 ……………………………………… *329, 335*
東京高決平24・9・7金判1410号57頁 ………………………………………… *8, 32*

地方裁判所

東京地判昭32・4・10下民集8巻4号736頁 ……………………… *255, 260, 261*
横浜地判昭35・12・22判タ122号18頁 ………………………………… *158, 160*
東京地判昭41・12・23下民集17巻11・12号1311頁 ……………………… *67, 72*
東京地決昭55・12・25判時1003号123頁 ……………………………… *231, 232*
大阪地判昭56・2・12金判628号42頁 …………………………………… *135, 144*
東京地判昭56・9・14判時1015号20頁 ………………………………… *244, 249*
東京地決昭60・3・30判時1163号143頁 ………………………………………… *9, 33*
神戸地決昭63・7・23金判835号35頁 …………………………………………… *11, 34*
大阪地判平元・9・14判時1348号100頁 ……………………………… *171, 173*
静岡地浜松支判平5・3・4判タ825号270頁 ………………………… *207, 211*
大阪地決平8・12・20判タ950号236頁 ………………………………………… *52, 59*
東京地決平12・5・11訟月49巻4号1147頁 …………………………………… *70, 74*
大阪地決平12・7・21訟月49巻4号1148頁 …………………………………… *70, 74*
東京地判平13・3・29判時1750号40頁 ………………………………… *254, 260*
大阪地決平13・6・20判時1777号92頁 ……………………………… *17, 28, 36*
大阪地決平13・7・19判時1762号148頁 ………………………………… *325, 333*
名古屋地決平14・12・24判時1811号152頁 …………………………… *269, 274*
大阪地判平15・3・20判タ1141号284頁 ………………………………………… *48, 58*
東京地判平15・12・5金法1711号43頁 ………………………………………… *17, 36*
東京地判平16・10・12判時1886号132頁 ……………………………………… *47, 57*
東京地判平17・3・9金法1747号84頁 …………………………………… *245, 250*
東京地判平17・6・14判時1921号136頁 ……………………………………… *47, 58*
東京地判平18・3・17判例集未登載 ……………………………………………… *67, 71*
東京地判平19・3・26判例集未登載 ……………………………………………… *67, 72*
東京地決平20・3・5判例集未登載 ………………………………………………… *67, 71*
福岡地小倉支判平20・3・28判時2012号95頁 ………………………… *256, 261*
東京地決平20・6・10判時2007号100頁 ………………………………………… *9, 33*
大阪地判平20・10・31判時2039号51頁 ……………………………………… *17, 36*
福岡地判平21・11・27金法1911号84頁 ……………………………… *108, 110*
神戸地伊丹支判平22・12・15判時2107号129頁 …………………… *108, 110*
東京地判平23・2・7判タ1353号219頁 ………………………………………… *46, 57*
東京地判平23・2・8判タ2115号63頁 …………………………………… *245, 250*
東京地判平23・3・1判時2116号91頁 …………………………………………… *67, 72*
東京地判平23・9・29金法1934号110頁 ……………………………………… *67, 71*
東京地判平24・2・27金法1957号150頁 ……………………………… *194, 195*
金沢地判平25・1・29金判1420号52頁 …………………………… *43, 57, 67, 72*
さいたま地決平25・4・25金法1985号165頁 ………………………………… *67, 71*
東京地判平25・11・6金判1429号32頁 ………………………………………… *8, 32*
大阪地判平25・12・26金判1435号42頁 ……………………………………… *43, 56*

大阪地判平25・12・29金判1436号42頁 ……………………………………………… *67, 71*

編集者紹介

滝澤 孝臣（たきざわ たかおみ）

弁護士・日本大学法科大学院教授

〈略歴〉
　昭和50年東京地裁判事補，昭和60年宇都宮地裁栃木支部判事，東京高裁判事職務代行，平成元年最高裁調査官，東京高裁判事，浦和地裁（さいたま地裁）・東京地裁・千葉地裁部総括判事，山形地・家裁所長，知財高裁部総括判事を経て，平成24年7月23日定年退官。同年8月，弁護士登録，同年9月，日本大学法科大学院奉職。

〈主要著書〉
　『不当利得法の実務』（単著／新日本法規出版，2001），『民事法の論点―その基本から考える』（単著／経済法令研究会，2006），『民事法の論点Ⅱ―その基本から考える』（単著／経済法令研究会，2011），『実務に学ぶ　民事訴訟の論点』（編著／青林書院，2012），『ＬＰ金融取引関係訴訟』（編著／青林書院，2011），『消費者取引関係訴訟の実務』（編著／新日本法規出版，2004），『金融・商事判例50講―裁判例の分析とその展開』（編著／増刊金融・商事判例1211号，2005），『判例展望民事法Ⅰ』（編著／判例タイムズ社，2005），『判例展望民事法Ⅱ・Ⅲ』（編／判例タイムズ社，2007・2009）など

実務に学ぶ　倒産訴訟の論点　　　　論点・裁判実務S②

2014年11月15日　初版第1刷印刷
2014年11月25日　初版第1刷発行

廃止　検印

Ⓒ編集者　滝澤孝臣
発行者　逸見慎一

発行所　東京都文京区本郷6丁目4の7　株式会社　青林書院
振替口座　00110-9-16920／電話03(3815)5897～8／郵便番号113-0033

印刷・星野精版印刷㈱／落丁・乱丁本はお取替え致します。
Printed in Japan　　ISBN978-4-417-01639-7

JCOPY 〈㈳出版者著作権管理機構　委託出版物〉
本書の無断複写は著作権法上での例外を除き禁じられています。複写される場合は，そのつど事前に，㈳出版者著作権管理機構（電話 03-3513-6969，FAX 03-3513-6979，e-mail:info@jcopy.or.jp）の許諾を得てください。